国家出版基金项目
NATIONAL PUBLICATION FOUNDATION

"十二五"国家重点图书
出版规划项目

《东南亚研究》第二辑

陈晖 熊韬 聂雯 著

泰国文化概论

TAIGUO WENHUA GAILUN

U0750898

中国出版集团

世界图书出版公司

图书在版编目（CIP）数据

泰国文化概论/陈晖，熊韬，聂雯著. —广州：世界图书
出版广东有限公司，2014.12（2022.2重印）
ISBN 978-7-5100-9120-9

Ⅰ.泰⋯ Ⅱ.①陈⋯ ②熊⋯ ③聂⋯ Ⅲ.①文化—概
况—泰国 Ⅳ.①G133.6

中国版本图书馆CIP数据核字（2014）第283414号

书　　名：泰国文化概论
　　　　　TAIGUO WENHUA GAILUN
著　　者：陈　晖　熊　韬　聂　雯
项目策划：陈　岩
项目负责：卢家彬　刘正武
责任编辑：程　静　李嘉荟
装帧设计：书窗设计
责任技编：刘上锦
出版发行：世界图书出版有限公司　　世界图书出版广东有限公司
地　　址：广州市新港西路大江冲25号
邮　　编：510300
电　　话：020-84184026　84453623
网　　址：http://www.gdst.com.cn
邮　　箱：wpc_gdst@163.com
经　　销：各地新华书店
印　　刷：广东虎彩云印刷有限公司
版　　次：2014年12月第1版
印　　次：2022年2月第7次印刷
开　　本：787mm×1092mm　1/16
字　　数：250千
印　　张：16
ISBN 978-7-5100-9120-9/G·1760
定　　价：64.00元

前　言

东南亚是指亚洲的东南部地区。根据地理特征，东南亚可以分为中南半岛和马来群岛两部分，包括位于中南半岛的越南、老挝、柬埔寨、泰国、缅甸和位于马来群岛的菲律宾、马来西亚、文莱、新加坡、印度尼西亚、东帝汶共11个国家。东南亚大部分地区位于北回归线以南，跨越赤道，最南抵达南纬11°，最北延伸至北纬28°左右。该地区北接东亚大陆，南邻澳大利亚，东濒太平洋，西接印度洋，是沟通亚洲、非洲、欧洲以及大洋洲的交通枢纽，也是中国从海上通向世界的重要通道。

由于地理位置上的邻近、民族关系的密切和文化上的相通，早在两千多年前东南亚各国就与中国建立了较为密切的政治、经济和文化联系。新中国成立后奉行睦邻外交政策，我国与东南亚各国的友好关系有了新的发展。进入21世纪后，中国政府明确提出了"与邻为善，以邻为伴"的思想，制定了"大国是关键、周边是首要、发展中国家是基础、多边是重要舞台"的外交方针，进一步强调"积极开展区域合作、共同营造和平稳定、平等互信、合作共赢的地区环境"。

本着这一精神，中国与东南亚国家展开了各种双边与多边合作，形成了多方位、多层次的合作框架，增进了彼此间的信任。随着2011年11月中国—东盟中心的正式成立，中国和东南亚国家间的务实合作关系得到了进一步提升，呈现出强劲的发展势头。世界上，像中国和东南亚这样，在两千多年时间里绵延不断地保持友好关系、进行友好交往的实属罕见。这种源远流长的友谊，成为双方加强合作的基础。

作为多样性突出地区，东南亚各国在民族、语言、历史、宗教和文化等方面五彩缤纷，各具特色。加强东南亚国别与区域研究，可以更好地帮助国人加深对东南亚的了解。为此，解放军外国语学院亚非语系集东南亚语种群自1959年办学以来之经验，在完成2012年度国家出版基金项目《东南亚研究》第一辑的基础上，与世界图书出版广东有限公司一道，继续申报了2014年度国家出版基金项目《东南亚研究》第二辑并获得了成功，本丛书便是该项目的最终成果。

　　参加本丛书编写工作的同志主要为解放军外国语学院东南亚语种群的专家学者。北京大学、北京外国语大学、南京国际关系学院和云南民族大学的部分专家学者也应邀参加了本丛书的编写。丛书参编人员精通英语和东南亚语言，有赴东南亚留学和工作的经历，熟悉东南亚文化。在编写过程中多采用第一手资料，为高质量地完成丛书奠定了基础。我们希望本丛书的编辑出版有助于读者加深对东南亚国家国情文化的认识，有助于促进中国与东南亚国家间的交流。

　　由于本丛书涉及面广，受资料收集和学术水平诸多因素的限制，书中的描述与分析难免存在疏漏与不足，恳请同行专家和广大读者不吝批评指正。

解放军外国语学院亚非语系

《东南亚文化概论》编辑委员会

2014年10月于洛阳

目　录

引　言

　　文化是一个非常广泛的概念，就其定义和内涵来说，是一个很难回答的问题，目前学术界对文化所下的定义就多达数百种。笼统地说，文化是一种社会现象，是人类活动与社会生活的结晶；同时又是一种历史现象，是社会历史的积淀物，并与人类社会长期共存、共同发展。在我国的权威辞书《辞海》中，文化被分为广义和狭义两种。广义的文化指人类社会实践过程中所获得的物质、精神的生产能力和所创造的物质、精神财富的总和；狭义的文化指精神生产能力和精神产品，包括一切社会意识形式——自然科学、技术科学、社会意识形态。一般人们在谈及文化的时候，多是指狭义的文化。确切地说它凝结在物质之中又游离于物质之外，是能够被传承的国家或民族的历史、地理、风土人情、风俗习惯、宗教信仰、生活方式、文学艺术、行为规范、思维方式、价值观念等，是人类之间进行交流的普遍认可的一种能够传承的意识形态。

　　由于文化概念本身具有复杂多义性，为了避免泛泛而论，我们从文化自身内在逻辑结构的层次上将文化分为物质文化、精神文化、制度文化三个层次，这是一种在学术界影响较大且较为通用的分法。物质文化，指人类所从事的物质生产创造活动及其劳动产品，它反映了人类对自然的认识、利用和改造的程度与结果，包括服装饮食、居住条件、劳动器具、工艺技术等方面；精神文化，指人类在长期的社会实践活动和意识形态活动中升华出来的价值观念、知识体系、审美情趣和思维方式，包括文学、音乐、艺术、戏剧、思想、宗教信仰等等；制度文化，指人类在社会实践活动中所建立的各种社会规范的总和，用来解决、规范、协调人与人之间的行为，其中包括生活方式、家庭模式、行为礼仪、风俗习惯、节日庆典等等。文化作为人类社会生活的体系特征，每个层次既有区别，又相互联系，是浑然一体的。

　　泰国是东南亚地区一个重要的国家，与中国有着悠久的友好交往的历史，两国自古以来就是亲密友好的邻邦。中泰两国文化与习俗相近，人民情同手足。在两国政府和人民的共同努力下，中泰关系成为了"不同社会制度的国家之间友好合作的典范"，"中泰一家亲""中泰手足情"的友好情谊也更加牢固。所以，作为邻国，我们有必要去了解泰国文化，这对于了解泰国这个国家及其民族具有非常重要的意义。

这里所提到的泰国文化，是指存在于泰国境内的以地缘关系为纽带、具有同质特征、以泰族为主体的多民族文化的集合体，包括物质文化、精神文化和制度文化三个层面。它是泰国各族劳动人民在改造自然和建设社会的过程中，共同创造并世代相传的物质财富和精神财富的总和。

泰国的文化是美丽而又独特的。当我们放眼望去，呈现在我们眼前的是一片异彩纷呈、丰富多样的泰国文化图景：林立的寺庙、巍峨的佛殿、金碧辉煌的佛塔、造型多样的佛像；天籁一般的音乐、婀娜优雅的舞蹈、精美华丽的服饰、精致细腻的手工艺品、让人垂涎欲滴的美食、内涵丰富的传统习俗；还有那宽容豁达、典雅细腻的民族气质，热情友善、真诚乐观的民族性格，这些独特的文化特质无不让人们为之倾倒。

泰国的文化是多样的，这种多样性来源于多个方面的影响。泰国位于中南半岛中部，领土与老挝、缅甸、柬埔寨和马来西亚等国家接壤。泰国的地形复杂多样，地势北高南低，拥有丰富的河流和森林等资源。复杂的地理条件影响了人口的分布，制约并塑造了人们的生产活动，也形成了各地区不同的文化特征。泰国地处中国与印度两大文明古国之间独特的地理位置，使得多种文化能够在泰国土地上进行碰撞和交融，这其中以印度文化尤其是宗教文化的影响最为深远。泰国有着60多个民族，泰族为主体民族，其他民族还有华族、马来族以及老族、克伦族、苗族等山地民族，多民族文化在泰国这片土地上共同绽放着奇光异彩，体现着不同的文化特色。泰国是一个多宗教信仰的国家，全国90%以上的人口信仰佛教，超过5%的人口信仰伊斯兰教，其他的宗教信仰还有基督教、婆罗门教—印度教、锡克教等，同时泰国还存在着一些以原始神灵崇拜为主体的民间信仰文化，这些都对泰国文化的多样性发展产生了重要影响。

当然，在这纷繁复杂、源流众多的泰国文化中，我们也能够找出一条串联始终的主线，或者说抽取出一个文化的核心"龙骨"，以更好地理解泰国文化。泰国学者披耶阿努曼拉查东在其著作《泰国传统文化与民俗》一书中写道："从根本上来说，泰国文化可以用一个词来概括，即宗教。这是因为一切艺术、文学、社会制度、风俗习惯都是围绕它的宗教而发展并结合为一个整体的。"[1]宗教信仰在

---

[1]　[泰]披耶阿努曼拉查东著，马宁译：《泰国传统文化与民俗》，广州：中山大学出版社，1987年版，第20页。

泰国是社会的中流砥柱，也是泰国文化的根基。其中对泰国社会和文化影响最大的是佛教。佛教在泰国，不仅仅是一门主体宗教、一种历史遗产，而且还是一种民族认同、一个文化体系。泰国素有"黄袍佛国"之称，佛教在泰国的社会生活中占有主导性的地位，佛教文化也是泰国文化的核心。在这样一个以上座部佛教教义与实践为中心的国度，佛教已经深入到了泰国人日常生活诸多方面和社会架构诸多领域。泰国人的世界观、价值观深受佛教文化的影响，泰国的文学、艺术、传统习俗等也无不打上佛教文化的印记。

泰国的文化是包容的。民众对佛教的信仰造就了宽容忍耐的民族性格，而长久以来多种民族和文化共存所造成的文化多样性本身就在培养泰国文化的包容性。在13世纪素可泰王朝崛起之前，中南半岛这一地区曾先后出现过由孟人和高棉人统治的多个城邦国家。而当泰人带着傣泰民族的传统文化入主这片土地时，为更好地适应这片土地，泰人吸收了不少前人的文化精华，这就使得泰国文化有了割舍不断的孟人和高棉人文化因素。印度文化尤其是宗教文化的传播让泰国的统治者看到了其优越性并加以采纳吸收，成为泰国文化的主要源头之一。泰国古代以上座部佛教为国教，但是上座部佛教在泰国的传播并不是排他的，它融合了原始祖先崇拜、大乘佛教和婆罗门教，体现了泰族古代的宗教及以这种宗教为根本的文化带有的较大包容性。19世纪，当近代西方文化进入东南亚之后，泰国仍然能够在保持自己传统文化的前提下，主动地学习西方的文化和技术，从而融入世界现代文明。可以说，在泰国文化的发展历史当中，泰人都是以一种包容的心态去对待不同的民族及其文化，使得包括华人在内的其他民族在泰国能够很好地融入当地社会，共同推动和分享着国家的繁荣与进步。泰人也从其他民族的文化上汲取营养，不断创新和丰富自己的传统文化，从而孕育出今天璀璨的泰国文化。

面对如此丰富多彩的泰国文化，囿于篇幅，我们不可能对泰国各民族、各方面的文化都进行全面、详尽和深入的研究和阐述，我们所能做的，是对泰国的文化进行一个整体的把握，并从微观的视角对泰国的主体民族和文化的主要塑造者——泰族，以及部分其他重要民族的文化要素进行研究。

第一章　文化地理环境

地理环境是文化生成的自然基础。如果把世界各个民族和各个国家各具特色的文化表现比喻为一幕接一幕的戏剧，那么这些民族、国家所处的地理环境便是这些戏剧得以演出的舞台和背景。泰国文化的产生和发展也必然离不开它所处的地理环境，包括自然地理环境与人文地理环境。其中，自然地理环境多指地形、地貌、水文、气候、植被、资源、海陆分布等。人文地理环境则包括如疆域、政区、民族、人口、城市、交通、经济产业等。因此，想要了解泰国文化就需要从孕育这一文化的地理环境出发。

第一节　自然地理环境

泰国，全称泰王国(The Kingdom of Thailand)，旧称暹罗(Siam)，位于亚洲东南亚地区中南半岛中部，地处北纬5°37′～20°27′和东经97°22′～105°37′之间。泰国国土面积约为513 115平方千米，在东南亚地区排名第三位，仅次于印度尼西亚和缅甸。泰国在地图上的形状很像一柄巨斧，最宽的部分是从甘乍那武里府(北碧府)双卡拉武里县的三佛塔关口到湄公河岸边乌汶府斯里纳通县的昌梅关口，宽达780千米；最窄的部分位于巴蜀府巴蜀县的空瓦区，宽仅10.5千米；最长的部分是从清莱府夜岁县的最北端到惹拉府马洞县的最南端，长达1 640千米。

一、地形地貌

泰国的地形复杂多样，既有山岭、峡谷、高原地区，也有平原、洼地和海洋地区，其中大部分为高原和低缓的山地。泰国地势北高南低，从地形上可以划分为北部、东北部、中部、东部、西部和南部六个区域。其中，北部和西部高山绵延，群峰青翠；东部和东北部高原林木繁茂；中部、南部是一片平原，沃野千里。

泰国北部遍布高山和峡谷，平均海拔1 600米，为全国地势最高的地区，是泰国主要河流如宾河、汪河、庸河、难河的发源地，这些河流哺育着泰国北部和中部地区的人民。

泰国东北部地区为高原，称之为呵叻高原，是泰国主要河流如蒙河和栖河的发源地。该地区由西向东南方向倾斜，形成呵叻和沙功那空两个盆地。泰国东北部地区大部分被沙土所覆盖，土质疏松，保水性差，因此在热季的时候常常发生旱灾。

泰国中部大部分地区为平原。该地区北边为从北部地区延伸下来的山脉，南边为湄南河三角洲。这里河流纵横交错、土地肥沃，适于种植水稻，是泰国的鱼米之乡。

泰国东部地区的北边是土地肥沃的平原，中间为山地和丘陵，南边为沿海平原，近海有大量的半岛、海湾和各种石滩。

泰国西部地区大部分为山峦，是涝雅河和涝瑙河的发源地。除此之外，在山峦之间还有一些平原，与中部地区的平原连成一片。

泰国南部地区是伸入海洋的半岛，东边紧邻泰国湾，为沿海平原，使得这片地区拥有广阔的沙滩，适合作为日光浴场。西边紧靠印度洋的安达曼海，为山峦地区，风景秀美奇特。

二、山脉

山脉中有着泰国重要的自然资源，山中不仅生长着各种动植物，还蕴藏着丰富的矿产。山脉既是泰国境内一些河流的发源地，也是天然的国境和各地区的分界线。泰国各地区山脉的具体情况如下：

（一）北部地区山脉

泰国北部地区的主要山脉有登劳山、仲通山、匹班南山、坤丹山和琅勃拉邦山。

登劳山是泰国和缅甸的天然国境线，呈东北—西南走向，横跨清莱府的西部和清迈府的北部，绵延1 330千米，在泰国境内仅有130千米。该山的最高峰为帕宏帛峰，海拔是2 146米。

仲通山位于清迈府的西部，最高峰为因他暖峰，海拔2 565米，为全国最高峰。

匹班南山呈南北走向，横跨清莱府、帕府、南邦府和帕耀府，绵延412千米，最高峰位于帕耀府境内，海拔1 697米。

坤丹山是匹班南山的一部分，呈南北走向，横跨清莱府、清迈府和南邦府，山中开凿有一条长达1 326米的隧道，最高峰为兰伽峰，海拔2 031米。

琅勃拉邦山是泰国与老挝的天然国境线，呈南北走向，横跨难府、帕耀府和彭世洛府，绵延590千米，最高峰为洛峰，海拔2 077米。

（二）东北部地区山脉

泰国东北部地区的主要山脉有帕农丹那山、桑甘攀山和普攀山。

帕农丹那山是泰国和柬埔寨的天然国境线，呈东西走向，横跨武里南府、素林府、四色菊府和乌汶府，绵延544千米。

桑甘攀山横跨那空叻是玛府、那空那育府、巴真武里府和沙缴府，绵延185千米。

普攀山呈西北—东南走向，横跨乌隆府、加拉信府、沙功那空府、那空帕农府和莫达汗府。

（三）中部地区山脉

泰国中部地区的主要山脉有碧差汶山和东帕牙岩山。

碧差汶山紧挨着琅勃拉邦山，位于东北部地区和中部地区的交界处，绵延586千米。碧差汶山分为两段，一段横跨莱府、碧差汶府、孔敬府和猜也奔府；另一段横跨莱府、彭世洛府、碧差汶府、那空沙旺府和华富里府。

东帕牙岩山紧挨着碧差汶山，是中部地区和东北部地区的分界线，横跨华富里府、那空叻是玛府和那空那育府，绵延129千米。

（四）东部地区山脉

泰国东部地区的山脉有占他武里山和邦塔山。

占他武里山呈东西走向，横跨春武里府、差春骚府、罗勇府、达叻府和占他武里府，绵延281千米，最高峰为梭道带峰，海拔1 670米。

邦塔山是泰国和柬埔寨的天然国境线，经达叻府北部到达叻府的空艾县，绵延144千米，最高峰为达班雅峰，海拔914米。

（五）西部地区山脉

泰国西部地区的主要山脉有他农通差山和达劳习山。

他农通差山是泰国与缅甸的天然国境线，呈西北—东南走向，横跨夜丰颂府、达府、乌泰他尼府和甘乍那武里府，绵延880千米，最高峰为雅山峰，海拔2 152米。

达劳习山也是泰国与缅甸的天然国境线，从北碧府南下，横跨叻武里府、碧武里府、巴蜀府和春蓬府，绵延834千米。

（六）南部地区山脉

泰国南部地区的主要山脉有普吉山、那空是贪玛叻山和桑伽拉克哩山。

普吉山横跨春蓬府、攀牙府、甲米府和那空是贪玛叻府，绵延517千米，最高峰为帕农本乍峰，海拔1 397米。

那空是贪玛叻山紧邻普吉山，横跨素叻他尼府、那空是贪玛叻府、董里府、博他仑府和沙敦府，绵延319千米，最高峰为銮峰，海拔约为1 835米。

桑伽拉克哩山是泰国和马来西亚的天然国境线，横跨沙敦府、宋卡府、惹拉府和那拉惕瓦府，绵延428千米，最高峰为胡卢底底巴沙峰，海拔1 535米。

三、河流

泰国有大小河流约60多条，总长超过1.5万千米，湄南河、麦功河和蒙河三条主要河流的流域面积占泰国国土总面积的65%。各地区河流的具体情况如下：

（一）北部地区河流

宾河发源于清迈府清佬县境内的丹劳山，自北向南流经南奔府后与汪河在达府的巴旺村交汇。宾河从源头到位于那空沙旺府巴南坡区的长度为600千米，在此宾河与其他三条河流交汇成一条河流，即湄南河。泰国政府在宾河上建有普密蓬水坝。

汪河发源于南邦府汪讷县境内的匹班南山，自北向南流经达府，全长约400千米。泰国政府在汪河上建有吉隆水坝。

庸河发源于清莱府崩县境内丹劳山南面的坤元峰，自源头向西南方向流经帕府、素可泰府、彭世洛府和披集府，与难河在那空沙旺府春盛县格差村交汇，全长约550千米。

难河发源于难府播县博格叻区境内的琅勃拉邦山西麓，流经乌达叻滴府、彭世洛府、披集府，在那空沙旺府浍雅区与宾河和汪河交汇，全长约740千米。泰国政府在难河上建有两座水坝，一座是位于乌达叻滴府的诗丽吉水坝，另一座是位于彭世洛府的纳黎萱水坝。

麦果河发源于登劳山和匹班南山（缅甸段），流经清迈府北部和清莱府，与湄公河在清莱府昌盛县交汇，在泰国境内的长度约110千米。

录河发源于缅甸清东市境内的登劳山，流经泰国清莱府的夜柿县和昌盛县，与湄公河在金三角地区交汇，全长约200千米，在泰国境内长约120千米。

因河发源于夜丰颂府拜县境内的登劳山和他农通差山，流经夜丰颂府，与缅甸境内的萨拉翁河交汇，全长约180千米，在泰国境内长约135千米。

白河发源于夜丰颂府坤戎县境内的他农通差山，流经夜沙良县，与缅甸境内的梅河和萨拉翁河交汇，全长约215千米。

（二）东北部地区河流

蒙河发源于那空叻是玛府北通差县境内的翁山和拉曼山，流经武里南府、素林府、黎逸府和四色菊府，与湄公河在乌汶府孔尖县交汇，全长约641千米。蒙河有很多支流，如帕普棱支流、达空支流、瑟支流、期支流、东雅支流、东瑙支流和埔莱玛支流等。泰国政府在蒙河及其支流上建有十余座水坝，如巴蒙水坝、邦谷痕水坝、披麦水坝、邦空春水坝和萨拉坡第水坝等。

栖河发源于猜也奔府甲色颂汶县境内的碧差汶山，流经孔敬府、玛哈沙拉堪府、加拉信府、黎逸府和也梭吞府，与蒙河在乌汶府哇林参腊县交汇，全长约765千米。泰国政府在栖河上建有两座水坝，即南称水坝和南坡隆水坝。

颂堪河发源于普攀山，流经乌隆府、沙功那空府和廊开府，与湄公河在那空帕侬府他于廷县交汇，全长约420千米。

（三）中部地区河流

湄南河是由宾河、汪河、庸河和难河在那空沙旺府蒙县淦雅区和巴南坡区巴南坡村交汇而成，流经乌泰他尼府、猜纳府、信武里府、红统府、阿瑜陀耶府、巴吞他尼府、暖武里府和曼谷，在沙没巴干府廊发帕区和太邦区注入泰国湾。湄南河自那空沙旺府到泰国湾的河段长约360千米。泰国政府在湄南河上修建了一座水坝，即位于猜纳府的猜纳水坝（也称昭披耶水坝）。

素攀河全长约300千米，是从湄南河乌泰他尼府蒙县挞孙区与猜纳府哈挞骚区之间的河段分流出来的一条河，向南流经多个府。流经猜纳府时被称为玛堪陶河，流经素攀武里府时被称为素攀河，流经那空巴统府时被称为那空差色河，在沙没沙空府注入泰国湾时被称为挞今河。泰国政府在素攀河上建有一座水坝，名为伽肖水坝。

麦功河全长约550千米，是由淦雅河和淦瑠河在甘乍那武里府巴派区交汇而成。麦功河有多个名称，从淦雅河源头到与淦瑠河交汇的河段被称为淦雅河或色萨瓦河；流经叻武里府的河段被称为叻武里河；从沙没沙空府丹棱萨都县到注入泰国湾河口河段被称为麦功河。泰国政府在麦功河上建有四座水坝，即考廊水坝、色拉克林水坝、塔吞拉水坝和瓦奇拉隆功水坝。

邦巴功河全长约230千米，是由浑曼河和帕埔隆河在巴真武里府交汇而成，在流经巴真武里府时被称为巴真武里河，在流经差春骚府时被称为白帝河，在春武里府蒙县和邦巴功县注入泰国湾时被称为邦巴功河。

巴萨河发源于莱府境内的碧差汶山，流经碧差汶府、华富里府和沙拉武里府，与湄南河在阿瑜陀耶府交汇，全长约500千米。泰国政府在巴萨河上建两座水坝，即巴萨春瑟水坝和帕廊霍水坝。

萨盖甘河发源于他农通差山，流经甘烹碧府南部、那空沙旺府和乌泰他尼府，在猜纳府与湄南河交汇，全长约180千米。

（四）南部地区河流

克哩拉河或蓬敦河发源于农绍山和梭山之间，在普平县与北大年河交汇，全长约120千米。

达比河以前称之为銮河，发源于那空是贪玛叻府童艾县境内的雅耀丹山，往北与克哩拉河在素叻他尼府交汇，之后在素叻他尼府蒙县注入泰国湾，全长约232千米。泰国政府在达比河上建有两座水坝，即邦库水坝和邦兰水坝。

朗宣河发源于春蓬府至拉农府一带的普吉山，流经春蓬府后在该府朗宣县附近注入泰国湾，全长约100千米。

董里河发源于那空是贪玛叻府童颂县境内的那空是贪玛叻山，流经董里府后在该府干东县附近注入海洋，全长约175千米。

北大年河发源于惹拉府马洞县境内的桑伽拉克哩山，流经惹拉府，在北大年府蒙县附近注入泰国湾，全长约190千米。

哥洛河发源于那拉惕瓦府汪县境内的桑伽拉克哩山，向西南方向流经那拉惕瓦府素岸哥洛县，在该府德拜县附近注入海洋，全长约80千米。

甲武里河（也称巴展河）发源于缅甸境内的达劳色山，流经拉农府境内的甲武里县和拉温县，在该府直辖县附近注入安达曼海。

此外，有一些河流是泰国与周边邻国的国境分界线。泰国和缅甸之间有甲武里河、麦赛河、洛河、梅河、萨拉翁河和丹劳河作为分界线。泰国和老挝之间有湄公河和棱河作为分界线。

湄公河发源于中国，流经泰国的清莱府、莱府、廊开府、那空帕侬府和乌汶府，同时也流经缅甸、老挝、柬埔寨和越南，在越南胡志明市注入南海，全长约4 590千米，在泰国境内的河段长约825千米。

棱河发源于彭世洛府境内的普派丹山，在莱府流入湄公河，在泰国境内的河段长约110千米。泰国和柬埔寨之间有一些小河作为分界线，如巴奥河、南赛河、胆河、叻河和本南隆河。泰国和马来西亚之间有哥洛河作为分界线。

四、气候

泰国靠近赤道地处热带地区，大部分属热带季风性气候。泰国全年可分为三个季节，即热季（2月中旬至5月中旬）、雨季（5月中旬至10月中旬）和凉季（10月中旬至次年2月中旬）。泰国全年平均气温约为27℃，其中热季平均最高气温为34.5℃，最低气温为23.48℃；凉季平均最高气温为31.05℃，最低气温为20.53℃。泰国降水量比东南亚其他国家少，年平均降水量大约为1 500～1 600毫米，只是在季风吹过的地区降雨较多，年平均降水量可达3 000毫米。具体到各个地区的气候特点如下：[①]

北部地区遍布高山，离赤道较远，所以该地区年平均气温要比泰国其他地区低一些。热季平均最高气温为35.8℃，最低气温为21.4℃；凉季平均最高气温为30.8℃，最低气温为17.1℃。年平均降水量约为1 240毫米。

东北部地区主要是高原，而且远离海洋，所以该地区热季和凉季的气候差别很大，热季时天气十分炎热，而在凉季时天气比较寒冷。热季平均最高气温为35℃，最低气温为23℃；凉季平均最高气温为30.3℃，最低气温为18.3℃。年平均降水量约1 370毫米。

东部地区紧靠大海，因此全年气候宜人，既不是很热，也不会很冷。热季平均最高气温为33.9℃，最低气温为25℃；凉季平均最高气温为31.7℃，最低气温为21.8℃。东部地区在雨季时降雨频繁，年平均降水量约1 860毫米。

中部地区全年气候比较炎热，凉季较短，有些年份甚至感觉不到凉季的到来。热季平均最高气温为35.5℃，最低气温为24.6℃；凉季平均最高气温为31.7℃，最低气温为21.1℃。中部地区全年降水量约1 200毫米。

---

① 泰国气温与降水量数据来自于泰国气象厅网站：www.tmd.go.th。

南部地区属海洋性气候，由于全年都有海风吹过，因此在热季时天气不是很热，热季与凉季之间的温差相对较小。热季平均最高气温为33.4℃，最低气温为23.45℃；凉季平均最高气温为30.9℃，最低气温为22.45℃。南部地区在雨季时降雨频繁，且雨季从每年的7月到次年2月，长达8个月之久，年平均降水量约2 220毫米。

五、植被

泰国地处热带，雨水充沛，河流众多，拥有十分丰富的生物资源特别是森林资源。历史上，泰国曾是森林资源最为丰富的国家之一，20世纪初，泰国的森林覆盖率高达75%。但是随着人口数量的增长以及对森林的砍伐，泰国的森林覆盖率在20世纪一直呈下降趋势。20世纪60年代泰国的森林覆盖率下降为53%，70年代末期降至27%，到1995年森林覆盖率仅为22.8%。21世纪以来，泰国政府日益重视对森林资源的保护，严格控制森林的商业采伐，从而使得森林覆盖率有所恢复。根据泰国自然资源与环境部林业厅2010年统计数据显示，泰国拥有森林面积171 585平方千米，森林覆盖率为33.44%。其中北部地区森林覆盖率最高，为56%；东北部地区森林覆盖率最低，仅为16%，全国只有5个府的森林覆盖率超过70%。由于森林资源的减少，泰国已从20世纪60年代的木材出口国变为现在的木材进口国，而且木材和其他林产品的进口量正逐年增加。

泰国的森林资源可分为常绿林和落叶林两个主要类型。常绿林类型因泰国地形和气候条件复杂，又可分为热带常绿林、针叶林、沼泽林和海滩林等四个亚类。

泰国的热带常绿林主要包括热带雨林、干旱常绿林和高山常绿林三种。热带雨林主要分布在泰国的南部和东部等雨水较为丰富的地区，一般生长在海拔0～100米的平原地区。干旱常绿林在泰国各地都有分布，一般生长在海拔100～800米的山地地区。高山常绿林在泰国各山地地区都可以见到，但主要分布在北部海拔1 000米以上的山区。针叶林在泰国只零散分布于北部和东北部的部分地区。泰国的沼泽林包括泥炭沼泽林和红树沼泽林两种，主要分布在沼泽、河流、沿海等水域。海滩林多见于沿海的砂石和沙滩地区。

泰国的落叶林分为混交落叶林、落叶龙脑香林和稀树草原林三个亚类。混交落叶林主要分布在泰国北部、中部和东北部。落叶龙脑香林主要生长在泰国较为干旱的地区，如东北部和北部。泰国的稀树草原林产生于对森林的砍伐，由于植被被破坏、土质退化，导致地面多被禾本科旱生植物覆盖。

六、矿产资源

泰国的矿产资源非常丰富，大致可以分为三类，即燃料矿、金属矿和非金属矿。

(一)燃料矿

泰国的燃料矿有天然气、石油、煤炭和油页岩等。据世界银行估计，泰国天然气最大储量为5 465亿立方米，石油最大储量为1.64亿吨。2009年，泰国天然气剩余探明可采储量3 170.94亿立方米，石油剩余探明储量6 041.7万吨。目前已发现油气田19个，主要分布在泰国湾、安达曼海、南部平原、中部平原、呵叻高原和北部山间盆地6个含油气区。

泰国湾是泰国已探明石油和天然气资源最集中的地区。目前已经开发的油气田中，由美国的雪佛龙公司经营的本扎玛油田是泰国最大的海上油田，泰国湾的邦库气田是泰国最大的天然气田。其他油气田还有格明油田、巴拉通油田、苏叻油田、爱侣湾油气田、班泼油气田、格蓬油气田、拍林油气田、沙敦油气田、扶南油气田、达叻油气田等。

泰国陆地上有3个油气田，分别是：泰国陆上最大油田——甘烹碧府的诗丽吉油田、农玛康油田(西诗丽吉油田)、孔敬府南蓬气田。此外，在达府、碧差汶府、夜丰颂府、清迈府、南邦府和甲米府还发现有油页岩，含油量达5%。

泰国煤炭主要是褐煤和烟煤，预计总储量超过13亿吨。其中大约80%分布在北部的清迈府、南奔府、达府、帕府和乌达叻滴府一带，其余分布在南部的素叻他尼府、董里府、甲米府和东北部的那空叻是玛府、加拉信府。

(二)金属矿

泰国的金属矿有锡、钨、锑、铅、锰、铁、锌、铜、钼、镍、铬、铀和钍等。

锡是泰国最重要的矿产，截至2008年，储量、基础储量分别是17万吨和20万吨。泰国的锡矿矿床主要分布在南部各府，北部和中部地区也有少量分布。泰国锡矿为二氧化锡矿，多数是黑色和棕色矿，其余为红色和黄色矿。锡矿中多含有钨、铌、钽、铁、锆等伴生矿。

钨是泰国仅次于锡的重要矿产品，主要分布在清莱府、清迈府、夜丰颂府、帕府、达府、南邦府、甘乍那武里府及南部的那空是贪玛叻府、巴蜀府和普吉府等地。品种以白钨矿和锰铁钨矿为主，还有钨锰矿和钨铁矿。

锑在泰国的储量十分丰富，截至2008年，其储量、基础储量分别为35万吨和37万吨，分别占世界储量、世界基础储量的14.76%和8.6%。锑矿资源主要分布于泰国北部地区的南奔府、南邦府、帕府、清迈府，东部的春武里府以及南部的素叻他尼府、洛坤府等。其中位于春武里府的克朗克拉塞锑矿规模最大，估计矿石储量10万吨。泰国的锑矿以辉锑矿和黄锑矿为主。

铁矿主要分布在莱府、甘乍那武里府、差春骚府、清迈府、南邦府、碧差汶府、拉廊府、甲米府等地，有赤铁矿、磁铁矿和褐铁矿等品种。

锌矿储量大约在450万吨以上，主要分布在达府、甘乍那武里府和莱府3个府，有闪锌矿、菱锌矿、异极矿和红锌矿4种。

铜矿主要分布在那空叻是玛府、乌达叻滴府、莱府和孔敬府4个府，有黄铜矿、蓝铜矿、孔雀石、赤铜矿等。

泰国锰矿种类很多，主要有软锰矿、硬锰矿、菱锰矿、蔷薇辉石，还有水锰矿、隐钾锰矿和褐锰矿。南奔府、那拉惕瓦府、罗勇府、莱府、南邦府等地均有分布。

另外，占他武里府和巴真武里府有钼、钨、钙矿和镍矿；乌达叻滴府有铬铁矿；宋卡府、素叻他尼府和乌泰他尼府有铀矿；巴蜀府、拉农府和普吉府等地有钛矿。

（三）非金属矿

泰国的非金属矿有萤石、重晶石、石膏、岩盐、杂盐（光卤石）、磷酸盐、高岭土、石墨、石棉、石灰岩和大理石等。

泰国是世界萤石的重要产地，萤石储量约1 150万吨，主要分布在南奔府、清迈府、夜丰颂府、甘乍那武里府、碧武里府、叻武里府、素叻他尼府和甘烹碧府等地。重晶石储量3 553万吨，分布在那空是贪玛叻府、莱府、清迈府和素叻他尼府。石膏产地分布在披集府、那空沙旺府、南邦府、那空叻是玛府府、乌达叻滴府、素叻他尼府等地。岩盐分布在东北部的猜也奔府、那空叻是玛府、玛哈沙拉堪府、乌汶府和乌隆府等地，储量29亿吨。碳酸钾则在上述产地的岩盐层之间，仅猜也奔府的储量就有2.4亿吨。

其他非金属矿产分布于以下各地：叻武里府、巴蜀府、南邦府有磷酸盐；南邦府、乌达叻滴府、拉农府等地有高岭土；占他武里府、清迈府、巴蜀府有石墨；乌达叻滴府有石棉、滑石；沙拉武里府、那空是贪玛叻府、碧武里府有石灰岩；

素可泰府、沙拉武里府、那空沙旺府有大理石；叻武里府、清迈府、夜丰颂府有长石；甘乍那武里府、春武里府有白云石。

此外，泰国还盛产各类宝石，如红宝石、蓝宝石、绿宝石、黄玉尖晶石、电气石、锆石、石英、翡翠等。其中以红宝石和蓝宝石最为著名，其主要产地是占他武里府、达叻府、四色菊府、甘乍那武里府和帕府，占他武里府的宝石产量约占全国产量的70%。

第二节　人文地理环境

泰国的东北以湄公河为界，与老挝毗邻，东与柬埔寨接壤，东南邻泰国湾（又称暹罗湾），南部狭长的半岛向南延伸至马来西亚，西南是安达曼海，西部和北部与缅甸接壤。泰国的边境线总长为7 941千米，陆地边境线为5 326千米，海岸边境线为2 615千米，其中泰国湾海岸线长1 660千米，安达曼海岸线955千米。

一、人口与行政区划

根据泰国国家统计局2010年进行的全国人口普查统计数据显示，截至2010年9月1日，泰国总人口数量达到6 590万人，在东南亚国家之中居于印度尼西亚、越南、菲律宾之后，排名第四位。其中女性3 360万人，占总人口数量的51%；男性3 230万人，占总人口数量的49%，男女性别人口比例为96.1：100。泰国0～14岁的人口数量占总人口数量的19.5%，15～59岁的人口数量占67.5%，60岁及以上的人口数量占13%。

泰国全国总人口中，城市人口占44.1%，农村人口占55.9%。以曼谷为中心的泰国中部地区人口数量最多，达2 640万，约占全国人口总数的40.2%；其次为东北部地区，人口1 900万，占28.8%；北部1 160万，占17.6%；南部890万，占13.4%。以泰国各府人口数量进行比较，曼谷地区人口总数825万人，占全国人口总数的12.6%，居全国第一；其次是那空叻是玛府，达252万人；其他依次是沙没巴干府183万人，乌泰他尼府174万人，孔敬府174万人，清迈府171万人，春武里府155万人，宋卡府148万人，那空是贪玛叻府145万人，暖武里府133万人。

泰国平均人口密度为每平方千米128.4人，较10年前的每平方千米118.1人有所增加。泰国人口密度最高的10个地区依次为：曼谷、暖武里府、沙没巴干府、沙没颂堪府、普吉府、巴吞他尼府、沙没沙空府、佛统府、春武里府和阿瑜陀耶府。

泰国中央政府以下的行政区划分为府、县、区、村4级，目前全国共有76个府（曼谷除外）、878个县、7 255个区、74 955个行政村。

府是泰国最大的地方行政区划，由中央政府直接管辖，现划分为76个府。府的行政机构是府公署，地方行政长官成为"府尹"，由中央政府的内政部直接任命，并向内政部负责。中央政府各部在全国各府都派驻有官员，这些官员在府尹的领导和协调下执行中央各部所赋予的任务。府以下是县，县长也是由内政部直接任命，在府尹的领导下管理本县的事务。县以下是区，区长由村长会议选举产生，行政上归县长管辖。区以下是行政村，村长由全村居民直接选举产生，没有固定任期。

同时，泰国中央政府为给地方一定的自治权力，在地方实行地方自治制度，设立地方自治管理机构。其中在全国76个府各设立一个府自治管理机构，各府内根据所辖各居民区规模大小、人口数量和经济发展水平分为都市级自治市、城镇级自治市和区级自治市三类进行自治管理。目前泰国共设有2 110个市自治管理机构，其中都市级自治市26个，城镇级自治市244个以及区级自治市1 840个。在区一级行政区划内泰国还设立有区自治管理机构共5 765个。除此以外，泰国还另外特别设立有一个中央直辖市曼谷和一个特区芭提雅。

二、民族

现代泰国的民族构成同其他国家一样是多种多样的。在这片51万多平方千米的土地上共生活有60多个民族，按照使用语言的语系进行归类，可分为：1. 南亚语系（Austroasiatic）民族，以孟—高棉语族民族为主，包括孟族、高棉族、克木（佧）族、拉佤族等。2. 侗台语系（Tai-Kadai）民族，包括泰族、老族等。3. 汉藏语系（Sino-Tibetan）民族，包括华族、克伦族、傈僳族、拉祜族、阿卡族。4. 南岛语系（Austronesian）或马来—玻利尼西亚语系（Malayo-Polynesian）民族，主要集中在泰南沿海一带，如马来族、莫肯族等。5. 苗瑶语系（Hmong-Mien）民族，大部分居住在北部地区，包括苗族、瑶族等。在这五个语系民族中，以泰国主体民族泰族（Thai）所在的侗台语系民族人数最多[①]。据《The World Factbook》数据显

---

① 张玉安、陈岗龙主编，金勇著：《泰国民间文学》，银川：宁夏人民教育出版社，2011年版，第9页。

示，在泰国现有的6 598万人口中，75%为泰族，14%为华族，3%为马来族[①]。

（一）泰族

作为泰国主体民族的泰族被认为是傣泰民族的支系民族。傣泰民族广泛分布于中国云南至中南半岛和印度阿萨姆邦这一弧形地带，自称为Thai（或Dai、Tai）。这是一个分布在各国各地但在民族来源、语言、文化习俗上有着密切联系的大族群，主要包括有中国云南的傣族、老挝的老族、泰国的泰族、缅甸的掸族、越南的泰族和印度阿萨姆邦的阿洪姆人。其中泰国的泰族依分布地域的不同可以分为北部的兰那泰人、中部的暹罗人（狭义）和东北泰人，其风俗习惯和文化传统都与其他傣泰支系民族有着不可分割的密切联系。大量研究表明，傣泰民族具有共同的渊源，然而由于缺乏直接的资料记载，对于这些民族的发源地到底在哪里这个问题，学界一直未能得出确切结论。不过，这些众说纷纭的观点归纳起来，可以大略分为"迁移"和"土著"两种。

"迁移"类观点中最有影响力就是：泰族或傣泰民族起源于中国北方或更远的地方，后来，"泰族"不断向南方迁徙。在迁徙的过程中，他们一度停留在云南，建立了著名的南诏王国。忽必烈平大理以后，"泰族"才被赶到他们今天居住的地方，在这些地方建立起他们的邦国。这一观点由英国人拉古伯里和美国人杜德提出，而后又得到被誉为"泰国历史学之父"的丹隆亲王和泰国政府宣传厅厅长銮威集瓦塔干等泰国知名学者的支持。而且在二战时期，在銮披汶政府的"大泰族主义"民族政策的推动下，这一观点还被写进了历史教科书大肆推广。

然而，越来越多的证据显示这一观点并不正确，虽然不少学者认可泰族或傣泰民族的起源确与中国有关，但具体的地区还有争议。国内有不少学者都认为，傣泰民族是华南百越后人。历史学家陈吕范认为："今天的泰、傣、老、掸诸族，就是古掸人的后裔"，"自古以来，泰族先民——古掸人就在那里生息与繁衍。"[②]民族学家黄惠焜也曾指出："就泰族来源而言，他的祖先是越人；就泰族的形成而言，他是经济文化发展的自然结果；就泰族形成的过程而言，他是在泰族现在的土地上进行并完成的。"[③]这一观点也被越来越多的泰国学者所接受。而通过对比史籍记载、考古发现以及语言学资料，云南大学何平教授得出了傣族、掸族、老

---

① 维基百科: ประเทศไทย. (2014-08-21) [2014-08-24]. http://th.wikipedia.org/wiki/ประเทศไทย.

② 陈吕范：《泰族起源问题研究》，北京：国际文化出版公司，1990年版，第20页。

③ 黄惠焜：《从越人到泰人》，昆明：云南民族出版社，1992年版，第29页。

族、泰族等傣泰民族就是从今天壮族居住的这一地区迁徙过去的结论。他的看法是："傣泰民族虽然不是像早先一些西方学者所说的那样是从西亚或中国北方迁徙而来的，南诏王国也不是傣泰民族建立的，但这个民族也不是自古以来就居住在他们今天居住的这一地区的土著。傣泰民族主要是从今天的广西、云南和越南交界一带即今天壮族以及他们的支系聚居的地区展转迁徙到今天他们居住的这一地区的。今天壮族以及他们的支系聚居的这一地区才是傣泰民族的发祥地。今天的傣泰民族是从这一地区迁徙出去的古越人群体与当时居住在今天傣泰民族分布地区的土著居民融合以后才逐渐形成的。"[①]

总结这些观点可以得出，中国的云南、广西以及中国与泰国、越南、缅甸临近的广袤地区可能就是傣泰民族的发源地。这片区域分布着许许多多与泰族具有亲缘关系的同源民族。如与泰北兰那地区邻近，在湄公河流域以西地区，分布在萨尔温江—伊洛瓦底江—布拉马普河流域一带的傣泰民族，成为泰雅人或大泰（Thai Yai）。具体而言，居住在印度东北阿萨姆邦的大泰叫阿洪姆泰（Thai Ahom）；在缅甸掸邦居住的大泰称为掸族；在中国云南省德宏地区的大泰成为戴空泰（Thai Taikhong），我国称德宏傣族；在中国云南省西双版纳的大泰成为仂泰（Thai Lu），我国称傣仂或西双版纳傣族；在西双版纳和兰那地区之间，缅甸的景栋地区的大泰称为艮泰（Thai Khoen）。与东北泰人地区临近，在湄公河流域以东的地区，分布于老挝到黑河、红河流域的傣泰民族，成为泰诺或小泰（Thai Noi）。具体而言，在老挝湄公河流域的小泰称为老族（Lao）；在越南北部与老挝北部以及中国南部相邻地区分布的小泰，称为黑泰（Thai Dam）与白泰（Thai Khao）；在中国广西壮族自治区的壮族也是傣泰民族中人数较多的一个支系，不过这一支系的分化时间较早。[②]

据推测，傣泰民族的祖先大约在10世纪左右来到了中南半岛的北部，通过种植水稻和蔬菜，养育牛和家禽，在临近的河流小溪里面捕鱼，在树林里面狩猎，编织衣物以及制作陶器和工具，以维持基本生存需要。在收获的季节或者修建桥梁和建造房屋的时候，需要几个家庭共同合作，于是一个个村落等聚居地逐渐形成。出于商品交换和抵御战争的需要，村落开始联合起来成为大的村落联合体。这样的联合体通常都存在着一系列政治、经济和社会的互动关系，并且这种互动

① 何平：《傣泰民族起源再探》，载《民族研究》，2006年第5期，第93页。
② 张玉安，陈岗龙主编，金勇著：《泰国民间文学》，银川：宁夏人民教育出版社，2011年版，第10—11页。

关系往往都是互惠的。不过，随着时间的推移，互惠关系中的一方将不断地增加优势，变得愈加繁荣且强大，最后在这一地区出现了零星的由泰族人建立起的政权。同时，这些泰族政权开始向南面的吴哥帝国和蒲甘帝国的平原地区迁移定居。大约在13世纪后半期，吴哥帝国和蒲甘帝国的势力开始崩溃，东南亚的半岛地区开始进入了"泰族人的世纪"。

泰族人不断从高地山谷迁移到平原，他们尝试模仿和移植高棉人的统治管理模式，建立起新的强有力的国家。在这些政权中最早独立的是位于现在泰国北部的兰那王国（Lanna）（中国史籍称八百媳妇国）。泰国学者披耶巴差吉功扎根据泰北流传的民间文学中的传说故事编写了《庸那迦纪年》一书。这些故事的年代都十分久远，所涉及的内容也十分庞杂，既有关于创世、自然变化、风俗习惯的神话传说，也包含有关于王国建立发展等的记载。统一的兰那王国是由孟莱王于1296年建立的。在此之前，兰那地区各个王族各据一方，常常发生互相争夺领土、百姓和赋税的事件，不能和睦相处。为了让百姓过上平安、幸福的日子，孟莱王决心统一兰那。他先是派人通告各城王族前来朝拜称臣，不愿归顺者即出兵征讨。能征善战的孟莱王先是平定了克莫城、莱城、清堪城等北方诸城，而后又吞并了孟人建立的哈利奔猜国（中国史书称女王国）和另一个泰族城邦——拍耀城，建立了兰那王国，并定都于清迈城。

兰那王国在孟莱王的治理下，不仅有着能征善战的军队，发达的农业、手工业和建筑业，还制定了《孟莱法典》，形成了较为完备的行政和政治制度，抵挡住了来自北部蒙古人的征伐。在孟莱王统治的60年里，他建立起了一个庞大而强有力的王国，主导了东南亚大陆地区高地的中心地带，与中部的素可泰和阿瑜陀耶这两个独立的泰族王国一道奠定了泰族对暹罗这片土地的统治。孟莱王去世后，兰那王国陷入王位争夺的内战之中，国力由盛转衰。1558年，兰那沦为缅甸的附属国。1584年，由泰族人建立的另一个王国——阿瑜陀耶从缅甸手中夺回了兰那地区。此后，兰那的控制权就一直在缅甸与阿瑜陀耶之间交替流转。直到1774年，吞武里王朝与兰那地区的清迈、南邦和南奔联合打败了缅甸，彻底结束了缅甸人在这一地区的统治。1803年曼谷王朝正式将以清迈为中心的兰那地区纳入暹罗版图。

除了最早的兰那王国外，素可泰政权（Sukhothai）也是泰族政权中极为重要的一支，它是大多数泰国正史研究的起点。在世界各地关于泰国历史的研究中，素可泰都是不可绕过的重要内容。作为中部泰族政权最早独立的一支，素可泰奠定了现代泰国的立国根本，它的语言文字、宗教信仰、传统习俗等都被传承了下来，成为了今天泰国社会文化的基石。

素可泰地区的泰族人最初作为吴哥帝国的臣民而生活，定期向高棉国王纳贡称臣。1238年原隶属于吴国帝国的邦央泰族首领邦克朗刀联合了孟叻的泰族首领帕孟，乘吴哥帝国势力削弱之机，带领泰族人民起来争取民族独立，驱逐了高棉人的统治势力，建立起了以泰族为主体的素可泰王国。邦克朗刀成为了新兴王国的首位国王，尊号"室利·鹰沙罗铁"。邦克朗刀称王之后，不断扩张素可泰的势力，其子兰甘亨继位后更是将素可泰的势力范围拓展至马来半岛南端。兰甘亨在位期间不仅把国家打造成为了军事强国，还在社会文化发展方面建树颇丰。他创制了泰语文字，从今斯里兰卡引进了上座部佛教，并将其奉为国教，在全国推广。这些都对后世泰国政治、经济、社会制度及文化的形成产生了深远的影响。兰甘亨国王去世后，素可泰的国力逐步衰落，而位于其南方以华富里为中心的罗斛国（Lavo）则乘机兴起。

1350年，罗斛的乌通王合并了南方的各个城邦，以阿瑜陀耶为其政治中心，建立了一个新的王朝——阿瑜陀耶王朝（Ayutthaya）。它包括了华富里、素攀、叻武里、碧武里、洛坤等地。乌通王作为开国君王，尊号"拉玛提波迪一世"。阿瑜陀耶王朝的历史长达417年，共经历了34位国王的统治，是中南半岛历史上称霸一时的大国。自此期间，泰国的经济、政治、社会、文化、宗教等都得到了极大地发展。特别是在17世纪至18世纪期间，阿瑜陀耶城成为了东南亚地区首屈一指的国际性大都市，是东西方的商贸往来重要的中转站。政治、经济的繁荣稳定，为阿瑜陀耶的文化艺术活动提供了广阔的发展空间，使得在这一时期涌现出了一大批杰出的诗人以及优秀的文学艺术创作，成为了泰民族的文化塑造和发展的重要历史时期。

虽然阿瑜陀耶王朝的国力强盛一时，其疆域范围也极为辽阔，但是在与西边的邻居——缅甸的争斗中一直处于输多胜少的境地。甚至王都阿瑜陀耶城还曾分别在1569年和1767年被缅军攻陷，而第二次沦陷直接导致了阿瑜陀耶王朝的覆灭。随后在拥有华裔血统的郑信王的带领下，泰族人在不到一年的时间里就成功地驱逐了缅军，重新夺回了阿瑜陀耶城，并统一了泰国全境，建立了吞武里王朝（Thonburi），定都于吞武里城。不过，郑信王的统治时间仅持续了短暂的15年，吞武里王朝就发生了政变。大将军却克里趁乱夺取王位，结束了吞武里王朝，建立了吅达纳哥信王朝(Rattanakosin),即曼谷王朝,定都于曼谷。

曼谷王朝一直延续至今,现在的国王是曼谷王朝的第九位国王——拉玛九世普密蓬·阿杜德。曼谷王朝建立初期,基本延续了自阿瑜陀耶王朝以来的统治管理方式,极力恢复因长年战乱而凋敝的社会经济文化发展,鼓励商贸往来,搜集整理遗失的文学作品,大力翻译、引进外来文学艺术作品以丰富和发展泰国本土的文学艺术。通过长时间的努力,在曼谷王朝初期,泰国的政治经济和文化艺术得到了长足的进步和发展,尤其是华商贸易的繁荣以及中国文化的引进,使得泰国文化的发展融入了新鲜血液。但是,随着西方殖民主义的东进,泰国周边国家一个个都沦为了西方发达国家的殖民地,这对泰国造成了极大威胁。为维护国家独立不被殖民,曼谷王朝五世王朱拉隆功进行了一场成功的社会变革,成功地促使泰国开始向现代化国家转型,增强了国家经济和军事实力,保住了独立国家的主权地位。改革后的泰国社会努力向西方学习,大量地吸收引进西方的民主政治和科技文化等现代化元素。1932年,由一群受过西方教育的军官组成的"民党"发动了民主革命,结束了几百年来的封建君主专制制度,代以君主立宪制,加速了社会的变革,从此泰国进入了现代化的阶段。

(二)华族

华族是泰国境内仅次于泰族的民族,指移民到泰国的华人,他们广泛分布于泰国各府。

中泰两国之间的人员往来历史悠久。早在汉代,中国与马来半岛北部地区、湄南河流域地区已经有了交通联系。《汉书》卷二十八"地理志"第八下记载到,"自日南障塞(今越南中部)、徐闻、合浦船行可五月,有都元国,又船行可四月,有邑卢没国;又船行可二十余日,有谌离国;步行可十余日,有夫甘都卢国。自夫甘都卢国船行可二月余,有黄支国,民俗略与珠厓相类。其州广大,户口多,多异物,自武帝以来皆献见。有译长,属黄门,与应募者俱入海市明珠、璧流离、奇石异物,赍黄金,杂缯而往。所至国皆禀食为耦,蛮夷贾船,转送致之。亦利交易,剽杀人。又苦逢风波溺死,不者数年来还。大珠至围二寸以下。平帝元始中,王莽辅政,欲耀威德,厚遗黄支王,令遣使献生犀牛。自黄支船行可八月,到皮宗;船行可二月,到日南、象林界云。黄支之南,有已程不国,汉之译使自此还矣。"书中记述的是从广东沿海到南印度黄支国的汉使航程。它途径马来半岛北端、湄南河流域和伊洛瓦底江流域,然后转往南印度。其中记载的都元国、邑卢没国、谌离国等沿途国家可能都位于今天泰国境内。[①]到了南北朝时期，中国史籍开始出现有关马来半岛北端和湄南河流域古国的使者入访中国的记载。如《梁书》《陈书》等古籍中都记载了狼牙修（今泰国洛坤、北大年、宋卡一带）、盘盘（今泰国南部万伦湾一带）、堕罗钵底（也作头和、投和，今泰国佛统一带）等国遣使入华。书中不仅记载了双方互派使节友好访问的历史事件，还记述了这些东南亚国家的地理位置、风土人情以及历史。在唐朝时期，中国与泰国境内这些国家的交往进一步拓展到社会文化尤其是佛教文化层面。玄奘法师在《大唐西域记》中有过关于堕罗钵底国"佛事"的记载。义净在《南海寄归内法传》和《大唐西域求法高僧传》中对当时的泰国佛教有所记录。其书中称堕罗钵底为"杜和钵底国"，并说"次此南畔，逼近海涯，有室利察咀罗国，次东南有郎迦戍国，次东有杜和钵底国……并悉极遵三宝，多有持戒之人。乞食杜多，是其国法。"到了宋代，由于航海事业和对外贸易的发展，中国与泰国之间的交往日趋广泛。如赵汝适的《诸蕃志》、周去非的《岭外代答》等宋人著作都有大量的关于泰国境内国家的详细记载。元代时期，浙江永嘉人周达观，于元贞元年（1925年）奉命随使赴真腊，1296年抵达吴哥。周达观在真腊生活居住了一年，回国后写有《真腊风土记》一书。书中详细叙述了当地居民的生活、经济、文化习俗、语言；描绘了真腊国都吴哥城的建筑和雕刻艺术；并记载了真腊的山川、物产等；其中还记载了当时居住在这一地区的海外华人的状况，当时他们被称为"唐人"。书中对于当时还处于高棉真腊帝国的统治之下的泰国也有不少记录。

除了中国古籍的记载外，东南亚地区的早期考古发现也为早期华人移居泰国提供了佐证。如在阇耶跋摩七世的首都吴哥城[②]中央的巴戎寺（Bayon）外廊，人们可以见到很多代表高棉艺术特色的精致浮雕。其中一幅细致地刻画了一艘完全不似高棉风格的中式帆船，该船的每一处结构细节，无不酷似近代暹罗华侨所建造的帆船。他们总是驾驶着这种帆船往来于中泰之间，进行各类商品的海上贸易。因此，学者们认为中国商人早在13世纪前就已经定居在暹罗湾沿岸的市场和港口了，这甚至比泰族人来到湄南河三角洲和马来半岛还早。

而在明朝时期，中泰两国之间的交往更是发展到了一个高潮期。查阅《明实录》和其他史料，据不完全统计，在1370—1482年间，明朝先后22次遣使访问

---

① 余定邦，陈树森：《中泰关系史》，北京：中华书局，2009年版，第2页。

② 建成时间最迟不超过13世纪最初十年。

暹罗；在1371—1643年间，暹罗先后共114次遣使访华。由此可见，中泰往来的频繁，两国关系的密切。甚至明太祖曾感概道："朕自即位以来，命使出疆，周于四维，足履其境者三十六，声闻于耳者三十一，风殊俗异。大国十有八，小国百四十九，较之于今，暹罗最近。"[①]从永乐到宣德年间进行的郑和船队7次远航，也曾多次到达过暹罗。明茅元仪所编《武备志》卷二百四十所收入的《郑和航海图》中清楚地标明郑和的船队航经暹罗国。在跟随郑和下西洋的随行人员马欢、费信、巩珍所撰写的《瀛涯胜览》、《星槎胜览》、《西洋番国志》中均有暹罗专条，真实记录了暹罗的风土人情、自然景观以及社会风俗，这些记录成为中国人了解暹罗的宝贵资料，增进了中泰之间的交流。此外，明万历五年（1578年）明王朝还在培养翻译人员的"四夷馆"中增设了"暹罗馆"，聘请暹罗人到馆教习，并考选世家子弟送馆学习，以满足中泰双方政治、经济交往的需要。双方交流往来的频繁，相互了解的加深，都极大地推动了中国沿海地区居民前往泰国谋生。1403年有莆田城关林姓等到暹经商。1409年有南海何八观等到暹。1471年龙溪丘弘敏等贸易到暹。晋江安海颜嗣祥（1487—1521年）在暹定居并卒葬于暹。南安石井许姓于1523年到暹。在暹罗华侨之多，以致于当时暹罗都城——阿瑜陀耶城形成了三处华侨居住区。一是阿瑜陀耶城南郊河中的"唐人岛"；二是阿瑜陀耶城东郊湄南河东岸一带；三是王城南部葡萄牙人居留地北面一带。[②]

明王朝时期的中国华南地区尤其是福建等沿海地区的海上经济获得了快速发展，海上贸易经济的发展极大推动了下南洋的移民潮。而暹罗自古以来自然资源丰富，地广人稀，劳动力匮乏，加之在阿瑜陀耶王朝时期，暹罗与周边战争不断，人口更加缺乏。中国移民的到来缓解了暹罗人力不足的矛盾。因此，长期以来暹罗方面对华人移民持友善和欢迎的态度，很少设置障碍。这些因素都有力地推动了华人移居暹罗的浪潮。在明代官员黄衷所著《海语》中有关于当时暹罗都城阿瑜陀耶城的记载。书中写道，"有奶街，为华人流寓者之居"，又说"国无姓氏，华人流寓者始从本性，一再传亦亡矣"。这些记载都反映出了在当时的阿瑜陀耶城及周围地区已出现了华人社区，有不少华人在此聚居生活，并与当地女子通婚生子。而且，社区成员除了是来暹经商的商人外，还有士大夫、医生、戏剧演员和手艺人等。荷兰人杰雷米亚斯（Jeremias van Vliet）在 "Description of the

---

① 《明史》卷三百二十四，列传二百一十二，外国五，暹罗条。
② 张美惠：《明代中国人在暹罗之贸易》，载《台湾大学文史哲学报》，1951年第3期，第93页。

Kingdom of Siam"中曾说道，阿瑜陀耶时期的王公贵族对中国戏剧极为喜爱，都城内最受尊敬的医师来自中国，特别是国王的御医长也是个华人，有不少华人被授以高官显职。《明实录》也记载，洪武五年（1372年）正月暹罗遣使访华，其通事由华人李清担任。洪武六年十二月（1374年1月）暹罗遣使访华，副贡使为华人陈举成。因此，有学者推测，到明末时期，泰国华人数目至少已超过万人，他们多来自福建、广东等中国南部沿海地区，他们的职业多样并不局限于经商，并且在泰国社会的融入程度较高。从这些记载中不难推测，中泰双方无论是在外交使节、商贸往来、文化交流方面的往来都十分密切，华人移居暹罗是有历史渊源的。

华人移民泰国的又一次高潮出现于清朝的康、雍、乾时期（1662—1795年），引发这次移民潮的主要原因在于两国之间兴盛的大米贸易。由于中国东南沿海地区地狭人稠，在封建统治的条件下，产米不敷食用。加上奸商囤积居奇，从中牟取暴利，使不少地方出现了抢米风潮。为缓和矛盾，巩固自己的统治地位，清朝政府在严令禁止大米出口的同时，允许从暹罗进口大米。《清圣祖实录》中记载，1722年，康熙皇帝在得知暹罗盛产大米这一情况后，即向清廷官员表示："暹罗国人言其地米甚饶裕，价值亦贱，二三钱银即可买稻米一石。朕谕以尔等米既多，可将米三十万石分运至福建、广东、宁波等处贩卖。彼若果能运至，与地方甚有裨益。此三十万石米系官运，不必收税。"清朝政府进口大米的要求，马上得到暹罗阿瑜陀耶王朝的响应。1724年，暹罗政府不仅派人送来了优良的稻米，而且还把首批大米运到广东。此后，为鼓励暹罗大米进口，清政府还在销售价格、免税等多方面给予优惠条件。当时，把暹罗米运入中国的实际营运者是旅居暹罗的华侨，从这可以看出清朝政府改变了一直以来禁止人民出海，不允许外国商船雇佣华人水手的政策。而到了乾隆年间，中暹之间的大米贸易继续发展。清朝政府为鼓励暹罗米进口，先是通过招引外商来增加暹罗米的进口量，继而又鼓励本国商人前往暹罗载运大米。而且为鼓励内地商民前往暹罗转运大米，闽浙总督喀尔吉善还建议："内地商民有自备资本领照赴暹罗等国运米回闽粜济民食者……；如每船运米至两千石以上者，按数分别生监、民人，奏请赏给职衔、顶带。……生监运米两千石以上者，赏给吏目职衔；……运米六千石至一万石者，赏给县丞职衔。民人运米两千石至四千石者，赏给九品顶带，……运米六千石至一万石者，赏给七品顶带。"这一提议，得到清高宗的赞同。[1]在多项优惠政策的推动和促进

① 《明清史料》庚编，第525、532页。

下，大量华人投入了大米贸易的行列，选择定居暹罗的华人也越来越多，暹罗港口城市的华人社区也随之更加成熟起来。

18世纪下半叶，暹罗与邻国缅甸之间的对抗越来越激烈。1764—1767年间，暹缅两国爆发战争，缅甸军队大举入侵暹罗，并在1767年攻陷了阿瑜陀耶城。不过，很快暹罗人民就在郑信王的领导下成功收复了阿瑜陀耶城，并将缅军驱逐出暹罗国境。在阿瑜陀耶王朝的覆灭和吞武里王朝的兴起的这段时间里，战乱使得泰国人口锐减，因此有着华人血统的郑信王登上王位后，大力鼓励和支持华商、华人技师、工匠和劳动力在泰国定居。在吞武里首都王宫的对岸，也就是现在泰国王宫所在的这一地区形成了一个为首都服务的华人大居住区和市场。据一位在吞武里时期访问过暹罗的欧洲人克罗福（John Crawfurd）写道："郑信王的同乡们是在他的大力鼓励下才这么大批地被吸引到暹罗来定居的。华人人口的这一异常扩张，几乎可以说是该王国数百年中所发生的唯一重大的变化。"郑信王特别照顾他同乡的华人，即潮州人。在其统治时期，居住在暹罗的潮州人被称为"皇家华人"。而华人对战后暹罗经济、社会的复兴也发挥了重要的作用。当时住在暹罗的一位法国天主教士在其寄给马六甲财政官的信件中说道："华人在暹使用金银；王国之迅速恢复应归功于他们的勤劳，设非华人如是勤奋，则暹罗今日必无银钱财帛也。"[1]可以说暹罗经济的复苏全赖当地华人才得以实现。从这时候开始，华人就已经真正融入到了暹罗的社会中，华族正式成为了暹罗人民的组成部分，而不再是暂时定居的外籍商人了。

华人移居暹罗最具代表性的高潮发生于19世纪下半叶。当时中国国内战乱不断、民不聊生，不堪其苦的百姓和权力失落的权贵们纷纷选择移居海外。凭借地缘上的毗邻关系和历史渊源的先天优势，泰国成为了一个重要的移居地和避难所。到1910年，泰国境内的华人已占到人口总数的10%。[2]与此同时，在暹罗国内，曼谷王朝四世王蒙固王和五世王朱拉隆功为振兴泰国，走上近代化的道路，推行了一系列的改革措施，与西方国家签订了相关协议，向西方世界打开了国门，并且迅速被纳入了世界经济体系之中。为了适应经济上的新变化，以及满足世界市场对暹罗产品如大米、锡、柚木等的需求，此时的暹罗也急需大量的劳动力，而中国移民在种植、开采锡矿、做工、建筑运河及铁路等方面都更有经验。此外，

---

① 余定邦、陈树森：《中泰关系史》，北京：中华书局，2009年版，第26页。

② 维基百科：Thai Chinese.（2014-05-12）[2014-05-20].http://en.wikipedia.org/wiki/Thai_Chinese.

清政府在1860年签订了《北京条约》，规定移民合法化，这也为华人移居海外解除了禁锢。在"推"与"拉"这两股合力的作用下，移居泰国的华人与日俱增。据统计，1882—1892年间平均每年有1.6万多华人进入泰国，而在1907—1908年一年间更有9万多人进入泰国。除去离境的人口，在1882—1931年间移入泰国的华人人数超过了95万。[①]泰国境内的华人中，有95%以上来自广东、福建两省。主要包括有来自西江和珠江三角洲一带的广东人，原泉州府和漳州府的福建人，广东东北部韩江三角洲及其周围的潮州人，韩江上游及其支流一带的客家人，以及海南岛东北部的文昌和琼山的海南人。在这五大集团中，潮州人占比最高，海南人次之，客家人与福建人人数相差不多，只有广东人比例最少。[②]

　　进入20世纪以来，随着商贸往来密切、华暹通婚和更换泰名，华人移民与泰国社会的联系越来越紧密，融合越来越深。因此，泰国华人虽然与泰族分属不同民族，但实际上现在已经很难将他们区分开了。最初的第一代华人移民往往都还保有中国特有的文化传统和风俗习惯，多使用中文名，用中文沟通。但到了第二代、第三代华人，他们的生活习惯、宗教信仰和价值观都在很大程度上泰化了。这些人也有中文名字但使用更普遍的还是泰语名，可能还有人会听或说汉语，但泰语已经成为了他们的母语。可以说，泰国华人是海外移民中与当地社会融合程度最高、最融洽也是最成功的，泰国人往往将他们称为"华裔泰人"（Sino-Thai）。从经济方面来说，福布斯泰国富豪榜前40名中80%都是华裔，华人经济约占泰国国民经济的60%。[③]政治方面而言，1932年以来泰33届总理中，约有一半是华人。近10年来的几任总理差瓦立、他信、沙马、阿披实等均有华裔血统。可以说，泰籍华人、华裔在当今泰国经济、社会、文化等各个领域都起着非常重要的作用，为泰国社会的全面发展作出了杰出的贡献。同时，自1975年中泰两国正式建交以来，来华投资建设的泰籍华商越来越多，来华探亲、旅游、学习的泰国人也逐年增加。可以说华族成为了推动中泰两国合作、交流、共同发展的重要推动力。

（三）马来族

　　马来族习惯上多称为马来人或巫族，是东南亚的原住民族之一，主要分布于马来半岛、印度尼西亚、新加坡、文莱、泰国南部和菲律宾等地。泰国的马来人

① 金勇：《20世纪泰国社会华人姓名的泰化嬗变》，载《当代亚太》2006年第5期，第59-60页。
② ［美］施坚雅著，许华等译，《泰国华人社会：历史的分析》，厦门大学出版社，2010年版，第37-58页。
③ Suzanne Nam：*Thailand's 40 Richest*.（2010-01-09）［2012-01-23］.http://www.forbes.com/2010/09/01/thailands-richest-dhanin-wealth-thailands-rich-10_lander.html。

信奉伊斯兰教，是泰国穆斯林的主体。85%左右的马来族都居住在泰南与马来西亚相邻的地区，剩下的则散布于泰国各地，其中以曼谷等中部地区分布较多。马来人在宗教信仰、风俗习惯方面等方面独具特色，对泰国的认同感与华族不同。[①]泰国马来人也被称为"khaek"，意思是客人、从别的地方来的人。最初"khaek"这个词只是对部分非泰族人的统称，后来逐渐发展为对有着特殊服饰和语言群体的专称，最终演变成为称呼马来族以及阿拉伯和印度的伊斯兰信徒的专用词。泰国"khaek"群居在南部的北大年、陶公、惹拉、沙敦四府，这一地区被认为是泰国穆斯林社群的肇始和东南亚伊斯兰教的摇篮。历史上上述4府与同在南部的宋卡府曾是一个独立的伊斯兰教国家——北大年王国。

伊斯兰教大约在12世纪至15世纪间随印度和阿拉伯商人的贸易活动传入今北大年地区。[②]约14世纪，北大年王国成立。北大年王国坐落在西方和东方国家之间航程的必经之处，是亚洲和欧洲商人重要的贸易中心之一。1457年，北大年国王宣布皈依伊斯兰教（国王之所以皈依伊斯兰教据说是因为一位穆斯林传教士治好了他的病），并立其为国教，从此北大年王国成为了一个伊斯兰教国家。随着北大年、中国与日本之间海上贸易的发展，北大年苏丹王国逐渐发展成东南亚地区重要的伊斯兰文化中心。16世纪，北大年王国的苏丹们为了在民众间传播伊斯兰教，树立虔诚的信仰，派遣了许多宗教学者远赴麦加和开罗学习伊斯兰教教义。学成归国后，这些宗教学者们在北大年地区创建了多所伊斯兰经文学校，向穆斯林民众教授伊斯兰教教义、哲学、宗教制度和伊斯兰教法。在北大年苏丹的倡导和扶持下，许多来自阿拉伯和波斯的伊斯兰教学者汇聚于此，传经授道。来自今马来西亚、印度尼西亚和柬埔寨的穆斯林纷纷前往北大年苏丹王国求学。19世纪至20世纪初，北大年王国是东南亚著名的伊斯兰学术和教育中心，拥有东南亚规模最大和最负盛名的伊斯兰经文学校，培养了许多著名的伊斯兰学者。

在暹罗向南的扩张运动中，北大年与马来半岛上的很多小国都相继成为暹罗的附属国，在交通不发达、统一的政权机构还不严密的古代，这些小国与暹罗维持着一种松散的依附和从属关系。暹罗政府很少干涉包括北大年在内的各附属国的内部事务，在一些内部事务如制定法律、税收和对政府官僚机构管理的处理上

---

① Michel Gilquin（tr. Michael Smithies）.*The Muslims of Thailand.* Thailand:Silkworm Books, 2005:46.
② 关于伊斯兰教传入马来半岛的时间一直存在争议。有马来西亚学者和泰国学者认为早在9世纪伊斯兰教就进入了马来半岛。而西方学者多认为，大约在13—14世纪伊斯兰教才传到马来半岛。

赋予他们相当大的独立权，仅仅要求这些地区保持一个附属国的名分。尽管这些附属国一直希望能摆脱暹罗的控制，但双方还谈不上存在宗教、民族等等冲突。北大年与暹罗的关系在18世纪后期发生了变化。1785年，暹罗国王拉玛一世发动了一场著名的南向扩张战争，其结果是北大年从附属国转为王国的重要组成部分。在平息了1789—1791年和1808年的北大年叛乱后，为了削弱这个潜在的麻烦，暹罗政府决定把北大年分成7个小部分，以"分而治之"政策削弱北大年的力量及其半独立地位。其后暹罗政府又指派了数百名泰人到北大年担任各级政府官员，这些举措引起了马来统治者的强烈不满。在19世纪，北大年苏丹王国试图抵制泰国的统治，在1832和1838年爆发的起义被曼谷政府军队镇压下去后，尽管马来统治者没有被撤职，但暹罗加强了对他们的监控。

从1786年到1838年的52年间，经过5次战争，北大年苏丹王国最终被暹罗所征服，从此作为战败国臣服于曼谷政权。在1838年暹罗征服北大年前，尽管北大年也向暹罗朝贡，但事实上无论内政还是外交，北大年都与吉打、吉兰丹和丁加奴这些马来穆斯林苏丹国的关系更为密切。在19世纪期间，为防止逐步增加的英国殖民地的影响扩大到整个马来半岛，曼谷王朝推行了进一步统一和集中的管理模式，将北大年的苏丹贵族等都吸收进来国家的官僚体系之中，此外还通过扩展暹罗法律系统的司法权限有意识地压缩伊斯兰法的执行空间。1902年暹罗正式宣布北大年为其领土的一部分，废除了进贡制度，让当地人与暹罗人享受同样的待遇和地位，并把该地区划分为5个府，苏丹制北大年王国正式寿终正寝。而暹罗从19世纪末开始的行政改革的主要内容是以直接向曼谷负责的新官僚机构替代了马来穆斯林的传统统治，各省及附庸国与中央政府之间松散的联合被一个中央行政管理所取代。现今的泰南地区版图是在1909年《英暹条约》签订后正式确定的。根据《英暹条约》的约定，泰国以将原由泰国控制的吉兰丹、吉打、丁家奴和玻璃市等马来土邦让给英国为代价，获得了英国对泰国在北大年地区统治权的认可。泰南穆斯林也因为《英暹条约》，而与居住在马来半岛上的其他马来穆斯林分开形成跨境民族。但他们仍然坚持伊斯兰教信仰、马来语言以及与泰人不同的文化认同。从此，北大年与泰国之间的关系转变为少数民族与中央政府间的关系，为日后的泰南冲突埋下了隐患。

虽然从民族特征上看，泰南穆斯林之间或有差异，但由于其共同的文化心理、宗教特征，因此人们习惯于把南部5府看作一个整体，并将其主体居民称为马来穆斯林。他们虽然只占泰国总人口的3%，但在南部5府中，他们是主体族群。在北大年、陶公和沙敦3府中穆斯林均占全府人口的70%左右，在惹拉府约占67%，在宋卡府约占20%，因此他们习惯于把自己视为当地的多数民族集团，并竭力维护本民族人口分布的稳定性，很少向泰族聚居的地区迁移。在农村，马来人和泰人很少同村而居，彼此在宗教信仰、风俗习惯方面也有较大差异。与泰国其他地区的穆斯林相比，生活在南部4府的穆斯林仍在这一地区广泛使用着一种采用阿拉伯拼写的称之为"Yawi"的语言，这也成为了他们极佳的身份认同标志。

泰南穆斯林多数生活在乡村，主要是小橡胶园主、乡村小店主或者农民，家庭收入的主要来源是橡胶和稻米种植；居住在沿海地区的穆斯林也经营渔业，但马来渔民仍然使用小渔船和传统的捕鱼方式，近年来大规模捕捞作业的介入使他们受到严重冲击。因此，很多马来人挣扎在生存的边缘，经济状况甚为艰难。而在当地属少数民族的泰人则主要居住在城市，多从事商业、采矿业和经营种植园，政府官员、公务员也多由泰人担任。长期以来，华人、泰人同当地多数马来族居民的经济地位形成了鲜明反差，种族界限和经济地位的差异开始联系在一起。南部5府虽然拥有丰富的资源，但马来穆斯林的人均收入却在全国平均线以下。1962—1976年，惹拉、陶公和北大年3个府的农业家庭平均收入只提高10%，而同期中南部其他各府平均提高30%，全国平均增长则达60%。由于以上种种原因，泰南穆斯林的不满日益加剧，南部马来人问题成为当代泰国民族关系中最为突出的问题。

泰南穆斯林世居乡村，生活在传统保守的伊斯兰教社会里，对于他们来说，做一个马来人就意味着做一个穆斯林。早期在这一地区最主要的教育中心是宗教学校，即伊斯兰经文学校（pondok）。在泰国政府对该地区教育机制进行现代化改革前，伊斯兰经文学校一直都是南部穆斯林社会的传统教育机构。传统的伊斯兰经文学校由宗教导师和学生组成，校舍通常设在宗教导师的家中，或建于村社穆斯林民众捐赠的土地上。根据伊斯兰教义，宗教导师传业授道是一种宗教贡献，不求任何经济回报，因此经文学校是不向学生收取任何费用的。教学的内容主要是伊斯兰教教义、阿拉伯语和马来语。教学方式以口述为主。这种教育机制对维系泰南马来穆斯林的族群认同和宗教传统起到至关重要的作用。但是这在由以泰族为主体民族的中央政府看来则是国家建构和民族融合的阻碍。伊斯兰经文学校单方面强调宗教教育和马来族群认同，不利于泰国政府民族融合和同化政策的实施，也是国家现代化和当地经济发展的绊脚石。

由于缺乏必要的现代学科教育，传统宗教教育造成当地民众教育水平普遍低下，使他们在政治和经济领域无法与主体民族和华人竞争。泰南穆斯林在政治上被排除在国家行政体系之外，在经济上无法分享经济发展的利益和果实的情况进一步加深了族群隔阂。因此，泰国政府对伊斯兰经文学校的改革以培养当地穆斯林的泰国公民意识和身份认同为主要目标。改革采取的主要形式是建立现代学制的宗教和世俗双重教育体制，将经文学校纳入国家教育体系。改革后，泰南地区的教育机构变得多样化，包括有私立伊斯兰学校、伊斯兰经文学校、伊斯兰学院（主要指伊斯兰高等教育学院）、清真寺和小礼堂、公立中小学。

然而，大多数马来穆斯林仍然不会讲泰语，日常生活以马来语为主，他们称自己为"Orenayu"（马来人），而称泰人为"Oresiye"（暹罗人），生活中严格遵循伊斯兰教法，固守马来文化传统，力求在宗教、民族、语言等各方面与马来西亚保持一致。因此与泰族在宗教信仰、生活习惯、经济社会方面差异甚大，对泰族主导的泰国缺乏认同感。由于拥有自己独特的族群历史、语言、文化、定居地以及经济体系，所以泰南穆斯林认为他们完全具备国族（state-nation）的必备条件，而"不仅仅是一个少数民族"。因此自20世纪初以来，泰南穆斯林一直在为赢得独立或更多自治权而斗争不息。

1909年正式兼并北大年后，暹罗政府在"国家单一民族特征"思想的指导下，对北大年地区的马来穆斯林进行民族同化。从1910年开始，暹罗政府在南部马来穆斯林地区强调泰语的使用，试图用泰语来教育马来人，这引起了南部穆斯林的抗议，泰南穆斯林担心泰语的传授会破坏马来语及马来文化，并对马来族群认同造成冲击。因此，在1921年强迫马来小孩上泰语小学的《初等教育法令》颁布后，泰南穆斯林便在1915年被流放到吉兰丹的前北大年国王腾库·阿拜得·卡迪尔领导下，于1922年爆发了一场大型的叛乱，尽管运动最终被镇压下去，但穆斯林的反抗运动迫使泰国政府重新审视它的同化政策。1932年民主革命后成立的立宪制政府声称"最高权力"属于人们，承诺要用真切的关心把马来穆斯林纳入新成立的泰国政治体制中，但1939年銮披汶激进民族主义政府推行的强迫同化政策又让马来穆斯林陷入绝望。"在銮披汶领导下的泰族狂热分子把佛教上升到泰国国家政治意识形态的地位，他们通过对佛教价值观和信条的政治宣传来证明政府反对马来穆斯林的亲法西斯主义学说的正当性"。[1]佛教泰族民族主义的高涨加强了马来穆斯林对泰国的离心倾向，政府颁布的一系列严厉的法律法规，特别是1939—1942年期间颁布的爱国主义思想，让战前马来穆斯林对泰国统治的相对不安在二战后迅速恶化成与政府的公开对抗，而二战期间泰国与日本的结盟也让马来穆斯林在日本战败后看到了摆脱泰国控制、赢得独立的希望。二战爆发后，銮披汶政府在1941年与日本结盟，为日本侵占东南亚提供方便。而腾库·阿拜得·卡迪尔之子马哈伊丁则率领其追随者加入了英马抗日军队，希望战后借盟军之力谋取北大年独立。马哈伊丁的抵抗运动得到了1932年民主革命的思想家、自由泰运动的领导人比里帕侬荣的支持，"他……暗示在同盟国胜利的基础上，北大年地区将在马哈伊丁的领导下获得独立"[2]，英国殖民部也答应在战后考虑将北大年和沙敦地区合并到马来亚。

1945年11月，北大年穆斯林领导人请求盟国在旧金山会议决议中关于民族自决原则基础上支持泰南穆斯林独立，他们认为，北大年是一个真正的马来国家，世代由马来国王统治，仅在50年前才成为暹罗的附属国。现在同盟国应该帮助马来人重建国家，以便和半岛上其他的马来国家联合。尽管战后英国也曾想通过兼并北大年和沙敦来对泰国进行处罚，但是出于地缘战略的考虑如共产主义威胁与稳定新生的东南亚经济的需要，再加上美国的压力，英国放弃支持建立一个独立的北大年国家或将其合并到马来亚之中的设想。然而，北大年穆斯林争取独立的努力并没有停止。1947年4月份北大年省伊斯兰教事务委员会主席哈吉·苏龙向泰国政府提出了包括"暹罗政府应任命当地穆斯林领袖管理惹拉、北大年、陶公和沙敦4府"、"4省8%的政府官员应该由本地穆斯林担任"、"马来语和暹罗语同为官方语言"、"4府税收必须用于当地人民的福利"等7点要求，想把这一地区建构为自治的北大年马来邦。但这些要求远远超出了泰国政府能够接受的范围，"泰国政府不能接受任何对国家统一的削弱，任何对分离主义种族团体分离权利的认可，或者任何以这种分离族群权利为基础的地区自治要求。"[3]

1947年11月，銮披汶通过军事政变取代宽·阿派旺成为首相，他的重新上台击碎了马来穆斯林和平解决自治问题的希望，他们担心銮披汶会再一次实行民族

① 郝时远，阮西湖主编：《当代世界民族问题与民族政策》，成都：四川民族出版社，1994年版，第252页。

② Moshe Yegar.*Between Integration and Secession: The Muslim Communities of the Southern Philippines, Southern Thailand and Western Burma/Myanmar.* Boston: Lexington Books, U.S. 2002:93.

③ Christie. *A Modern History of Southeast Asia: Decolonization, Nationalism and Separatism*, I.B.Tawris, London, 1996:183.

压制政策，因此他们请求英国政府不要承认新政府并帮助4个马来省从暹罗的统治下解放出来，但他们的请求如石沉大海。失望和不安再加上没有改善的地方状况使北大年地区对中央政府的不满加剧，越来越多的人离开泰国迁往马来亚，与政府的公开冲突似乎一触即发。政府对分离主义的怀疑分子采取了严厉苛刻的政策，希望将这场还处在萌芽状态的运动扼杀在摇篮中。1948年1月16日，泰国政府逮捕了哈吉·苏龙及其同事并指控他们犯了卖国罪，这一事件成为泰南穆斯林抵抗泰国统治的转折点，他们争取自治和独立的政治斗争开始转化为武装斗争。1959年北大年民族解放阵线（BNPP）（Barisan National Pembe basan Pattani），即北大年历史上第一个用武装斗争手段争取北大年独立的组织成立，泰南穆斯林分离运动正式进入武装斗争时期。大量涌现的分离主义组织在泰国南部开展了大规模的反政府恐怖袭击，警察局、学校、教师、政府官员、华族商人以及佛教徒居民都成为了他们袭击的主要目标。非穆斯林村民、商人以及种植园主被迫缴纳保护费。

从20世纪80年代开始，泰国政府一改以往以高压为主的政策，采取较温和的民族政策和宗教政策，推行一系列新政策和措施：扩大马来人的参政权；尊重马来人宗教文化，鼓励被派往北大年省的泰国佛教官员学习马来语以及尊重伊斯兰文化，强调宗教自由，在一项旨在证明它对宗教自由承诺的措施中，政府在北大年斥资200 000美元建立了一座大清真寺，在曼谷建立伊斯兰教交流中心；推行了一系列旨在发展泰南经济和改善泰南马来穆斯林生活的措施，增加马来人就业机会；赦免投诚的穆斯林游击队员，称呼他们为"泰国发展参与者"；开展主动外交，先后与支持泰南马来穆斯林分离组织的伊斯兰教国家建立了外交关系，切断分离组织的外来援助。随着新政策的逐步落实，以及在80年代泰国经济高速增长中不断提高的社会生活水平，泰国南部地区的民族矛盾开始趋于缓和。从80年代中后期开始，许多马来穆斯林反政府武装组织成员向政府投降。但仍然有部分顽固分离组织不愿意向政府投降，他们被迫重新调整活动方式，采取越来越多的恐怖手段来弥补在财政方面的不足及向外界证明自身的存在。他们一面争取国外组织的援助，一面以放置炸弹、烧毁学校、暗杀等方式与政府对抗。据泰国有关部门统计，90年代以来，泰国分离主义组织共制造了30至40起类似恐怖事件，造成大批平民和警察死亡。

进入21世纪以来，由于东南亚地区伊斯兰原教旨主义的兴起和国际恐怖主义的扩散，泰南分离主义运动再次暗流涌动，并在"9·11"事件和巴厘岛爆炸案后逐渐浮出水面。2004年1月4日，泰南穆斯林分离分子在陶公府11个县同时发动袭击，一夜之间纵火焚烧了20余所学校、突袭2处警亭和1处军火库、杀害4名守卫士兵并劫走了300多支枪械和相当数量的弹药。此后，恐怖袭击事件在泰国南部全面铺开。泰南4府的爆炸声依旧不绝于耳，多名政府官员、教师、警察以及普通佛教徒被杀，多处政府办公机构、学校被焚毁，死亡人数也在节节上升，泰南的和平前景堪忧。

（四）孟族

孟族或孟人（Mon）是泰国重要的少数民族之一。今天泰国境内的孟族仅有10万人左右，散居于阿瑜陀耶、华富里、北碧府、叻丕府、甘乍那武里府以及曼谷周围一带。虽然孟族在人口总数方面远远低于主体民族泰族、已经充分融入当地社会的华族以及南部的马来族，甚至也比不过北部山区的克伦族等少数民族，但作为中南半岛乃至整个东南亚地区最古老的民族之一，孟族在泰国历史中却有着非常重要的地位，尤其是对泰国社会文化的形成起着至关重要的作用。

关于孟族的起源，必然要谈及孟高棉语族的起源问题。对于孟高棉语族所属的南亚语系民族的起源，一般有以下几种不同的观点。其一，认为南亚语系民族起源于印度。缅甸人曾将孟族人称为得楞人。"得楞"一词源于得楞伽那，这个名称最初是用来指称那些外来的移居者，但后来被用来指代缅甸的孟人。由此推断，孟人有可能发源于印度南部的特伦甘纳地区。法国人埃里克·赛登法登（又译薛登化登）在其《暹罗境内的泰族》一文中谈到："现在那些蒙古吉蔑系（Mon-Khmer）的孟人、柬埔寨人和法属越南的所谓卡人（Ka）和摩依人（Moi）最先乃由印度移来的，这种说法已有语言学上和人类学上的证据把它证明。"[1]其二，认为南亚语系民族起源于我国西南。支持这一观点的学者众多。例如中国著名历史学者陈序经曾写作《猛族诸国初考》专门讨论分析孟人古国问题。云南大学何平教授在《孟高棉语民族的起源和北方孟高棉语诸民族的形成》中写到，孟高棉人的起源似乎与中国古籍中提到的"濮"这个群体有关，而中国的西南地区乃至江汉流域都是濮人活动的区域。因此，孟高棉语族的发源地应该在这一广大的区域内，主要是中国的西南地区。国外学者中支持这一观点的也为数不少，如由美国，英国、荷

---

[1] ［法］埃里克·赛登法登著，仁友民译：《暹罗境内的泰族》，载《暹罗民族学研究译丛》，上海：商务印书馆，1947年版，第34页。

兰、日本、澳大利亚、新西兰、新加坡、马来西亚、香港等国家或地区的12位具有国际学术声誉的东南亚史学者于上世纪90年代合作完成的《剑桥东南亚史》就明确支持这一观点。[①]

据英国学者卢斯的观点，他认为可能早在公元前2000年左右孟族就已来到现今泰国西南部和下缅甸一带。孟人本族的史料记载则显示，公元前6世纪佛陀尚未悟道成佛之前，孟人就在金地（印度史籍中称之为Svarnabhumi，中国史籍音译为苏伐那蒲迷，也有按其意译为金地或金邻者）、直通（缅甸一地名，孟文意为榕树荫下一石窟）建成孟族的第一个王朝——苏伐那蒲迷直通王朝。苏伐那蒲迷直通王朝共传了59代（另有说法是48代），至摩奴哈王时为蒲甘王朝阿奴律陀王所灭。泰国学者则认为，在今天泰国西南部佛统地区曾最早建立过孟族的国家。同时，据中国学者陈序经、何平等考证，公元初在现在泰国南部、缅甸南部和马来半岛北部相继出现了一些孟人古国。6、7世纪间，孟族以佛统为中心，在介于今天柬埔寨、缅甸之间，包括湄南河中下游广大地区在内的这一地区建立起了一个强盛的国家——堕罗钵底（Dvaravati）。在中国唐朝的多部史籍中都有不少关于堕罗钵底的记载。如:《通典》记载有"投和国，隋时有闻焉，在海南大洲中，真腊之南。……其国市六所，贸易皆用银钱，小如榆叶。有佛道，有学校，文字与中夏不同。……"9世纪，吴哥帝国兴起并不断向外扩张，堕罗钵底由此式微。直到11世纪才彻底被高棉吴哥帝国所灭，也有人认为是1057年被缅甸蒲甘王朝所灭。大约在7世纪至8世纪的时候，有一位名叫占玛黛薇的公主（传说为泰国南部孟人古国罗斛国王的女儿）从孟人地区来到了泰国北部清迈府附近的南奔地区，建立了一个叫哈里奔猜的国家，即《新唐书·南蛮传》、樊绰《蛮书》等中国史书中提到的女王国。1292年，哈里奔猜国被北方泰人建立的兰那泰王国所灭。与此同时，孟人还在缅甸南部建立了直通、勃固等王国，其中直通王国11世纪中叶为缅王阿奴律陀所灭，勃固王国迟至1539年才为东吁王朝所灭，是中南半岛的最后一个孟人国家。[②]

孟族的祖先是从事农耕的民族，他们进入泰国中西部地区后也将水稻与灌溉技术带到了泰国境内。除了精通水稻种植外，孟人还擅长果树种植、制盐以及渔业。在手工业方面，编织和造船都是孟人的强项。孟族为泰国带来的农耕文化不

① 薄文泽:《东南亚大陆地区民族的源流与历史分布变化》，载《东南亚研究》，2006年第6期，第84页。

② 何平:《中南半岛民族的渊源与流变》，北京:民族出版社，2006年版，第98—115页。

仅体现在稻作技术、耕牛使用和水利灌溉方面，还给对泰国社会的衣食住行等各个方面都留下了深刻印记，如筒裙、辛辣食物、干栏屋等都属于孟人文化的痕迹。此外，从中国史籍资料的记载中可以看出，孟人在商业方面也颇有建树，与邻近地区、国家、民族往来都极为密切。因此，孟人得以大量吸纳、融合来自异域的文化，尤其是印度文化，以丰富本民族文化。由于公元前至公元初与南印度的贸易来往，使得印度的婆罗门教和佛教较早就传入了孟族地区，初期婆罗门教比佛教更加盛行，毗湿奴神是其主要供奉的神明。在上层社会中婆罗门的地位十分尊崇，往往担任着例如国师一类的官职。后来，随着印度阿育王向外弘扬佛法的行动，佛教在孟人聚居区逐渐传播开，其地位也日益重要起来。如在孟人创造的堕罗钵底文化中，佛教文化就占据着十分重要的地位，大量的考古发掘，诸如佛统大金塔、帕雅寺遗址、刻有巴利文的法轮等都昭示着孟人对佛教的虔诚。这也为上座部佛教在泰国的传播奠定了深厚的基础。这些文化随着后来泰族的进入，也被泰族所继承。可以说，泰国社会中的印度因素有很多都是通过孟人文化这个中介得以形成。因此，孟族虽然不是泰国社会中一个人数众多的民族，但是它的文化却深深影响了今天的泰国社会。从这个意义上来说，孟族是泰国社会中的不可或缺的重要组成。

（五）其他民族

在上述几个民族外，在泰国还生活着为数众多的少数民族。尤其是在泰国的北部、东北部山区生活着许许多多的少数民族，他们在语言、风俗习惯方面独具特色，多数都居住在山顶或山坡上，因此也被称为"山地民族"。泰国境内的山地民族主要包括有苗族（Meo）、瑶族（Yao）、拉祜族（Lahu）、傈僳族（Lisu）、阿卡族（Akha）、克伦族（Karen）、罗斛族（Lawa）、克木族（Kammu）等。据统计泰国目前共有山民774 316人，约占全国总人口的1.17%。这些山地民族有不少是从中国、缅甸、老挝、越南迁徙而来的。例如，自16世纪开始从湄公河东岸迁入泰东北地区的老族；阿瑜陀耶王朝时期从缅甸迁入泰北地区的克伦族；19世纪中叶以后从老挝迁入的苗族；19世纪80年代，大量的山地高棉人以及苗、瑶、拉祜、阿卡、傈僳、拉佤等民族又从缅甸、老挝、越南等近邻迁入泰国北部和东北部地区。这一移民潮一直持续到20世纪50年代。直到现在，仍有零星山民从缅甸等邻国迁入泰国。他们往往与国外的同一民族保持着密切的联系，并在泰、老、缅交界地区到处辗转迁徙，无固定国籍。[①]

在这些山地民族中，克伦族是人数最多的一个山地民族。据统计，目前生活在泰国境内的克伦族人口约有352 295，占山地民族的46.8%，居住在包括甘烹碧府、难府、清迈府、清莱府、南奔府、夜丰颂府、南邦府、素可泰府、素攀府等泰国北部或西北部与缅甸接壤的15个府。克伦族属于汉藏语系民族，拥有自己的语言和文字，克伦文字的使用时间不长，是西方传教士用缅文和罗马字母改造而成。长久以来，克伦族人信仰万物有灵，敬畏鬼神，重视仪式。后来随着西方传教士的进入，以及泰国政府向山地民族普及佛教运动的影响，克伦人也开始改信基督教或是佛教，但原始信仰仍然在他们的日常生活中占有极为重要的地位，一些传统的风俗习惯也保存较好。如克伦族女子拥有自主选择丈夫的权利；心灵手巧的克伦族女子会在婚前亲手织一整套传统的克伦族新郎和新娘服饰，然后在仪式当天还要杀猪宰鸡以供奉祖先和款待宾客；婚后，新郎必需帮助新娘家收割一季农田，之后才能另立门户。此外，自古以来克伦族人就擅长于驯象，被泰国人称为驯象大师。克伦人习惯和大象生活在一起，过去几乎每家每户都会驯养大象，用来运输重物或是帮忙劳作。当然，克伦族中最为人所熟知的还是长颈族。长颈族是克伦族下的支系部落，仅有200多人，居住在清莱府和夜丰颂府。他们最为人熟知的就是让女人在脖子上戴上铜项圈的习俗。长颈族人在小女孩年满5岁时就要在颈及四肢套上铜圈或带上1公斤的铜环，10岁开始便每年在颈上多加一个，一直至到25岁为止。这些环只能往上添，不能往下拿，终生都要佩戴。晚上睡觉的时候只取下后面的竖环，而其他环也不取下来。她们几天洗一次澡，几个人互相帮助，用布在环和脖子间搓洗。关于长颈族女子戴铜项圈的习俗来源有很多说法，有说是这样打扮是为了使长颈族女子看起来像长颈龙，这种龙被长颈族人视为天地万物之父。也有说是这种怪异的装扮是为了吓跑在森林里转来转去的饥饿的老虎。还有说是长颈族男人是故意把他们妻子的脖子弄长的，为的是不让她们被敌对部族掳走。不过，现在长颈族女子仍然保持这一习俗，一部分是因为传统习俗的缘故，此外还有一个很重要的因素就是为了生计。

苗族也是泰国人口较多的山地民族之一，目前约有151 080人，分布在泰国北部各府的山区中。其中，难府、清莱府、清迈府以及碧差汶府等与老挝接壤地

---

① 赵永胜：《泰北山地民族文化的变迁与延续》，载《东南亚南亚研究》，2009年第3期，第81页。

区人数最多。苗族迁入泰国的历史大约不到200年，他们在生活、语言和风俗习惯方面都与越南、老挝、缅甸的苗族十分相似。尽管他们各自生活在不同的国度，但他们之间仍然保持着密切的交往。在漫长的岁月中，苗族人大都还保持着刀耕火种的落后生产方式，过着艰辛的迁徙生活。在一个地方居住的时间一般是一两年或三五年，最长不超过20几年，绝大多数住不满20年就会迁移到新的地方。他们不断迁移的原因主要是实行游耕农业，需要不断开垦新的耕地。苗族大多居住在海拔1 000米到1 800米的高山峻岭上，山上适宜耕种的土地很少。他们耕作时一般是砍树烧荒后，把种子撒播在灰土中。这样的经营方式经常导致广种而薄收，再加上土地贫瘠、气候变化无常、水利设施不完备、生产工具原始简陋等各种不利因素的影响，粮食产量很不稳定，甚至广种无收。粮食收获的不稳定性和有限性，使他们的生产带有很大的流动性。轮休一部分耕地，再去开辟新的耕地，已成为孟族的传统生产方式，并形成了一种独具特色的社会经济——游耕农业。正是由于苗族特色的游耕农业，使得他们与泰国政府之间出现了不少十分棘手的问题，如因土地权归属的纠纷、为增加土地收入而带来的鸦片种植问题、耕种方式带来的森林环境问题。对于这些问题，泰国政府采取了很多解决办法，虽然取得一定成果，但遇到的困难也不少。20世纪60年代，泰国政府通过公共福利部制定了一项"北部山地少数民族的福利发展计划"，将苗族问题归入整个山地民族问题来进行解决。具体措施包括：1.鼓励山地民族放弃游耕的生产生活方式，实行定耕定居，以防止森林和自然资源的破坏，也尽量避免由此而产生的土地归属纠纷；2.鼓励山民发展其他生计和种植其他作物，停止鸦片种植；3.改善山民的社会经济环境，促使山民安心定居；4.确认山民的泰国国籍，让他们热爱住地，巩固边境安全。随着泰国政府的政策和措施逐步深入到山区的苗族民众之中，苗族居民的教育、生活水平、经济状况、医疗卫生等各方面都得到了不少改善。泰国政府与苗族之间的关系前景也呈现出令人鼓舞的态势。

据泰国政府社会发展与人类安全部社会发展与福利司2003年的统计数字显示，除了克伦族和苗族外，泰国其他的山地民族人数都不多。如，阿卡族大约有7万多人，拉祜族人口约为6万多人，瑶族人口约为4万2千多人，傈僳族人口约为3万人，还有很多人口总数不上万的其他山地民族。泰国政府在对于这些组成复杂、移动性高、生活水平低下的山地民族的管理一直都存在很多问题。针对这些问题，为更好地管理山地民族和改善其生活质量，泰国政府出台了一系列政策。

这些政策着重于解决毒品问题、经济问题和文化传承等问题，取得了一定成果，为缓和民族矛盾、促进当地经济文化发展起到了积极作用。

第三节　文化区的划分

如同人们对文化有着多元且不同的理解一样，对于文化区的概念以及划分标准也是众说纷纭。在这里我们将文化区看作是以不同地域盛行的文化特质的差异而划分的一种空间单位。即在同一区域内，某一种文化要素，甚至多种文化要素（语言、宗教、艺术形式、道德观念、社会组织、经济特色等）以及反映这些文化特征的景观呈现出一致性的特征。按照目前比较流行的提法，文化区大致可以分为：形式文化区（formal culture regions）、功能文化区（functional culture regions）和乡土文化区（vernacular culture regions）。形式文化区是指某种文化现象，或某些具有相互联系的文化现象，在空间分布上具有集中的核心区与模糊的边界文化区。其特征是具有一个文化特征表现典型的核心区、文化特征相对一致而又逐渐弱化的外围区及边界较为模糊的过渡带。功能文化区是以该文化特征受政治、经济或社会某种功能影响，其内部彼此之间有一种相互联系从而确定其分布区范围的文化区。例如，泰国的各层级行政区都可以视作是一个功能文化区；一个国家、一个城市都是一个功能文化区。功能文化区都有中心，一般是对该区内某种功能起着协调和指导作用的所在地。乡土文化区（也称感觉文化区）是指居住于某一地区的居民在思想感情上有一种共同的区域自我意识，这种区域意识是在对当地民间文化的感性认识中产生的。相较于形式文化区和功能文化区，乡土文化区既无功能中心，又无明确的边界线，其区内也缺乏文化特性上的一致性。这种存在人们思想感情上的文化，往往会在某种利益活动中表现出来，有的则扎根于当地的民俗中。这三种文化区一般来讲是有区别的，但也有可能重合。

文化是历史积淀的产物，文化研究注重从历史发展的纵向维度来考察研究文化，同时也应看到文化现象在地域分布上的差异性。为了对泰国文化有更为清晰、全面的认识，我们可以根据不同地域历史文化现象的相似性和差异性，把泰国分为发生历史、形成过程、文化特质各有差异的若干区域，即划分泰国文化区。具体来讲，就是根据地理环境、语言、宗教、风俗等多项文化特征的地域分布特征将泰国划分成若干个文化区，是对各项单一文化要素的地域分布特点研究后进行的一个总结。这一分区主要以文化现象、特征为划分依据，同时也考虑政治、经济、居民情感联系等因素对地区文化的影响，并不是单一的形式文化区、功能文化区或是乡土文化区。其目的在于通过对泰国文化的进一步分析，以呈现出一幅更为细致全面的泰国文化图景。

气候地理条件特征对人口分布有着巨大影响，制约并塑造了人们的生产活动，同时也是不同习俗文化的重要形成因素。就地理环境而言，一般将泰国分为四个区域，即北部高地、中部平原、东北部高原以及南部半岛。历史上这四个区域内的土地利用状况、农业部门分布、经济生活特点、人口密集程度、城市发展进程都表现出了不同的特征。例如，中部平原由于水土丰饶、气候适宜，自古以来都是鱼米之乡，人口密度要高于其他地区，其经济地位往往较为重要。泰国多个朝代都曾在这一区域建都。南部半岛地区位于亚洲大陆最南端的马来半岛，是太平洋和印度洋的分界线，自古以来就是东西方贸易的重要中转站，尤其是伴随阿拉伯波、斯商人而来的伊斯兰文化对南部半岛地区的影响尤为深远。

此外，语言对文化区的形成也有着极为重要的作用。语言来源于社会，它担负着人类思维、社会交流等重任。社会又通过各种方式扩展语言，使其内涵更为丰富。社会的统一和分化都会一一体现在语言上，如共同语就是社会经济、政治、文化生活接近和统一的体现，而方言、亲属语的出现则是族群迁徙、社会变革的体现。就语言这一因素来看，泰国大致可以分为泰北方言文化区、东北方言文化区、中部泰语文化区以及南部方言文化区这四个文化区。泰国北部居民说的是一种被称为兰那语（Kham Meaung 或 Kham Muang）的方言。兰那语与中部泰语（又叫标准泰语）都属于侗台语系中的泰语，相比差别并不是很大，差别主要体现在书写形式、发音和词汇上。此外，北部山地民族中也有不少仍然保留着自己独特语言的民族，譬如阿卡族、傈僳族、克伦族、苗族等。东北部居民则使用的是一种叫做依善语（Isaan）的方言，这种方言也被认为与老挝语十分相近，同属于泰语。除依善语之外，高棉语在泰国东北部靠近柬埔寨的地区也有不少人在使用。中部泰语文化区从地理上既包括湄南河中下游的中部平原地区，也包括泰国的东部和西部地区。这些地区普遍使用标准泰语，甚至包括生活在阿瑜陀耶、华富里、曼谷等地的孟人也普遍使用标准泰语进行交流。泰国南部包括北大年府、惹拉府、陶公府以及部分宋卡府在内的地区所使用的主要语言是亚维语（Yawi）而非标准泰语。亚维语即用泰文字母书写的马来语，也叫做"北大年的马来语"（Bahasa

Melayu Patani）。这一地区信奉伊斯兰教的马来人学校普遍采用亚维语进行教学。同一语言在一定区域的广泛使用有利于促进本地区的文化交流与融合，提高地区文化的统一性和民族之间的认同感，从而促进文化区的形成。

宗教信仰是文化区的另一个不可忽视的文化特征。世界上任何一种宗教都是在一定的文化背景之下产生的，没有一定的文化和社会背景作依托，宗教便失去了其生存的土壤。同时，宗教在产生和发展传播的过程中，也会对社会的各种文化现象产生深远影响，塑造并促进社会文化的形成和演变。有时有着类似文化背景的区域可能由于接受的外来宗教影响不同从而发展演变出不同的文化形态。例如，随着2、3世纪印度商人在东南亚地区的频繁活动，佛教、婆罗门教也开始在泰国这片土地生根发芽。在很长一段时期内，原始信仰和佛教都是泰国地区的主要宗教信仰。不过，随着伊斯兰教以及基督教的传入，南部地区以及北部山地的宗教信仰都出现了新的变化，使得这些地区的文化出现了迥异于泰国其他地区的特征。

人既是文化的创造者也是文化的重要载体之一。人口的分布和迁徙对文化区的划分具有重要意义。人口的移入区和迁移源地之间的文化往往具有紧密的联系，这也是文化区判别时的重要依据。泰国处于东南亚中部，自古以来就是东西方贸易的重要中转站，人口迁徙频繁，是个多民族国家。譬如泰国北部的苗族、瑶族、阿卡族、傈僳族等都是从相邻国家迁徙而来，最终定居在北部山区，并形成了泰北独特的山地民族文化。

历史发展在文化产生、演化过程中，也具有重要影响力。历史在空间上的一致性和差异性，会导致文化区域的变更。例如，泰国的中央政权长期处于湄南河中下游地区，导致泰国中部的文化在发展程度和影响力上迥异于距离中央政权较远的其他地区文化，从而形成了不同的文化区。

上述地理环境、语言、历史、宗教信仰以及人口的分布和迁徙等文化特征都对塑造和形成某一文化区有着极为重要的作用，在划分泰国文化区时应综合考虑这些特征。同时，还必需认识到文化区是一个动态的概念，它是不断发展、变化的。随着泰国社会、经济、文化的发展变化，一些旧的文化区逐渐衰落或消失，同时一些新的文化区慢慢浮现。准确地讲，文化区之间不可能泾渭分明，其界限往往会呈现出一种过渡混杂的形态。因此，本书所划分的文化区是在综合考察各文化特征后，主张将泰国文化分区大体划分为北部文化区、中部文化区、东北部文化区以及南部文化区。

一、北部文化区

北部文化区在地理分布上主要指以清迈为中心的泰国北部地区，主要包括清迈府、清莱府、难府、帕耀府、帕府、夜丰颂府、南邦府、南奔府、程逸府，分别在西北方向与东北方向与缅甸和老挝接壤。这一地区延续自中国云贵高原怒山山脉，地势险要，高山延绵，主要的山脉有登劳山、仲通山、匹班南山、坤丹山和琅勃拉邦山，其中位于清迈府西部的仲通山最高峰因他暖峰，海拔2 565米，为泰国最高峰。各山脉之间都有平地与河流适宜耕种和定居。由于北部地区的独特地理条件，自古以来这一地区就是民族迁徙的重要通道，也形成了今天北部地区多民族混居的现状。目前在北部地区除泰族外，还生活着为数不少的其他民族，如孟族、苗族、瑶族、拉祜族、傈僳族、阿卡族、克伦族、罗斛族、克木族等。这些民族大多沿着泰北地区的跨境山脉迁移进入泰国，有不少人仍居住在这些高山内。

泰北地区同时也是泰国母亲河——湄南河四大支流宾河、汪河、永河、难河的发源地。在这些河流流经的区域都成为人群的聚居地，也是早期社会形成的基础。如著名的兰那古国就将其都城——清迈建于宾河西岸。借助于宾河，兰那泰即可抵御来自外敌的侵略，又可以发展水路运输，促进文化交流和经济发展。

13世纪孟莱王统一泰北，建立兰那政权。而事实上，在此之前北部泰人（也被称为泰阮Tai Yuan）就已经逐渐迁徙进入这一地区。泰阮人在邻近现在泰老边境的格河、英河以及宾河上游建立起了多个小城邦。与此同时，位于宾河中下游的清迈等地则属于由孟人建立的哈利奔猜王国。孟莱王在征服哈利奔猜国后，实现了统一泰北的目标，并于1296年建都清迈，正式宣告兰那泰时代的到来。从此，泰北地区就一直处于泰人的统治之下，直至16世纪下半叶成为缅甸的属国。18世纪末，清迈与吞武里联合起来将缅甸军队赶出了泰国土地，重新赢回了这一地区的统治权。直到19世纪末，清迈并入暹罗，从而形成了如今泰国的北部地区。

以泰阮人为主体的泰北居民，大部分使用兰那方言，从事农业生产，以水稻种植为主。他们集中居住，常常几十户人家居住在一起组成村落，住房以传统的木结构高脚屋为主。在饮食方面，泰北居民好食糯米，辅以蔬菜和鱼、肉等。吃饭时常将盛放饭菜的碗碟放置在一个圆形的木制器皿内，席地围坐而食。烹饪方式除了一般的煮、蒸外，油炸、烧烤等也很受欢迎。例如在清迈大街随处可见的烤肠，就是将猪肉与干辣椒、大蒜、姜、青柠檬、火葱等剁碎拌上调料后做馅塞到猪肠衣中，用火炙烤，烤至肠衣变色香气四溢后即可食用。

泰北地区也是泰丝的重要产地，传统泰阮人的服饰以筒裙和纱笼为主，随着社会经济的发展，泰北居民的穿衣着装逐渐现代化。但是在重要的仪式或场合中，女士往往穿着传统泰丝服饰，让人们能够欣赏到精致美丽的传统艺术。而且，随着旅游业的发展，泰丝手工艺制品以及传统服饰也成为了本地文化的重要象征，受到了各国游客的喜爱。

在宗教信仰方面，佛教和当地原始信仰是泰北居民精神生活的主要内容。其中，佛教信仰方面指信奉上座部佛教，这点与泰国中部地区、东北部地区居民相同。当地原始信仰则是指对鬼神灵魂的敬畏。当地居民相信每一片土地都有灵魂，不可肆意冒犯。譬如，孟莱王在建立清迈城时，特别规定只有国王能由北门出入。就是源于人们相信城市是有生命和灵魂的，因此北面在上，被视为头首，地位尊贵，普通民众不得随意出入。人们相信先人的灵魂能护佑家人；定期举行仪式，以祈求稻谷女神保佑五谷丰登；在进入森林寻找食物前，人们要先向森林之神祷告；在森林里方便前还要先向神灵请罪等等。[①] 在漫长的历史发展过程中，这两种信仰方式渐渐融合在一起，常常不分彼此。例如，普通民众在寺院中聆听僧侣讲解经文前，都要举行一个敬鬼神的仪式，向鬼神供奉食物。同时，在例如给远行的亲人或者病人所举行的招魂仪式中，邀请僧侣诵祷经文常常是必备程序。

除了上座部佛教和原始鬼神信仰外，基督教在泰北地区也有传播，其信徒大多是居住在高山上的少数民族。这些少数民族有的响应政府政策搬迁到了山下平地居住，渐渐与泰族人融合在一起。虽然他们还保留有部分自身的习俗文化，但他们与泰族人之间的区别不甚明显。有的则仍然居住在原来定居的地方，极少数甚至还保留着刀耕火种的生活，他们居住的区域形成了独特的少数民族生活区，吸引了外来访客的兴趣。这些也成为了泰北文化独具特色的内容。

二、中部文化区

泰国中部被认为是整个国家的中心枢纽，这一地区的方言也被规定为标准泰

---

① สวัสดิ์ พินิจจันทร์. *วัฒนธรรมไทย*. กรุงเทพฯ : ฝ่ายเผยแผ่พระพุทธศาสนา กองศาสนศึกษา กรมการศาสนา,1994:47.

语。这块由湄南河冲击孕育而生的平原，河流纵横、水网密布，土地异常肥沃。泰人建造的运河工程和小型灌溉系统等更是使中部成为盛产稻米的主要区域。这一地区以曼谷为中心，向东与柬埔寨接壤，向西与缅甸接壤，南面是暹罗湾（泰国湾），东北角以呵叻府为界与东北部分开，平原的北面则连接来自泰北地区的山脉，涵括了泰国行政区划内的中部、东部以及西部这三个区域。中部文化区属于热带季风气候，全年三季，降水量高于其他地区。

中部文化区是泰国文化的重要发源地，从历史发展的角度来看，自13世纪中叶泰人①在此建立独立的素可泰政权以来，这里就一直是泰族的重要聚居地。虽然经历过数次朝代更迭，都城也迁移过3次，但泰族文化的传承并没有被中断过，因此中部文化的统一性较高。

依水而居的泰人，为适应其特殊的地理环境和气候条件，选择居住在木制的高脚屋内，既可防止由于降水频繁所带来的洪涝灾害的破坏，同时还能利用下层空间储物、织布、舂米等。高斜的屋顶有利于隔热、排水。顺着房顶伸出去的长长的屋檐不仅能避免雨水淋进房屋，还能最大限度地遮阳降温。同时，考虑到空气流通有利于防暑降温，在建房时还要注意房屋的朝向。在饮食方面，中部地区的泰人以大米为主食，同时还有着种类丰富的配菜。而且大米不仅可以蒸煮使用，还可以炒食，磨粉加工成为米线、米条、米糕等。因此，这一地区的零食种类也要远多于其他地区。此外，中部地区盛产各种热带水果，不仅可以食用，还能拿来加工雕刻成为美丽的工艺品。水果雕刻也是中部文化艺术的重要内容。

在宗教信仰方面，绝大多数中部泰人都信仰上座部佛教，这与素可泰时期兰甘亨国王从锡兰引进上座部佛教，并在国内大力推广密不可分。此前，在孟人和高棉人的统治下，中部地区就已经有了佛教的传入。不过，当时盛行的主要是原始部派佛教和大乘佛教。而在素可泰建立之后，为巩固自身统治并排除高棉文化的影响，泰族首领选择了引入上座部佛教，由此奠定了上座部佛教在中部地区的主导地位。不过，由于阿瑜陀耶王朝本身接受了大量高棉文化，尤其是统治阶层对婆罗门祭司十分重视，因此也给中部文化的佛教信仰增添了新的内容。在当时的很多重要仪式中，婆罗门祭司和佛教僧侣往往同时出现。这一传统一直延续至今，现在还能在每年的春耕节上看到类似的情景。

---

① 这里的泰人、泰族是狭义的泰族，也叫暹罗人，特指生活在泰国中部和南部的泰族，使用由孟文高棉文改制的泰文。

　　尽管中部文化是较为统一的泰族文化，但并不意味着都是由泰人创造而来。1238年泰人首领邦克朗刀推翻了高棉人的统治，在素可泰建立起了独立的泰族政权，从此湄南河流域成为了泰族人生息繁衍之地。而在此之前，这一地区长期处于孟人和高棉人的控制之下。尤其是孟人，他们在6、7世纪间，以佛统为中心，在介于今天柬埔寨、缅甸之间，包括湄南河中下游广大地区在内的这一地区建立起了一个强盛的国家——堕罗钵底。历史上，孟族是一个擅长耕作的民族，他们将水稻与灌溉技术带到了中部地区，还对泰国社会的衣食住行各个方面都留下了深刻印记，成为了中部文化的重要部分。

　　除了孟族文化外，中部文化还受到来自高棉文化的影响。由于这一地区曾处于高棉的直接统治之下，因此无论是在政权组织形式、宗教信仰、风俗习惯、法律制度、宗教信仰等都留有高棉的痕迹。譬如由素可泰第三位国王兰甘亨国王所创制的泰国文字就是由孟文和高棉文改造而来。阿瑜陀耶时期所采用的将国家管理分为政务、宫务、财务、农务，分别由4位大臣管理的治理模式就来自高棉。阿瑜陀耶城内著名的玛哈塔寺（Wat Phra Mahathat）内的佛塔类似高棉吴哥时期的庙山式建筑，其特点是具有多层逐渐缩小的正方形或长方形基台。

　　因此，中部文化区主要以泰人文化为主，具有较高的统一性，但其中也蕴含着不可忽视的孟文化和高棉文化元素。换句话说，中部泰人将各地各民族的优秀文化要素经过吸收创新，凝练成为了泰族文化的重要内容，同时影响到其他地区，成为了泰国文化的重要来源。

三、东北部文化区

　　泰国东北部的主要地形是形状近似一只茶碟的呵叻高原，海拔200米。呵叻高原的东面和北面以湄公河为界与老挝隔江相望，南面与柬埔寨接壤，西面则有碧差汶山脉和东帕亚岩山脉将其与泰国中部和北部地区分隔开。东北部地域宽广，涵括了包括呵叻府、孔敬府、素攀府、黎府等共20个府，占泰国总面积的33.17%，是面积最大的文化区。位于呵叻高原中部的普攀山脉将其一分为二，南边有栖河和蒙河，北边有黎河和颂堪河。

　　呵叻高原为干燥带盐碱的砂质土壤，大部分不为农业耕作利用的地域被亚热带草类和灌木所覆盖。每年的6月到10月的雨季会有大量降水，甚至发生洪灾淹没大部分土地。其他月份尤其是农忙季节则极少降雨，因此稻谷产量不高。再加上没有突出的工业，旅游业不甚发达，致使东北部相比泰国其他地区经济较为落后。

泰国东北部地区的大多数居民是老族人，与老挝的主体民族是同一民族。据统计，中南半岛的老族一共有2 600万人，其中有1万人左右（1989年数字）生活在越南，240万老族人生活在老挝，而生活在泰国东北部地区的老族则有2 350万（1995年数字），占当地人口的80%。①他们使用的依善语被认为是老语的方言之一，与泰国北部的泰阮人和缅甸掸邦的泰耶人（Tai Yai）的语言有密切联系。老语从巴利语、梵语和高棉语中借词，有自己的书写系统。这种文字是从澜沧王国（Lan Xang Kingdom）所使用的古代文字Lao Deoum改造而来的。

老族人大概是在13世纪才来到这一地区的。然后，大规模的移民则从17世纪即澜沧王国末期开始的。当时，澜沧王国正处于分崩离析的阶段。据老挝史籍记载，1694年澜沧王国的国王苏里雅旺驾崩以后，澜沧王国就开始分裂了，统治集团之间纷争不断，为了躲避战乱，许多老族人民便四处逃难，其中有一些就越过湄公河进入今天泰国的东北部地区。他们从1713年开始，一批批地移居到这一地区，广泛分布在泰国东北部地区的孟河和栖河流域。他们在这些地方建立起居民点，这些居民点后来发展成了一个个老族人的城邦。随着老族人的大量移入，泰国东北部地区也由以前的荒芜之地变成了一个人烟稠密的地区。随着东北地区人口的增加，以及社会经济的发展，其重要性也日渐突出。因此，从拉玛三世起，来自万象的统治者以及曼谷的统治者反复争夺对这一地区的控制权。直到1827年，拉玛三世摧毁了万象，东北地区才完全落入泰国的控制之中。

东北部老族人的稻米种植以自给自足为主，他们和泰阮人一样以糯米为主食，菜肴以口味浓郁且辛辣闻名。此外，将某些蔬菜不经煮熟直接食用也是当地的民风。他们居住的房屋也大多是高脚屋，但和其他地区相比拥有自己的独特之处。首先，东北部传统高脚屋不喜在房子的背面开窗，即使有也非常狭小；其次，一般不会将屋顶盖的太高；最后，在房子的下层没有另建地基，一般都是直接将房屋木制柱子一端埋于地下，另一端则支撑房屋。这些特征都与当地的地理气候条件相适应，显示出了当地居民的建筑智慧。

东北部的老族人多信仰上座部佛教，也信仰古老的万物有灵论。他们认为万

---

① 何平：《泰国东北部地区老族的由来及其历史变迁》，载《贵州民族研究》，2011年第5期，第115页。

物皆有其灵魂，不论是田地、森林、河流、高山、村落或是死去的人们。因此，日常生活中，他们十分注意言行举止，以免冒犯鬼神。例如，人们在建造一个新的村落时，一定会举行敬奉本地土地神的仪式，还会在村落外的高地为其专门修建神社，以示对其的敬畏，并希望获得神灵的庇佑。人们还相信，如果村落中有人行为不端，也会受到神灵的惩罚。而人们要获得神灵的庇佑，就要依照佛经的教导，多做善事，积累功德。这种信仰形式与北部地区泰阮人十分相似，即将原始的本土信仰与外来的佛教信仰融合为一体，用以指导人们的精神生活，规范人们的行为。

除老族外，东北地区还居住着少量的高棉族和桂族（Kui）。早在6世纪后半叶，高棉人就进入到了东北地区，一直持续到13世纪中期。他们在东北地区留下了不少具有高棉风格的艺术品和建筑遗迹。而后随着吴哥帝国的消亡，这一地区成为了老族人的舞台。但这并不能抹杀东北部文化区中的高棉文化因素，尤其是在绘画建筑艺术等方面。

桂族主要居住在乌汶府、四色菊府和素林府，人数不多。他们使用孟高棉语，属于南亚语系。他们定居泰国东北部的时间比老族人和高棉人都要早。桂族无本民族文字，民族传统和生活知识通过口头代代相传。桂族人信仰佛教，但是带有浓厚的神灵信仰和迷信成分。他们认为，需要安抚诸神灵以免除灾祸。他们遵守很多禁忌，相信巫师的算命术。他们佩戴符咒和护身符，以免除恶神侵袭。在孩子3岁以前，父母会在孩子的手腕上绑一个幸运符，保护他们免受恶神的侵袭。[①]

四、南部文化区

泰国南部文化区位于马来半岛的北端，北面与泰国中部地区以克拉地峡相连，西北邻缅甸，西为安达曼海，东为暹罗湾（泰国湾），南接马来西亚，包括了宋卡、北大年、普吉、素叻他尼等14府，人口约800万。南部地区大部分都是于山地和丘陵，多为花岗岩。其中东海岸和中部为平原和低矮的丘陵地带，雨量丰沛，适宜种植橡胶、水果，是泰国木薯、甘蔗等经济作物的主产区。南端与马来西亚邻近的区域有不少岛屿，风景优美，是著名的旅游胜地。

南部地区拥有许多知名的美食，其中就有附近海域盛产的新鲜海产，包括海

---

① Asia's World:《泰国东部（东北部）的泰国民族》. [2014-08-03]. http://www.thailandsworld.com/ch/thai-people/east-north-eastern-thailand-people/kui-people/index.cfm。

洋鱼类、龙虾、螃蟹、乌贼、贝类等。本地区的饮食也广泛使用椰子、椰奶来中和辣汤、咖哩、油炸的热度，而椰肉则用来当作佐料。当地的特产包括当地种植的腰果，其他水果包括山竹果、小型波萝以及尝起来有点苦味称为 Sato 的辣豆。其他特别的南部菜肴还有 Khao Yam Nam Budu（米色拉配南部鱼酱）、以及辣汤如 Kaeng Lueang（黄咖哩）和 Kaeng Tai Pla（鱼内脏辣咖哩）等。

南部地区靠近泰国中部地区的地方主要居住的是暹罗泰人，即与中部泰族一样，大部分是从这一地区北面迁移而来的泰人。因此，他们拥有与泰国中部较为相似的文化传统和宗教信仰。

而在南面靠近马来西亚的地区则是泰国主要的穆斯林聚居区，约有85%的穆斯林居住这里，尤其是北大年、陶公、惹拉、沙敦4府。这些穆斯林多是马来族，他们在宗教信仰、风俗习惯方面等方面都迥异于泰国其他地区。历史上上述4府与同在南部的宋卡府曾是一个独立的伊斯兰教国家——北大年王国（Pattani Kingdom）。

北大年王国建立于14世纪，坐落在西方和东方国家航程必经的交叉点，是亚洲和欧洲商人重要的贸易中心之一。1457年，北大年国王宣布皈依伊斯兰教，并立其为国教，从此北大年王国成为了一个伊斯兰教国家。19世纪至20世纪初，北大年王国成为东南亚著名的伊斯兰学术和教育中心。1785年，暹罗国王拉玛一世发动了一场著名的南向扩张战争，使得北大年从附属国转而成为了泰王国的组成之一。

生活在这一地区的马来穆斯林多数生活在乡村，多是小橡胶园主、乡村小店主或者农民，主要收入来源是橡胶和稻米种植；部分居住在沿海地区的马来穆斯林则多经营渔业，且普遍采用传统的捕鱼方式。他们使用的语言也不同于其他地区，被称为亚维语（Yawi）。亚维语即用泰文字母书写的马来语。据不完全统计，南部地区有三百万人懂这种方言，当地人又称这种方言为"北大年的马来语"（Bahasa Melayu Patani）。尤其在信奉伊斯兰教的马来人占绝大多数的泰南三府内有很多伊斯兰学校采用该方言进行教学。

第二章　文化发展沿革

　　泰国有着较为悠久的历史。自远古时期，人类就已经在泰国的这片土地上创造出丰富的史前文明。公元前后，东南亚地区的扶南、堕罗钵底、三佛齐、真腊等早期国家为泰国文化的形成奠定了基础。13世纪之后，素可泰王朝、阿瑜陀耶王朝、吞武里王朝和曼谷王朝的建立，使得泰国以泰族为主体的具有自身民族色彩的文化逐渐形成并得到了极大的发展。在文化发展过程中，泰国文化的发展呈现出多样化特性，印度文化、中国文化对泰国文化产生了极为重要的影响。19世纪的朱拉隆功改革使得泰国更多地接受了近代西方的思想和文化。不过，泰国文化在吸收外来文化的过程中却较好的保存了自己的民族特色，从而使得泰国文化能够以其独特的一面呈现在世界文化图景之中。

第一节　泰国文化的开端

　　对泰国文化开端的追寻，必须要从泰国甚至东南亚地区的史前文化开始研究。史前文化在泰国文化发展史中的作用是不能忽略的，作为泰国文化的一部分，正是原始人类在泰国这片土地上的文明创造，才为今天泰国丰富多彩的文化奠定了基础。另外，由于东南亚文化的发展在早期阶段存在整体性这样一个特点，所以泰国的史前文化是在东南亚地区文化的整体发展之下而孕育起来的，并影响了后来泰国文化的发展。然而就历史而言，对泰国的史前文化的考证还存在着诸多的不确定性：一方面由于史料的不足，我们无法获得足够的可考证据；另一方面，对诸多考古遗存的解释特别是年代划分及文化族群所属问题上仍有很大的分歧。所以，我们只能在漫长的史前文明发展中取一些片断，通过仅有的考古遗存来发掘泰国史前文化的痕迹，探寻泰国文化的开始与酝酿之源。

一、石器文化

　　原始人类何时在东南亚出现我们无法也无须在这里进行考证，不过可以肯定的是，自远古时期开始，人类就已经在泰国这片土地上活动。泰国南邦府班迈他（Ban Mae Tha）发现的石器文化是东南亚地区具有代表性的旧石器文化之一，该地发掘出的砾石器或石片工具被认为是东南亚已发现的人类使用的最古老工具，不过其地质年代尚不太确定。目前可以推断确切年代的石制工具，是在泰国南部甲米府的朗龙连（Lang Rongrien）洞穴发现的，存在于37000年前至27000年之间。

大约1万年前，东南亚地区开始进入新石器时代。位于泰国西北部的仙人洞（Spirit Cave）遗址，被认为是东南亚最早的新石器文化遗址。据考古学家测定，仙人洞文化的年代估计距今1万年到6000年左右。在仙人洞出土的器物包括陶器碎片、磨制石刀、石斧等。同时，也发现了很多植物遗存，例如葫芦、黄瓜籽、橄榄、胡椒、油桐籽、槟榔、菱角、豆类等等。

1960—1962年间，泰国和丹麦的一支联合考古队对第二次世界大战时期在泰国西南部北碧府班高（Ban Kao）地区发现的一处史前文化遗址进行了系统的发掘和研究。其出土文物包括陶器、石器及动物和人类的遗骸等，据推断其年代约为2000多年前。由于遗址中并没有发现青铜器，在石器中除石斧外也没有发现其他的石农具，所以学者认为班高文化仍于新石器时代的早中期。

班高出土的文物以陶器为主，数量多达两万多块，完整和比较完整的陶器有18件，器形有壶、罐、钵等，还有类似中国"鼎"的三足器和"豆"的高足盘。多数陶器是黑色的，也有一些土红色的和黄色的，有些有绳纹，有些没有印纹。班高出土的石器，主要是石斧，共有100多件，骨制工具共有7件，有几件是箭头，有的像矛头。动物骸骨数量很多，有老虎颅骨、猪和水牛的牙齿、鱼骨、鳄鱼骨及龟壳等共2 000多件。在班高文化的遗址中，还发现了干栏式建筑的柱干。[1]在随葬器中有一件石祖（男性生殖器），反映出班高人的父权崇拜的意识，当时社会显然已进入了父系氏族公社的时期。

根据上述文化遗存看，班高人从事渔、猎业，饲养猪和水牛，可能已开始从事原始农业，制陶业已有了相当的发展，较为先进的手工纺织业也出现了，他们已走出山洞，住在干栏式的建筑中。

---

[1] 贺圣达：《东南亚文化发展史》，昆明：云南人民出版社，2010年版，第35页。

二、金属器文化

在泰国发现的金属器文化遗存是泰国史前文化发展进步的重要体现。比较著名的如泰国东北部乌隆府的班清（Ban Chieng）、班那迪（Ban Na Di），孔敬府的侬诺他（Non Nok Tha）、侬廊滴（Non Nong Chik），黎逸府的侬达（Non Dua）、敦达普（Don Tha Pan）和布普坎（Bo Phan Khan），北碧府的翁巴洞（Ongbab）等等。其中以班清文化为典型代表。

1967—1975年间，泰国和美国科学家曾在乌隆府班清村的遗址进行多次发掘，在大约6个文化层（一说7个文化层）中发现了数千件陶器及一些青铜器和铁器，还有大量史前人类的遗骸。其中发掘出的青铜器，被认为是东南亚最早的青铜器，从而使得班清文化成为东南亚地区青铜文化的代表，甚至被认为是东南亚发掘地区最重要的史前聚居地，是东南亚人类文化、社会、科技进步的中心。1992年联合国教科文组织将其作为人类文化遗产，列入《世界遗产名录》。

班清出土文物以陶器和青铜器、铁器为主。其中陶器多为彩陶，有黑陶、灰陶、米色陶器和红纹陶器，器表有螺旋纹、钩形纹、方格纹、波浪纹等几何图案。陶缸高颈、深腹、圆底、圈足，器形主要有罐、釜、钵、豆、大口杯等。除陶器、青铜器和铁器之外，出土的饰物有玻璃珠、玉环和象牙手镯。此外，还发现了狗、猪、牛、鹿等动物骸骨，以及用动物骨刻成的男性生殖器。

美国考古学家乔伊斯·怀特（Joyce White）把在班清古墓中发掘出土的陶器的制作和使用分为三个时期[1]：早期大约为公元前3600—前1000年，摇摆压印、丝线标志和雕刻图案是陶器中普遍使用的装饰技术。至早期的后半叶，手工绘制简单的线条图案日益盛行。球状的陶器有的有美丽的短花边，有的在下部有着特征性的丝线标志，有的在肩部有着红色的画和雕刻的图案，这些都出现在早期的末期。中期大约在公元前1000—前300年，其特征是陶器的容量更大，厚度更薄，丝线标志和雕刻也变得更为精细。在班清中期葬品中发现了形态各异的龙骨陶器，有些陶器有着雕刻和着色的图案，有的陶器有着白色龙骨，有的龙骨的脉管镶嵌着厚厚的红边。晚期大约公元前300年—公元200年，这一时期的陶器普遍用红色蒙在黄色上面，有红色图案的红陶器和红色的磨光陶器，这些陶器有着鲜明的手工设计特色，主要有卷轴形的、涡旋形的、S卷形的、同心圆形的等等。

---

[1]　百度百科：《班清考古遗址》.（2013-04-18）[2014-08-02].http://baike.baidu.com/view/666515.htm?fr=aladdin. 2014.5.10。

简单的、磨光的、没有绘制图案的陶器在晚期也普遍得到制作。用做祭品的陶器是精心绘制的红色黄色错杂的陶器。晚期的图案也较早中期抽象的图案显得更加具体和写实,出现了一些人、兽和植物的图案,纹饰也越来越复杂。其纹饰的制作也有着固定的原则和程序,通常采用刮、划、刻、刺、压、滚等方法。

班清出土的青铜器年代大约在公元前3500年左右,包括青铜环、矛头、手镯、脚镯、鱼钩等,还发现了冶金用的坩埚和浇铸用的石模,表明班清的当地居民已经掌握了一定的青铜冶炼技术。其中年代最早的是青铜矛,大约有4000年的历史。通过对青铜器及其原材料的分析,学者们认为班清地区的青铜器应该是在当地生产出来的,但是原料则可能是从外地通过贸易运过来的已经熔炼的金属块。其主要原料成分铜最近的来源应该是湄公河流域和泰国廊开一带,锡则来自于老挝万象。这也表明了大约跟早期班清文化存在的同时,即迄今3500—4000年之前,在这些地区就有许多的史前部落生产青铜器,并跟班清发生交往和联系。[①]公元前1000年左右是班清青铜文化的繁荣期。在此时期,班清人制作了各种精致的青铜手镯、项链、戒指和长柄勺。在一把长柄勺的勺把上刻有各种栩栩如生的动物。在晚期的青铜制品中(约公元前500—前300年),考古人员还出土了用含锡量高达20%的青铜锻打成的颈圈。因为含锡量高很容易碎,所以制作时须锻打成多股再扭曲而成。由此可以证明,此时的班清人已熟练地掌握了青铜的冶炼和制作技术。[②]

在青铜时代之后,班清经历了铁器时代。班清出土的铁器,是各种形状的铁制武器和工具,包括斧、矛、刀、箭镞、手镯、脚镯等,年代大约在公元前700—前500年。与青铜器物不同,这些铁器物是用直接冶炼法从矿石中冶炼的。

从班清和泰国其他地方的考古发现来看,当时居民已生活在农业村落,农业和畜牧业已有相当发展,表明泰国东北部的呵叻高原约在5000年前开始出现农业社会。有学者认为班清的农业文化是已掌握农耕技术的人迁居该地时带来的,其生产技术与在中国南部及越南北部同时代遗址所发掘的基本相同。从依诺他发掘的墓葬已明显地存在着两种不同的随葬器物,表明泰国已进入父系氏族公社时期,财富不均也已经出现。另外,依诺他还发现了一些谷物遗存,可能表明当时人们已经开始进行稻谷栽培。而稻作业的发展是东南亚文化发展的一个重要特

---

① 段立生:《泰国文化艺术史》,北京:商务印书馆,2005年版,第13页。

② 百度百科:《班清考古遗址》.(2013–04–18)[2014-08-02].http://baike.baidu.com/view/666515.htm?fr=aladdin. 2014.5.10。

点，对泰国的历史和文化发展也产生了极大的影响。以稻作业为经济基础的泰国湄南河流域，至今都是泰国经济和文化最为发达的地区。稻作业在许多方面决定了泰国的生产方式和生活方式，也影响到了泰国居民的文化性格。

上述地区所发现的青铜文化对泰国地区史前金属器文化的发展有着十分重要的意义，体现了泰国地区史前人类文明的进步程度。不过这些青铜文化仍处于较低水平，从青铜器物本身来看，多为一些较为原始的青铜器，种类较少，主要为斧、矛、鱼钩、手镯等少数个人使用的工具和饰物，且技术发展较为缓慢，青铜的使用领域有限。不过乔伊斯·怀特认为，泰国青铜文化能够证明，东南亚地区已经通过商业贸易接受了来自近东或中国的文化。

三、壁画文化

除金属器文化以外，在泰国还发现了为数不少的史前壁画文化，这些史前壁画是史前人类原始艺术的重要体现，是史前人类原始宗教信仰活动和追求的表现。这些壁画以色彩和图形作为表现手段，主要利用自然矿物质作为颜料绘制于天然的洞穴、崖壁或岩石之上，揭示了当地人类的生产和生活场景。

泰国的史前壁画，在北部和东北部的北碧、乌隆、呵呖等多个府都有发现。20世纪80年代初，在呵呖高原的东部发现的史前壁画，场面很大，画面上有10个人物，有男有女，其中一人正在持弓射箭，其前有条猎犬，形象地反映了当时居民的狩猎生活。位于孔敬府的岩画是泰国较为著名的史前壁画遗址，其分为帕堪、帕蒙和帕恬3处，以帕恬的保存得最为完好。岩画绵延约200米，有的地方高达2米，有鱼、象等动物，鱼笼等捕鱼的工具。还有30多个直径为10厘米的排列成行的圆点，可能是人头。整个画面气势宏大，反映出当时居民的渔猎生活。绘画颜色几乎全着红色，只有极少数用墨色和黄色的，可能与丧葬有关。[①]

1973年，考古学家在泰国东北部乌隆府班菩（Ban Pu）的山岩上发现一批史前壁画，距今约2000—3000年。该壁画共有30多处，分为人、兽、手掌印和几何纹共四种图案类型。壁画皆用赤铁矿粉作为颜料绘制，呈朱红色，人像共8人，站成一排，做行走状。人体画成三角形，面部不画五官。动物的绘画有野牛、山猪、飞禽、马鹿等，反映出当时居民的狩猎生活，手掌印纹和几何纹则可能反映

---

① 贺圣达：《东南亚文化发展史》，昆明：云南人民出版社，2010年版，第53页。

了他们的原始信仰。①

可以说，无论是石器、陶器、青铜器、铁器还是史前壁画，泰国地区发现的丰富的史前文化遗迹见证了当地原始文化的起源和发展。同时，泰国地区原始社会的发展也为之后泰国文化的出现创造了历史条件并奠定了物质基础。尽管泰国文化受到特定环境和条件的影响，以及外来文化的影响会在之后的发展过程中逐渐形成并呈现自身的特点，但原始文化的印记却是不可磨灭的，其也是泰国文化不可或缺的一部分。

第二节　泰国文化的孕育

公元前后，东南亚的历史、社会和文化都发生了深刻的变化。在当地原始社会长期发展的基础之上和印度、中国文化的影响下，东南亚地区开始向阶级社会过渡，部落联盟逐渐形成早期国家。这些早期国家的文化，虽然仍保留了原始文化的一些特点，但它在本质上已是一种新的文化。对于泰国而言，其今天的主体民族泰族尚未作为行为主体出现，泰国区域内的早期国家大部分是由中南半岛上古代的孟人所建立。而且虽然一些东南亚地区的早期国家如扶南、真腊、三佛齐等政治、经济和文化的中心并不在泰国，但是其统治区域已经或多或少地覆盖了泰国区域，其文化上的影响也是十分巨大的。所以，东南亚早期国家时期的泰国文化除统治中心在泰国的堕罗钵底国以外，更多的是在一种更广的泰国区域外文化的影响之下逐渐形成的。这其中还包括远在南亚的印度文化和宗教的传入，以及中国文化的影响。这些区域外文化与当地社会原有文化结合，适应了更为复杂的阶级社会和早期国家发展的需要，塑造了当地意识形态和古代早期国家的宗教和文化。

在素可泰王朝建立之前，现今泰国领土范围内就已经出现了许多小的国家，例如：1世纪，在素叻他尼府一带有都元国、邑卢没国、谌离国；3世纪，在泰国中部靠近暹罗湾的地区有金邻国；4—5世纪，马来半岛属于泰国的部分出现了盘盘国；6—11世纪，佛统一带有堕罗钵底国；6世纪，宋卡和北大年一带有赤土国；10—14世纪，洛坤有单马令国；2—13世纪，吉打和北大年一带有狼牙修国；8—

---

① 段立生：《泰国文化艺术史》，北京：商务印书馆，2005年版，第17页。

13世纪，喃奔有女王国。[1]但是，这些早期国家大多数较为弱小，部分国家发展程度仍然较低，它们被当时东南亚的一些强大国家如扶南、真腊等国所征服，长期作为其属国而存在，并在政治、经济和文化等各个方面都受到这些强大国家的影响。所以，在泰人独立建立的国家形成之前，泰国文化在这一时期都被当时东南亚地区的强大国家的文化打上了明显的时代烙印。这其中，扶南、堕罗钵底、三佛齐和真腊四个国家的文化对泰国文化的影响较深，至今我们仍然能够在泰国境内发现大量这些早期国家在泰国文化上留下的印记。

一、扶南文化

扶南由古代吉蔑人所建，大约存在于公元前1世纪—公元7世纪，历时700余年。扶南的疆域至今仍有争议，一般认为在湄公河三角洲一带，包括泰国东北部的一部分，其最鼎盛时期可能也达到了泰国南部。扶南在当时是东南亚一个发展程度较高的大国，政治、经济、文化等各方面都处于这一地区的领先和主导地位，并影响到周边小国的存在和发展。泰国在扶南文化的影响之下，也形成了具有独特风格的扶南式文化特征。

扶南在古代东南亚文化发展中的地位十分重要。由于地处古代印度商船到中国的必经之路，再加上扶南本身物产就较为丰富，海外贸易兴盛，故而在当时的东南亚与中印之间的文化交流上起着十分重要的作用。可以说，扶南是中印古代文化的一个交汇点，特别是为印度文化在东南亚包括泰国的传播奠定了基础。据史籍考证，扶南的开国之君混填原为印度半岛的婆罗门教徒，所以扶南从建立之初就受到从印度来的婆罗门统治。4世纪之后，扶南广泛接受婆罗门教和大乘佛教文化，学习印度的生产技术促进农业发展，采用印度历法以及印度地名和人名，并以佛教巴利文字母为基础，创造了高棉语的文字。随着扶南国力的强盛和疆域向中南半岛中南部不断扩张，其所信奉的婆罗门教和大乘佛教，以及印度文化也传播至泰国的中部和南部区域。

目前，在泰国境内还留存有大量的扶南时期吉蔑文化的遗迹。仅泰国东北部地区就有700多个古代的小城邦遗址。形状为圆形的城邦，其中心往往是一座寺庙，这是典型的扶南城市的规划特征。同时，泰国境内目前还存在几十座吉蔑式

---

① 段立生：《泰国文化艺术史》，北京：商务印书馆，2005年版，第23页。

巴刹神庙遗址，例如泰国东北武里南府的帕侬诺山上的吉蔑神庙，供奉的是婆罗门教的湿婆神，据考证为扶南时期的建筑；泰国南部素叻他尼府发现了一尊帕那莱神像，年代为3—4世纪，是在泰国乃至东南亚地区迄今所发现的年代最早的婆罗门神像，该神像是扶南时期婆罗门教由印度经盘盘国传入东南亚地区的一个重要物证。除此以外，泰国境内还发现了大量扶南时期流通的扶南钱币、串珠，足见当时扶南文化对当地的影响。

扶南时期泰国境内的金邻、盘盘等小国都是扶南的属国。金邻国由孟人所建，其地理位置可能在湄南河以西的夜功河流域，大致包括现在泰国的北碧府南部、叻丕府和夜功府，也可能包括了佛统府的一部分。据史料记载，早在公元前3世纪，印度孔雀王朝的阿育王就曾派遣须那与郁多罗二位长老前往金地弘扬佛法，这也是佛教传入泰国境内的最早的说法。盘盘国在今泰国南部，特殊的地理位置使其成为印度与东南亚联系的枢纽。印度文化特别是婆罗门教，正是从印度，经盘盘，到扶南，然后在东南亚各地扩散的。

二、堕罗钵底文化

堕罗钵底大约6世纪初出现，是泰国历史上一个重要的国家。虽然堕罗钵底是由来自湄公河流域的孟人所建立，但是其国家地理位置在今湄南河的中下游，首都可能在今天泰国的佛统。所以，堕罗钵底是泰国中部一个重要的文明发源地。

堕罗钵底在泰国境内出现的早期国家当中算是一个地域较为广阔的国家，其政治和经济发展程度也相对较高。它有一套较为完整的统治体制和官僚系统，还有比较健全的刑法，这在当时要比邻近的其他国家要完备的多，甚至已经初步形成了王权与神权相结合的政治统治制度。堕罗钵底的社会经济和文化水平比起扶南时期显然也有了很大的提高。堕罗钵底的经济多以农业和商业为主，物产丰富，包括稻、麦、麻、豆，畜有白象、牛、羊、猪等等；这一时期孟人的服饰打扮已较为多样，已不再像扶南时期那样裸露形体，或者穿布贯头衣；房屋宫室建筑也不似扶南时期只知道用树叶覆盖屋顶，出现了瓦房、楼阁，还时兴起屋内的壁画装饰。

堕罗钵底文化是以印度的佛教文化为源头，其沿袭了金地国的上座部佛教信仰，并不断地接受来自印度文化和宗教的影响，包括印度笈多艺术和锡兰艺术，同时又融合了大乘佛教和婆罗门教文化，并对这些文化进行加工改造和糅合，从而形成了具有泰国自己的具有强烈民族色彩的文化，成为构成现代泰国民族文化的一块重要基石。

堕罗钵底文化最初以佛统为中心，逐渐扩散到泰国北部、中部和南部。考古工作者从堕罗钵底佛像的发掘地，推断出堕罗钵底文化向四方辐射发展的传播路线：堕罗钵底艺术的中心发源地在巴真河流域的罗斛、湄南河流域的詹胜、希玛贺，巴萨河流域的希贴，滨河下洲的哈利奔猜；向东北发展到塞玛，法台宋扬、甘塔拉韦猜、占巴希；南部到达猜也、洛坤和北大年。这些地区几乎涵盖了现今泰国的大部分区域，在泰国文化发展史上留下了深远的影响。[①]时至今日，佛统仍然被作为泰国佛教的圣地而备受推崇。

三、三佛齐文化

三佛齐又称为室利佛逝，兴起于7世纪，是当时东南亚的海上强国，控制了马六甲海峡、巽他海峡以及克拉地峡这些印度与中国之间的海上贸易通道。三佛齐的政治中心究竟是在苏门答腊岛还是在马来半岛目前还有争论，不过至少比较统一的是，8世纪时，三佛齐的势力进入了泰国南部。

三佛齐是当时东南亚地区的一个大国，国力强盛、物产丰富，对当时东南亚地区的政治、经济产生了举足轻重的作用。凭借中西方交通枢纽的特殊地理位置，三佛齐广泛吸收印度和中国的优秀文化艺术，从而创造了自己的文化艺术。伴随着三佛齐势力的扩张，其具有鲜明的民族特点和个性的文化也传播到马来半岛大大小小的属国。泰国境内受三佛齐文化艺术影响较大的地区主要在泰南马来半岛部分，包括猜也、素叻他尼、洛坤、宋卡、北大年一带。由于三佛齐当时是大乘佛教的中心，同时也存在小乘佛教，所以泰国所受到了佛教文化的影响很深，境内留有不少三佛齐时代的佛教文化遗存。例如建于757年位于猜也的帕波罗麻他佛塔就是三佛齐时期佛塔的代表。在猜也和洛坤发现的三佛齐时代的佛像，多为大乘佛教推崇的菩萨像，这在泰国其他地区是很难找到的。

四、真腊文化

真腊原是扶南的属国，同样也为吉蔑人所建，6世纪后成为继扶南之后东南

---

① 段立生：《泰国文化艺术史》，北京：商务印书馆，2005年版，第83页。

亚的一个大国，最强盛时势力范围西边到达缅甸的蒲甘，南边到达马来半岛中部，北边到达老挝万象，南边到达越南中坼，东南亚的很多国家都被真腊所征服，沦为真腊的属国。

真腊文化是在扶南文化的基础之上发展起来的。真腊是扶南文化的继承者，但又比扶南文化有更高的成就，特别是在建筑艺术方面。真腊时期的吉蔑人修建了举世闻名的吴哥窟，集中体现了真腊式文化艺术的辉煌成就，标志着真腊式的文化艺术发展到了登峰造极的程度。

真腊文化对泰国文化产生了深远影响，泰国中部、东部和东北部迄今还保存着许多真腊时代的文物，这其中以建筑艺术和造型艺术尤为突出。建筑艺术主要表现为称作"巴刹"的古吉蔑式石宫，以其独特的建筑结构和大量精美的石雕装饰而获得世人的赞誉。这些石宫遗址广泛分布于泰国东部、东北部和中部，都是用巨石堆砌而成，所有的建筑材料都是石材，装饰的花卉、人物、动物等图案都是石雕，这种吉蔑式寺庙主要供奉的是湿婆，表明其信仰婆罗门教。比较著名的有帕侬诺石宫、披迈石宫，四色菊府的佛寺山石宫等。造型艺术方面则包括佛像、神像和陶瓷器皿等。在泰国中部华富里会，发现了大量真腊时期的石雕或青铜浇铸品，多体现佛教和婆罗门教特色，年代大约在7—11世纪。

第三节　泰国文化的形成

从上一节的论述可以看出，自公元前后东南亚早期国家形成一直到13世纪泰国素可泰王朝建立之前，泰国文化的发展始终被泰国区域外更先进的其他民族文化例如吉蔑族、孟族文化所主导。泰族由于还没有成长为一个区域内的主体民族，更重要的是没能建立起自己的统一的强大国家，故而无法为泰国本土文化的形成提供客观保障和统一发展的基础。甚至到11—12世纪时，泰国地区仍然处在部族、部落国家割据分立的状态之中。这一时期，北部有以泰族为主体的清盛国、帕耀国和以孟族为主体的哈利奔猜国，中部有以罗斛族为主体的罗斛国和以泰族为主体的差良国，而这些部落国家当时都隶属于柬埔寨的吴哥王国，文化发展上也多从属于吉蔑文化。所以，在东南亚早期国家时期，泰国文化严格上来说仍然处于孕育期，各区域外文化在泰国地区的传播为之后泰国文化的形成提供了丰富的素材和良好的根基，而泰国文化真正的成型则开始于13世纪，即泰族人建立素可泰王朝之后。

一、素可泰时期

事实上，素可泰并不是泰族人建立的第一个国家。8世纪下半叶到11世纪，中南半岛北部的泰族各部为了抗击高棉人的侵扰，开始建立一些带有部落联盟性质的小国。其中较早的是8世纪建立的庸那迦清盛。10世纪时，庸那迦清盛一度为高棉人攻占，11世纪时又复兴，13世纪初，始称兰那，中国元、明、清三代史籍称兰那为"八百媳妇"。兰那是泰人在泰国北部建立的国家，13世纪后文化昌盛。兰那孟莱王时（1259—1311），兰那的疆域从泰国西北部清迈地区扩大到缅甸东北部景栋地区，其子芸莱王时，创造了兰那文，制定了"芸莱法典"。兰那盛行上座部佛教，也是泰国北部重要的佛教中心，1477年，底罗迦王从各地请来100多名上座部高僧，举行了历时一年的三藏结集，这是泰国历史上第一次三藏结集，大大推动和普及了上座部佛教的信仰。兰那王国长期保持独立地位，直到16世纪中（1 557）才沦为缅甸东吁王朝的附属国，1774年摆脱缅甸统治。1804年正式进入曼谷王朝版图。[①]

13世纪初，位于兰那南边的素可泰城也处于吴哥王国的统治之下，而此时的吴哥王国国势日渐衰落。1238年，原隶属于吴哥王国的泰族首领邦克朗刀联合另一位泰族首领帕孟，脱离吴哥王国，攻克了素可泰城，建立了以泰族为主体的素可泰王朝，邦克朗刀为第一任国王，尊号"室利·鹰沙罗铁"。

素可泰王朝的建立使泰国开始由部落联盟向封建国家过渡，之后素可泰迅速向四周扩张，征服了湄南河中游及其附近地区的许多部落和小国。到第三代国王兰甘亨统治时期（1275—1317），成为素可泰王朝最为繁荣的时期，在政治、经济、社会、宗教以及文化方面都有了很大的发展。这一时期素可泰已经成为中南半岛上的一个强国，其领土包括今泰国中南部的大部分地区，北达老挝的琅勃拉邦，南抵马来半岛北部，西至今日缅甸东南的丹那沙林地区，东到今日老挝万象地区。素可泰王朝的政治制度也日趋完备，君主专制制度逐渐建立。在军政合一的统治制度之下，国王作为国家的最高统治者和军队的最高统帅，拥有最高的统治权力，全国行政区域按照京都、畿内城、畿外城和附属国4个部分进行管理。素可泰时

---

① 贺圣达：《东南亚文化发展史》，昆明：云南人民出版社，2010年版，第199页。

期的经济主要是农业和手工业，农业以种植水稻为主，手工业以生产宋卡洛瓷器为主，此外国内和国际贸易也得到了一定的发展。在文化上，素可泰广泛吸收外族的优秀文化，并与泰族文化相融合，使素可泰成为当时泰族的文化中心。可以说，就泰国历史而言，素可泰王朝奠定了现代泰国的立国基础，其较为广阔的疆域、稳定的政治统治、较为繁荣的经济发展和广泛的文化交流，也为泰国文化的孕育成型和成长壮大提供了肥沃而又稳定的土壤。

素可泰时期文化发展的一个重要特点是对外族优秀文化的吸收，包括印度文化和中国文化。印度文化尤其是佛教文化和婆罗门教文化是泰国文化的一个主要源头，在素可泰建立之前就已经传播到泰国区域并产生影响。而素可泰对当今泰国文化一个极为重要的贡献就是确立了上座部佛教为泰国国教的地位。虽然10世纪前上座部佛教已传入泰国南部地区，但是直接到12世纪，大乘佛教和婆罗门教在泰国的影响仍居于统治地位。兰甘亨为了摆脱柬埔寨的统治和影响，实现泰民族的社会和文化独立，积极扶持和发展上座部佛教。他积极与印度和斯里兰卡通好，输入印度文化和斯里兰卡上座部佛教，引进巴利文《三藏经》，他还大兴土木，修建寺院佛塔，供养僧侣。兰甘亨国王在位期间，斯里兰卡上座部佛教在泰国得到了广泛的传播。立泰王在位期间大力发展佛教，以佛教作为维护国家凝聚力的重要手段，他谕令建造佛陀足印、佛寺、佛塔，并亲自御书了《三界经》，并于1362年舍身出家，开创了泰国国王出家的先例，为后来泰国国王和男性民众所效仿。此外，婆罗门教在素可泰并没有消亡。婆罗门教所规定的各种仪式和风俗，在社会上仍然十分流行。考古学家发现了一批素可泰时期的婆罗门教的神像，如湿婆神像、乌玛女神像、那莱神像、那罗延神像和帕贺摩神像等，在泰北的甘烹碧府还发现素可泰时期湿婆神庙的遗址，可见婆罗门教在素可泰仍然有着重要的影响力。

中国文化也在素可泰时期对泰国文化产生了影响。素可泰王朝建立之初，素可泰的前两代君王正忙于处理内忧外患，稳定政权，所以并没有主动与中国元朝建立正式的关系。直至兰甘亨国王时期，素可泰才首次派遣使者与中国通好。之后素可泰与中国保持着较为密切关系，曾多次派遣使者访问元朝。如1292年至1322年间，素可泰王朝曾派遣使者向元朝进贡14次。元朝曾4度遣使素可泰，其中有3次抵达了素可泰。素可泰与元朝之间的互派使节促进了两国间的贸易往来，同时中国也向素可泰传授了多方面的知识和技艺。例如兰甘亨国王曾邀请400名中国陶瓷工匠到素可泰建窑烧瓷，素可泰工匠在中国工匠的指导下，仿照中国的制瓷技术烧制出著名的素可泰"宋卡洛"瓷器，该瓷器之后一直成为泰国十分重要的出口商品。在现今宋卡洛城郊区，曾发现49处已废弃的窑址。目前，在东南亚各国的博物馆中还藏有许多宋卡洛瓷器。宋卡洛的陶瓷业见证了中泰两国人民的友好历史，也是两国文化交流的硕果。

素可泰时期的建筑和雕刻艺术受印度和高棉的影响较深，在素可泰王朝建立之前，泰国艺术史家一般把泰国的建筑和雕刻艺术划分为4个阶段，即印度化时期（3—5世纪）、孟人国家时期（5—8世纪）、印度—爪哇时期（8—10世纪）和高棉时期（10—13世纪）。13世纪以后，由于泰人国家的建立和发展，泰国古代建筑和雕刻在继承13世纪前遗产的基础上持续、稳定地发展，越来越具有本国的和泰民族的特色，在东南亚占有重要地位。泰国素可泰时期的建筑和雕刻艺术，在五世王立泰时期达到了高峰，立泰王被誉为"泰国艺术的始祖"。①

文字是文化的一部分，同时也是文化的重要载体。素可泰时期对泰国文化影响最为深远的是泰文的创立。泰文是素可泰王朝兰甘亨国王在孟文和高棉文的基础上创造的，即对高棉文与孟文进行了改造，并且增删了一些辅音字母和元音符号，使之更加适合泰语的发音特点，从而创立了泰语文字。1292年，兰甘亨在一个碑铭中第一次使用了这种新文字，它是最古老的泰文文献。泰文的创立为泰国文化的传播和发展打下了一个重要的基础。

自兰甘亨创立泰语文字之后，泰国书面文学也从此诞生。古代泰国最早的泰文文学作品是碑铭，记载的内容涉及经文、历史纪事、社会情况、法律条文、星相术、医学知识、咒语等。其中最为著名的是兰甘亨碑文，兰甘亨石碑整个碑铭使用的语言是泰语，间或掺杂少量的吉蔑语和巴利语的词汇，共镌刻文字3段52行。第一段主要讲述兰甘亨的历史，第二段叙述素可泰人的生活及风俗习惯，第三段主要赞颂兰甘亨及素可泰王朝的丰功伟绩。从兰甘亨石碑碑文的内容以及使用的文字来看，当时的泰文尚属草创时期，刻碑的目的是记事、备忘、纪念和颂扬，还不能算作文学作品。但碑文语句简练、易读易懂，有些段落音调铿锵，文句优美，如"田中长稻，水中有鱼"等，形似韵文，可以视为泰国文学作品的始祖。之后的碑文，其叙述的风格和形式更加多样化，词汇也越趋丰富，具有了散文的

---

① 贺圣达：《东南亚文化发展史》，昆明：云南人民出版社，2010年版，第207页。

特点。

其他重要的文学作品还包括《帕朗格言》、《帕朗三界》和《娘诺玛》。《帕朗格言》是诗,其他是散文,这些作品可以算是泰国最古老的文学作品。《帕朗三界》原为《三界经》,是素可泰王朝立泰国王所作。该书引用了30多部佛经,讲述佛教故事,成为后世《誓水赋》、《加姬词》、《纳林游记》等佛教文学作品的根据,也反映出泰国文学在初创时期就已受到印度佛教文学的影响。另外还涉及到宇宙学、地理学、生物学、医学等各方面的内容。《帕朗三界》对泰国文学的发展和整个泰族文化都产生过影响。

二、阿瑜陀耶时期

素可泰王朝统治后期,国势逐渐衰落,原来在素可泰统治下的素攀纳蓬(乌通)强大起来,1350年,乌通王占胜北方的素可泰王朝后迁都阿瑜陀耶城,史称阿瑜陀耶王朝。阿瑜陀耶王朝长达417年(1350—1767),是吴哥王朝之后东南亚史上统治时间最长的封建王朝。阿瑜陀耶王朝建立后,不断扩展它的版图,1438年,完全将素可泰吞并。戴莱洛加纳王统治时期(1448—1488),阿瑜陀耶的疆域东到呵叻,西抵丹那沙林和土瓦,南到洛坤、北大年等地,北与兰那、老挝相邻,还把它的势力扩展到马来半岛中南部的吉打、吉兰丹和丁加奴等马来苏丹统治的小国,成为中南半岛中部一个强大的国家。

阿瑜陀耶王朝的政治制度比素可泰王朝要更为成熟,其在行政上确立了更加中央集权的君主专制制度。由于受到古高棉和印度文化特别是婆罗门教王权神圣观念的影响,国王的地位被完全神化,拥有绝对的权力,他被认为是天神、法王、生命的主宰和大地的统治者。阿瑜陀耶王朝初期在中央实行"四大臣"制度,设立政务部、宫务部、财务部和农务部4个,之后戴莱洛迦纳王为加强中央集权,在中央增设军务部和内政部,分管军队事务和原来的4个部。在司法上完善和强化司法制度,制定刑法、民法、婚姻法、土地法、宫廷法等多部法律,国王通过司法团行使司法权,设立宫务、政务、农务、财务四类法庭。在经济上,阿瑜陀耶王朝确立了按等级授田的"萨迪纳"土地分封制度,规定由国王掌管全国所有土地,只有通过国王授权,王族、贵族和大小官员乃至平民才能获得土地,禁止相互买卖。"萨迪纳"制度的实行,进一步加强了对人力的控制,正式确立起封建领主制和中央集权的统治,同时也极大影响了泰国社会等级和政治结构,这种新的封建式的生产关系也为社会生产力的发展开创了一个新的前景，从而为文化的进步和繁荣奠定了物质和经济基础。在素可泰和阿瑜陀耶王朝兴起之前，泰国长期受柬埔寨吴哥王朝的统治，在宗教上和文化上受柬埔寨的影响很深。在阿瑜陀耶王朝前期，由于其发源地乌通更接近吴哥王朝的统治中心，故而仍通过柬埔寨受到大乘佛教和婆罗门教的影响。1350年乌通王迁都阿瑜陀耶城之后，开始进行宗教改革，大力发扬上座部佛教，从锡兰请来了许多僧侣，传播佛教教义，大量兴建佛寺，修筑佛像，以及扩建原有的佛殿与佛塔，使得当时的阿瑜陀耶城寺院佛塔林立，共有400余座。戴莱洛迦纳国王也十分重视发展佛教，主持编写了泰国文学史上第一部《佛本生经》故事，促进了佛教在泰国的发展。他本人也曾在寺院学习了8个月的巴利文。拉玛提波迪二世更是开启了泰国用佛塔存放国王骨灰的佛塔丧葬仪式。在统治者的大力倡导下，上座部佛教在泰国的地位进一步巩固，逐渐成为全国人民普遍信奉的宗教，这时期的文化、艺术也深受佛教的影响，并促进了泰国社会文化的统一。

　　阿瑜陀耶时期，泰国的文化艺术发展进入了一个繁荣的时期。王权的强大、社会经济的发展、人口数量的增多以及对外交往的频繁都为泰国文化艺术的发展提供了重要的物质保障。尤其是由于阿瑜陀耶王朝所处的地理位置优越，其较素可泰王朝有着更多方面的对外关系。阿瑜陀耶王朝不仅同周边的中国、缅甸、柬埔寨交往频繁，而且自16世纪后，随着西方人的到来，阿瑜陀耶王朝同欧洲的葡萄牙、西班牙、荷兰、法国、英国也发展了关系，商业和对外贸易极为兴盛。阿瑜陀耶城常常聚集着来自中国、印度、马来、安南、日本等国的商人，以及后来的葡萄牙人、荷兰人、英国人和法国人。到17世纪，阿瑜陀耶城的人口已达15万之多，成为当时东南亚最大的城市。这些都为当时泰国文化艺术的发展创造了极好的发展条件，也使得阿瑜陀耶时期泰国的文化艺术风格较素可泰时期更加丰富和多样化。以阿瑜陀耶时期的建筑艺术为例，在现存的古建筑遗存中，有一座建于1642年的挽巴茵宫，它是目前泰国宫殿最多的王宫，其主要宫殿分别具有中国式、缅甸式和欧洲哥特式3种风格，显示了泰民族善于吸取外来优秀文化的民族性格。

　　当然，阿瑜陀耶时期的泰国文化在继承和吸收外来优秀文化的同时，也更加注重与本土文化进行糅合，从而形成具有自己强烈民族特点的文化。这一时期，泰国的古典音乐、古典戏剧中的孔剧和洛坤剧开始形成；佛寺建筑在经过素可泰时期较为充分的发展之后，到阿瑜陀耶时期也形成了具有民族特色的独特风格；绘画艺术由初期的明显受到吉蔑艺术的影响，逐渐转而形成具有强烈时代色彩的纯粹的泰国自己的民族风格，泰国特有的绘画风格逐步形成。所以，泰国文化正是从阿瑜陀耶时期开始不再对外来文化进行纯粹的接收和模仿，而更多的是一种兼容并包的借鉴与创新，泰民族在泰国土地上的文化主体性更加明显和清晰，泰国本土文化也日趋成型。

阿瑜陀耶时期文化发展的另一个重要的特点是比素可泰时期更多地受到中国文化的影响，而这都是缘于阿瑜陀耶王朝同中国明王朝之间保持的十分密切的关系。据中国史料统计，明朝先后22次派遣使团访问阿瑜陀耶，仅1403年就先后派使团赴阿瑜陀耶赐印、颁诏、赠送礼品等达4次。明朝永乐年间，三宝太监郑和7次下西洋，其中有3次到访过阿瑜陀耶。郑和的船队到达阿瑜陀耶后，用随船携带的大量金银、丝绸、瓷器等与当地的香木、水杉等特产进行交换，并帮助阿瑜陀耶的百姓掌握了明朝先进的建筑技术。阿瑜陀耶使节来访中国的次数则多达114次，特别是明初时，阿瑜陀耶王朝几乎年年派使团到中国访问，有时一年数次。从而使得阿瑜陀耶时期成为了历史上中泰官方使节交往最频繁的时期。

阿瑜陀耶王朝与明朝之间频繁的使节往来，不仅加强了两国政治上的友好往来，而且促进了两国贸易的开展和文化的交流。阿瑜陀耶王朝利用"朝贡贸易"的方式以及明朝政府给予朝贡使节的优待政策，避开了当时明朝所实行的"海禁"政策，从而使泰国能够从中国获得生丝、丝绸、瓷器等物品；明朝则从"贡品"中获得了沉香、苏木、象牙、犀牛角、花锡等泰国产品。中国的历法《大统历》和度量衡制度也是在这一时期传入到泰国的。1404年，明成祖还命礼部赠阿瑜陀耶《古今烈女传》百部。

两国贸易和文化的交流使得许多华人到泰国经商和定居，他们与当地人通婚，成为早期在泰国的华侨。特别是16世纪以后，到泰国的华人数量逐年增多，当时在阿瑜陀耶城及沿海地区的手工艺人和商人几乎都是华人。这些华人除了从事商贸以外，还在泰国从事建筑工匠、造船工匠、戏剧演员等职业。有些还充当阿瑜陀耶王朝的使节或是使节的通事，跟随阿瑜陀耶的使团到中国访问。阿瑜陀耶王朝的商船或商务，也交由华人担任和办理，他们管驾着泰国的商船，在中泰两国之间开展贸易往来，把中国的铁器、铜器、生丝、丝绸、瓷器等商品运到泰国。至17世纪末，已经有相当数量的华人定居在泰国，在首都阿瑜陀耶城还形成了华人聚居区，聚居区内有华人开办的学校，教授中文和中华文化。

两国间官方和民间交往的密切不仅有利于泰国经济的繁荣，也促进了中华文化在泰国的传播。阿瑜陀耶王朝先后出现的两次华人移民浪潮使得泰国的社会结构也出现了变化，由于华人聚居地较为集中，华人社会逐渐形成，使得中华文化有了赖以生存的群众基础和传播空间。中华文化在泰国社会的传播和影响是十分广泛和深远的，遍及语言、饮食、文化、信仰和风俗等各个方面。泰语中出现了许多来自汉语的新词汇，特别是一些生活词汇，就直接从汉语中借用过来。中华饮食文化也改变了泰人的饮食结构和生活习惯。华人移民的道教、妈祖信仰、祖先崇拜等宗教信仰或民间信仰都对泰国的风俗和文化产生不同程度的影响。

阿瑜陀耶时期，国家得到较大发展，素可泰时期创造的泰文，到了阿瑜陀耶时期，已被社会广泛使用。同时，阿瑜陀耶前期出现了一种用桑树制成的沙纸，这种纸可以卷起来放入长木匣内。文字和纸的进步，为文学的发展创造了有利条件。这一时期的文学一方面继承了素可泰时期的遗产，另一方面吸收古代柬埔寨文化，迎来了文学上的一个新时期，民间文学、宫廷文学和寺院文学都得到了发展。尤其是诗歌创作日趋繁荣，出现了许多著名诗人和诗作，形成了律律体、史隆体、莱体、嘎体和禅体等许多种类的律诗。代表性的作品如泰国第一部律律体诗歌《誓水赋》，长诗《律律阮白》、《大世词》和《帕罗长诗》；泰国文学史上三杰之一的大诗人西巴拉创作的取材于印度史诗《摩诃婆罗多》的《阿尼律陀堪禅》，以及泰国第一部真正意义上抒情诗《西巴拉伤怀诗》；玛哈拉查克鲁创作的泰国第一首禅体故事诗《舍阔堪禅》；霍拉笛巴迪编写完成的泰国第一本教科书《金达玛尼》；泰国文学史上三杰之一的探马笛贝王子（又称贡王子）用堪銮诗体撰写的《南陀巴南属》、《帕玛莱》，用格仑摆诗体写成的《贡王子长歌》，用卡普诗体撰写的《摇船曲》，等等。

1767年，缅军攻陷阿瑜陀耶城，阿瑜陀耶王朝宣告终结。在战乱中，阿瑜陀耶城的大量建筑、雕刻和文物典籍遭到毁灭性破坏，这在泰国的文化史上来说是一次浩劫。同年，郑信王把缅甸军队驱逐出泰国，建立了吞武里王朝，该王朝虽然只存在了短短的15年时间，但是国家的重获独立和统一保证了泰国文化的延续。特别是郑信王登基之后，面对寺院被焚烧、佛像被毁坏、佛教戒律和三藏经典散失殆尽的状况，决心恢复佛教和泰国的传统佛教文化。于是郑信王邀请其他地方的僧人来到吞武里，立紫檀方丈为法王，并任命僧长负责吞武里各佛寺的管理工作；亲自探访那空是贪玛叨的高僧，将那空是贪玛叨的《三藏经》送至吞武里，进行抄印，并在斯含塔寺内修行。郑信王还定期做佛事、捐善款，修葺了多所佛寺，如皇家佛寺因塔兰寺，另外还建造了玉佛寺并把玉佛恭请到吞武里供奉。

三、曼谷王朝前期

吞武里王朝灭亡后，1782年4月，披耶却克里自立为王，并把首都迁往湄南河东岸的曼谷，建立了曼谷王朝，也称却克里王朝，披耶却克里号称拉玛一世。拉玛一世即位后，对外继续扩张，极力恢复阿瑜陀耶时期的疆域范围。柬埔寨和老挝地区的各个小王国重新成为泰国的藩属国，马来半岛上的小国也被迫接受其统治，到拉玛一世去世时，曼谷王朝已完全恢复了阿瑜陀耶王朝极盛时期的版图。

曼谷王朝前期是泰国的恢复时期，统治者在这一时期重点关注的问题是极力恢复和发展封建中央集权的政治制度和社会结构以巩固国家的统治。同阿瑜陀耶时期一样，国王的权威被神化，他被尊为再生的湿婆神、佛陀的化身，国王不仅是封建王朝的最高统治者，也是国家的化身，享有至高无上的地位。国家的一切法律、命令要由国王颁布，全国的行政事务都要以国王的名义进行。在中央行政管理上，曼谷王朝前期基本沿袭了阿瑜陀耶王朝的组织形式，拉玛一世设立了军务部、内政部、财务部、宫务部、农务部和地方政务部六大部门，六部最高长官均由王室成员担任，以加强对行政部门的控制。另外还把全国行省划分为四等，各省最高长官也由王室成员担任，代表国王行使权力，同时受中央政府的严格监督。

在经济方面，曼谷王朝建立以后，经济得到恢复。19世纪初，除原有农业耕作区得到恢复外，还开垦了湄南河三角洲地区，水稻种植面积大大增加，大米生产逐步趋于专业化。此外还根据国际市场的需求种植甘蔗、黑胡椒、烟草和棉花等经济作物。农业的发展也促进了手工业的发展，碾米、榨糖、酿酒等手工作坊大量出现，制革、纺织、金属冶炼和造船等专业性的手工业生产也有所发展。值得一提的是，曼谷王朝前期，泰国政府积极鼓励和帮助中国沿海地区的移民进入泰国，并给予华人移民一些优待的政策，如不征收人头税、不承担徭役等，从而导致每年有几千甚至上万华人移居到泰国。他们有的担任泰国对外贸易的官员、贡使、船上的水手、通事等，有的在泰国从事种植业、矿业以及工匠、商贩等职业。这些华人移居泰国以后，不仅把当时中国先进的农业生产技术、手工技艺、造船航海技术以及建筑技术带到泰国，而且还把华人的传统风俗、生活方式、饮食习惯和道德观念等融入到泰国人的文化当中，从而对泰国经济、文化和社会的发展做出了巨大的贡献。

政治上的稳定和经济上的进步促使了曼谷王朝前期泰国文化的继续发展。其中佛教文化经过吞武里王朝的恢复和拯救之后，在曼谷王朝迎来了大发展时期。为维护国家的统治与社会的稳定，曼谷王朝前期的历任统治者都积极扶持佛教在泰国的发展，大兴土木修建佛寺和佛塔，搜集古代佛像、壁画等佛教艺术品，翻译并整理《三藏经》等佛教典籍。拉玛一世还专门设立了国家宗教事务部，把佛教组织及其活动纳入中央政府的管辖之内。佛教的传播也推动了教育事业的发展。在拉玛五世改革以前，泰国的文化教育同佛寺紧密相连。人们将孩子送入寺院当僧人或短时期出家，在寺院里学习文化和佛教知识，这便是寺院教育。寺院教育主要是传授佛教教义、佛教礼仪和学习巴利文等。

曼谷王朝前期的建筑和雕刻艺术，继承了素可泰和阿瑜陀耶时期的遗产，同时还较多地吸收了中国古代建筑风格。泰国学者也认为，就包括佛堂、僧舍、伽蓝庙宇、佛像和壁画在内的泰国艺术品而言，"素可泰时期的艺术品是泰人的艺术与高棉艺术的混合体。至于曼谷王朝时期的艺术品，却明显地表现为半为曼谷王朝与阿瑜陀耶王朝的艺术的混合体，一半则是其和中国艺术的混合体。"[1]曼谷王朝前期的建筑和雕刻艺术，集中见于曼谷。自拉玛一世1782年建都于此，就开始大规模的建设，经拉玛二世、三世时期的营建，到19世纪中叶，已有王宫和佛寺数百座，成为佛塔之都。其中最有代表性的建筑，有规模宏大、金碧辉煌的大王宫，富丽堂皇、古色古香的玉佛寺，广阔的卧佛寺以及中国风味极浓的黎明寺。

曼谷王朝前期的文学，在封建国家的重新统一和国力强盛以及商品经济得到空前发展的背景下，出现了全面的繁荣。这一时期的统治者尤其是拉玛一世和拉玛二世，都十分热心提倡文学，他们不仅积极搜集、整理和补遗泰国古代文学作品，鼓励翻译外国文学作品，而且其本人也长于创作，并在宫廷中聚集了一批诗人学者，创造一种文学气氛。这对于文学上的黄金时代的出现，也起了推动作

① 贺圣达:《东南亚文化发展史》，昆明：云南人民出版社，2010年版，第211页。

用。当时泰国著名的作家有昭披耶帕康、素吞蒲、帕波拉玛努七亲王、帕玛哈蒙德、拉玛二世本人等。代表性的著作或译作如《昆昌和昆平》、《玛哈差》、《拉玛坚》、《伊瑙》、《三国》、《拉查提腊》、《帕阿沛马尼》等。不过，以诗歌为主体的泰国古代文学，自素可泰王朝的兰甘亨碑文起，经历了500多年的发展，在曼谷王朝拉玛二世和拉玛三世时期达到顶峰，之后便走上了衰退之路。

第四节　近代泰国文化的发展

自19世纪开始，东南亚地区国家逐渐向近代迈进。西方殖民主义者向东南亚地区侵略扩张步伐的加快，使得东南亚的大多数国家都已无法完全保持住国家的独立性。到20世纪初，整个东南亚除泰国以外都几乎沦为了西方殖民主义者的殖民地。伴随着西方殖民势力的入侵，东南亚的文化发展也开始更多地接受来自西方文化的冲击和影响。一方面，殖民侵略和近代工商业的发展，逐步摧毁了东南亚各国原有的社会经济结构，近代教育的发展又造就了一批学习和接受了西方近代思想的知识分子，他们在社会上和政治上所起的作用越来越大，也逐渐成为一些国家当地文化的主流；另一方面，各殖民地宗主国把近代西方思想和文化发展的各个方面的成果带到了东南亚殖民地国家，这些文化或侵蚀当地文化，或与当地文化进行糅合，使得东南亚文化的多元性和多样化进一步发展，呈现出更加丰富和复杂的图景。

在东南亚文化近代化的过程中，许多国家已无法对本国传统的主流文化进行政治保护，文化的自主选择权被严重削弱甚至剥夺。泰国在东南亚殖民化的过程中似乎是较为幸运的，但是世界和东南亚整个大环境的影响也使得泰国并不能在这个过程中独善其身。1855年泰国与英国签订的《英暹通商条约》（又称《鲍林条约》），以及之后又被迫先后与美国、法国、丹麦、荷兰、德国、瑞士、挪威、比利时、意大利、俄国等15个国家签订各种不平等条约，使得泰国的大门被打开。泰国的独立主权受到严重损害，泰国文化在近代西方思想和文化的影响下开始出现新的发展。

不过，与东南亚其他国家不同，近代泰国文化对近代西方文化的接纳较为缓慢。由于国家政权的独立，泰国的统治者能够较为自主地选择西方文化中的一些有利因素，并把这些因素与泰国传统文化进行融合，从而避免了剧烈的文化冲突，较好地保持和发展泰民族的传统文化。在这个过程中，泰国国王的作用功不可没。19世纪中叶以来的近代泰国国王如拉玛四世蒙固、拉玛五世朱拉隆功、拉玛六世瓦栖拉兀等，都不仅是掌握国家最高权力的统治者，也是思想上的领袖。他们在维护泰国传统文化的同时，较多地接受西方文化思想，较为主动地在泰国进行了政治、经济、文化各个层面的改革。正是在他们的领导之下，近代泰国文化的发展，走着一条在维护民族利益、保存民族传统的宗教和文化的前提下逐步地和有选择地吸收西方思想和西方文化的独特道路，从而逐步形成了泰民族特色鲜明的近代文化。

拉玛四世蒙固（1851—1868年）是近代泰国文化发展的先行者。面对西方资本主义国家竞相在东南亚进行殖民渗透的严峻形势，他即位后开始对泰国实行全面的社会改革。从登基开始，蒙固国王就宣扬朴素的民主思想，他废除了经过国王面前必须爬行的旧礼节，一切外国使臣的朝见可免予殿前匍匐及跪拜，以示平等。他提倡现代科学，在宫廷中推行西方教育，并对泰国教育从寺院走向世俗起了积极的推动作用。在经济上，他限制奴隶制度，在曼谷市修筑道路，开挖运河，发展交通。在宗教方面，蒙固国王在登基前专心于佛学研究，创立了泰国佛教中最有影响的派别之一"法宗派"，登基后他大力发展佛教，兴建佛寺，制定佛教僧团规约；提倡信仰自由，允许西方人在曼谷建立教堂，也允许穆斯林在曼谷建立清真寺。

拉玛五世朱拉隆功（1868—1910年）即位后，国家所面临的内外危机更为严峻，为巩固国家的独立和维护君主专制统治，改变国家落后面貌，加速泰国社会向现代化发展，朱拉隆功国王开始进行大规模的改革。其核心思想是在维护传统政治文化和宗教传统的同时，吸收有利于泰国经济和社会发展的西方科学技术和西方型的军事、行政、财政等方面的制度。

在政治方面，朱拉隆功国王在坚持维护泰国君主专制政体的前提下，按照西方的政治制度来改造泰国。他向西方的议会制学习，改革国家政府体制，设立内阁政府和12个部。他重新划分省区，由中央政府按行政系统对全国实行统治。经济方面，取消封建的按爵位授田的"萨迪纳"制，并改为薪俸制，整顿国家财政，改革税收体制。司法方面，他模仿西方国家制订各种法律，推行新的法律制度，建立司法机关。社会方面，朱拉隆功国王废除了一些繁琐的仪式和落后的封建制度。他逐步废除了奴隶制，取消了各种封建依附关系。为了提高民众的素质，朱拉隆功国王大力提倡兴办教育，成立了教育部，对以寺院为中心的教育体系进行改革，推行西式教育，建立起各级各类学校、博物馆和国立图书馆，派遣王族子弟到西方国家留学，成为国家支持世俗教育的典范。在宗教方面，朱拉隆功国王始终坚持推动上座部佛教的发展：他主持编修佛教典籍，成立佛学院，推动佛学教育和佛学研究，维护泰国传统的佛教文化。

朱拉隆功改革是一次属于近代民族运动范畴的带有资产阶级性质的改革，它被认为是泰国历史上的一个重要转折点，动摇了泰国传统的封建生产关系和社会结构，促进了自然经济的崩溃和解体，为民族经济的发展开辟了广阔的道路。更重要的是，改革的成就成功地挽救了民族危亡，使泰国成为近代史上东南亚各国中唯一没有沦为西方殖民地的国家，从而保持住了国家的独立性，从文化的角度而言，也保持住了泰国传统文化的延续。

拉玛六世瓦栖拉兀（1910—1925年）是一个长期受西方教育的国王，不过他却有着强烈的泰民族主义思想，十分重视泰民族的传统和历史，强调泰民族特点和泰人精神。他拥有极强的泰民族自豪感，经常用历史来激发泰人的民族主义感情。他认为泰民族在历史、语言、艺术、文学等方面都具有与其他民族不同的基本特征，主张培育泰民族的优秀品质，保护和发展泰民族的文化传统。瓦栖拉兀认为，泰国的传统文化艺术是民族生活的一部分，是民族的骄傲，泰国要真正屹立于世界民族之林，必须要尊重自己和自己的民族，拥有自己的文化和传统。他痛心青年人对泰国传统文化的抛弃，指责过分崇拜西方的思想，认为这是泰人的自我贬低，也是"暹罗进步的最大和最坏的障碍"。于是，在泰国传统文化和西方文化关系的处理上，瓦栖拉兀大致采取了"泰学为体，西学为用"的态度，主张在维护传统文化的基础上学习西方的技术。

瓦栖拉兀在位时进行了一些社会改革和教育改革。他于1912年成立艺术部，目的是保存和发展泰国的传统艺术和工艺。1913年，他敕令所有泰人采用姓，并亲自设计了3 000多个姓氏，亲自赐给臣下，从此确立了现代泰国人的姓氏制度。他还重视教育发展，继续朱拉隆功时开始的教育改革。1917年，泰国历史上第一所高等学府朱拉隆功大学建立。1921年，泰国颁布了第一部初等义务教育法《初等教育条例》，使得泰国成为亚洲继日本之后第二个实行义务教育的国家。这些措施对近代泰国文化的发展都有着积极的促进作用。

1932年，泰国历史的发展再次出现转折。在一些曾经留学欧洲的军官和文官的策动下，泰国发生了资产阶级民主革命，结束了自素可泰王朝以来延续了近700年的君主专制统治，建立了君主立宪政体，由此开始了宪政民主制度的发展。之后，泰国文化在维护民族传统的同时也开始与现代化生活的精神文明相结合。在政府的大力推行下，现代国家观念与传统的崇敬君主和佛教文化三者合一，国家、君主和宗教（佛教）三位一体的新的民族主义国家意识形态形成，泰国文化在民族主义和现代主义的道路上一步步走向今天。

第三章　民间信仰

在泰国民间社会的精神生活中，除了以佛教为主的宗教信仰以外，还存在着一些以原始神灵崇拜为主体的民间信仰文化，如自然神崇拜、鬼神崇拜、祖先崇拜以及作为其表现形式的各种巫术、占卜、祭祀、征兆、禁忌等等。这种土生土长的原始信仰和自然崇拜的历史远远长于任何外来宗教，在佛教、婆罗门教等宗教传入泰国境内以前，原始崇拜就已经在这片土地上生根发芽，统领着人们的精神世界。这些民间信仰不同于宗教那样有着固定的教义、教规和组织，而更多体现的是一种原始的、自发性的特点。而且，虽然当前泰国以信仰佛教为主，但是泰国的民间信仰却并没有消亡，一直到现在都还是泰国宗教信仰文化的重要组成部分。泰国民间信仰的力量在历史长河中逐渐积累，在与民间社会的融合过程中得以传承、发展和繁荣，它们渗透进了泰国社会的各个层面，在当今泰人的社会生活和精神世界中发挥着举足轻重的作用。

第一节　自然神崇拜

自然神崇拜的产生源自于原始社会生产力的低下，它是原始信仰出现的最早的一种表现形态。由于人们对自然界产生的一些现象无法进行解释与抗争，于是便对自然界产生极大的畏惧感，并进而对各种自然现象进行神化，认为万物有灵，自然界的一切都是由神灵在支配。

在古代社会，泰国一直都是一个以农耕经济为主体的国家。在缺乏现代化农业耕作技术的条件下，太阳、雨水、土地都成为了决定一年收成的关键因素，也决定着人们的温饱问题。这种由于生存而产生的对自然环境和自然界力量的依赖，造就了泰国人丰富的自然神信仰文化。在泰人的传统观念里，自然界中的一切事物都有其对应的神灵。神是自然的化身，自然是神的归宿。我们看到的日月星辰、花石草木都是由神灵来掌管的，甚至于水田中的庄稼和稻苗都有神灵，世间万物和人类的福祸都难逃神灵的掌握。同时，神灵无处不在的广泛性和多样性又决定了自然界中神灵的表现形式或者说神灵的形象是千差万别、没有定式的。有的自然物例如山峰和河流本身就是神；有的被人们人格化，被赋予动物或人类的形象，如土地神和水神；甚至于有的神灵只是一种类似于灵魂的灵性存在，游离于天地间、附着在物体上，例如泰国人相信水稻是有灵魂的。由于水和土地对泰国人的生产、生活具有巨大影响，于是在泰国的民间信仰中对水和土地神灵的信仰就显得尤为普遍。

一、水神崇拜

泰国地处热带，绝大部分国土属于热带季风气候，降雨丰沛。每年雨季之时，从海洋来的季风带来大量的雨水，滋养着这片土地上的人民和万物，而水气的多少，也直接影响着这一年农田里的收成。但当雨季结束热季到来的时候，酷热的热带阳光可以把大地中的每一滴水分逼出，让一场大雨成为万物的奢求。正是这种降雨在季节上的分配不均和年际变化上的摇摆不定，使得水这一物质在泰国人的生产生活中占据了重要的地位，对风调雨顺的祈求也成为了千百年来这片土地上人们共同的愿望。泰人喜水，对水的依赖性超过任何其他自然物。他们往往喜欢傍水而居，择河而行，把水当作清洁纯净的代名词。然而在缺水成旱、多水生涝的年度，由于人类的无力抵抗，泰国人选择相信水中特别是水的主要载体河流中一定有神灵的存在，正是这些神灵在主宰和支配着水和人类的一切。水神崇拜便由此产生。

起初泰国人认为水中的神灵只是一种超越人类的神奇的力量，但是随着时间的推移，水神的形象也越发具体与丰富，既有动物形象，也有人的形象，例如水怪、河妖、河神等等。泰国人普遍相信蛇神是水中的神灵，蛇神不同于普通的蛇，它比普通的蛇要大得多，且"十分强壮，能够毁坏房屋，不吃人，但是当人们看到蛇神的时候往往会受惊吓而死，因为人们的灵魂害怕蛇神，所以当看到蛇神的时候，人们的魂魄将会离开身体，永不复返，哪怕你去让巫师来招魂，巫师也不能够驱赶蛇神和招回全部的魂魄"。[①] 与古代中国人相信水中有龙王相似，泰国人受印度文化的影响也塑造出了一种半神半蛇，有一个头或多个头，类似于蛇神但比蛇神还要大得多的水神形象——那伽，在梵语里被翻译过来就是"龙"的意思。

---

① ประคอง นิมมานเหมินท์.สายน้ำกับความเชื่อและวรรณกรรมไทย- ไท.วารสารไทยศึกษาปีที่ ๑ ฉบับที่ ๑ กุมภาพันธ์-กรกฎาคม ๒๕๔๔.กรุงเทพฯ:สถาบันไทยศึกษาจุฬาลงกรณ์มหาวิทยาลัย,หน้า 26.

泰国人相信那伽不仅主宰着河流，而且还掌控着降水。

对水神的崇拜使得泰国人把生活的希望寄托于水神的恩赐上。为祈求风调雨顺、农业丰收，人们举行各种祭拜神灵的仪式来祈求水神的保佑。直到今天，泰国人仍然保留一些跟拜祭水神有关的仪式，例如在泰国北部当河流干涸的时候，民众就要举行仪式拜祭河神以祈求河水源源不断；新年第一天、农田引水灌溉之前、下河抓鱼之前等场合都要举行或繁或简的仪式以祈求水神消灾赐福、保佑平安。另外还有春耕节、谷魂节、田魂节等，也是为了祈求水神保佑庄稼丰收，稻谷颗粒饱满。尤其是每年五月，雨季即将来临，开始农耕的季节，泰国农民都会选择良辰吉日举行简朴的开犁仪式，由农村或有名望的村民在一块田里犁三圈以后，将鲜花、蜡烛放在田边地头上，面向神龛祈求风调雨顺，即完成开耕仪式。在曼谷则举行由泰国王室出席的隆重的春耕节仪式，祈求神灵保佑，五谷丰登。除此以外，每年泰历的十二月十五日，泰国全国上下都要举行水灯节。人们在江河边漂放水灯并观灯，欢庆丰收，感谢河神。无论是水神也好，还是河神也好，都表现了泰国人对水的敬仰。

和水相关的祭祀仪式远远不止这些。当旱灾肆虐，降雨稀少的时候，泰人往往还会举行各种各样民间的祈雨活动，主要有以下两种。

1.火箭节祈雨：民间广为流传的盛大祈雨活动为火箭节，又称高升节。尤其在地处高原缺雨干旱的东北部，东北部人相信天上有雨神，只要对它虔诚的膜拜，雨神就能及时降雨，使农作物丰收。如能连续3年放火箭，农作物就连年丰收。有些地区的人民还认为放火箭是一种信号，提醒雨神农耕季节已到，别忘了降雨。因此，每年5月农耕开始前，村民们就制作火箭。火箭即装满火药的竹筒点燃后可射向天空。火箭节持续两天，人们载歌载舞，场面壮观热闹。

2.母猫巡游祈雨：火箭节结束后一段时间里，若迟迟不见降雨，土地出现干旱，影响农耕，村民就会心急如焚。于是就将一只母猫装进竹篮盖上盖子后，把笼子装扮漂亮，插入一根扁担由两人抬着巡游村庄一周，一边走一边唱着："母猫呀，祈天求雨吧，给我们圣水淋母猫的头，给我们钱给我们大米吧，下雨吧，下雨吧。"巡游队伍每到一家门前停下来，屋主人就会出来用水淋猫，这一祈雨仪式被称为母猫巡游祈雨。因为在家畜中，猫最怕水，因此人们认为猫是干旱的化身，使猫浑身湿透，就可以引来雨水。选用母猫求雨，是因为水崇拜的原始内涵与早期人类求生存、求繁衍的愿望分不开的。

以上两种仪式如果仍未能感动雨神，有些地方的人们就再到田野中举行乌龟诵经仪式。首先在田野里挖一水池，用粘土捏成鱼、螺、龟的形状放到池中，然后向雨神诉说旱情严峻，危及民众生存，并祈求雨神怜悯天下苍生，及时降雨。

可以说，上述仪式的最基本意义都在于祈求充沛适量的雨水，促使农作物生长、丰收。各种祈雨仪式都充满了人们对水神的诚惶诚恐、虔诚信仰的情结。

二、土地神崇拜

对于泰国人来说，水带给了他们滋养和希望，但承载丰收和生命的却是脚下深厚的土地。在泰人世代繁衍生存的这片土地上，草木生长、生物繁殖，人类得到了物质上的丰腴和生命上的延续。土地这一意象从人类社会建立时起，就深深融入了人们的生活和信念之中。尤其是在以自然经济为主体的古代泰国社会，对农业的依赖让人们对土地的崇拜与对水的崇拜相比可谓是有过之而无不及。

地神崇拜来自泰国人民生产生活与土地的密切关系。为了土地上的作物能够获得丰收，住在土地之上的家人能够平安幸福，人们寄希望于土地上的神灵能够保佑自己和家人。对于地神的由来，在泰国民间有一个古老的传说。据说从前有位叫"陶素拉"的国王，他统治着帕里城。他命令他的9个儿子去守护各地，如寓所、城门、堡垒、牲畜圈、粮仓、新房、田野、山林、菜园、江河、湖泊等。上述各处的守护神就是泰国人自古以来信仰的土地神。

另一则关于土地神的传说故事，出自本生经，内容梗概如下：当佛陀还没有成佛时，作为菩萨在菩提树下修道。一天晚上，他得知帕里城国王在驱赶全城的菩萨，于是掐指一算，算出了未来将要发生的事情。他请求帕里城国王赐予他三步之地继续修道。帕里城国王心想才这么小一块地方，便当即同意了。佛陀施展法力，仅跨了两步，就超出了帕里城的范围。帕里城国王没有了安身之地，只得去喜马拉雅山的山林中生活。过了一段时间之后，他吩咐3名佣人向佛陀索还土地。佛陀由于早已洞悉帕里城国王未来将是土地神，就将土地归还了他，但要求他从今往后奉纪守法，不再为难他人。

除上述传说故事外，类似的传说故事还有不少，如曼谷王朝六世王撰写的《那莱神十次转世立律诗》，其中也有关于土地神的叙说，内容与本生经中的传说相似，但不同的是六世王是从婆罗门教的角度写的。[1]

---

① 戚盛中：《泰国》，北京：世界知识出版社，1996年，第156页。

现在，地神信仰习俗在泰国随处可见，最为明显的就体现在泰国房屋前面的土地神龛上。在泰国无论是乡村茅屋还是都市的大厦，无论是家庭住宅还是酒店餐馆、政府大楼等，其周围或庭院之内都立有土地神龛，甚至在田野、山脚、路边等地方也会时常看到土地神龛的存在。

土地神龛形状如泰国的佛殿建筑，材料有木制的，也可以用水泥制成，多立于一根高约1.5米的柱子上，也有大如亭阁，建立在地上的。土地神龛虽小，但装饰得金碧辉煌，外围放置有大象偶或是小人偶等，平常以鲜花供奉，稍微大一点的神龛前面还放有供台、法器和供品。最初泰人信仰的土地神是一只称为"嘟蚧"的类似壁虎的爬虫。泰国气候湿热，蚊虫滋生，故以蚊虫为食的嘟蚧随处可见，家家户户的门窗墙壁上皆可以见到这种爬行动物。泰人视其为神，恭敬有加，不敢伤害。但是现在泰国人土地神龛内供奉的土地神并不统一，有的人把泰国的四面佛（实为婆罗门教的"梵天"主神）供于其内，有的人供奉自己信仰的神灵，有的人则把泰国历史上有名的君主拉玛五世供在其中，甚至于在有的土地神龛内根本没有供奉任何神灵。虽然土地神龛内所供奉的神灵各不相同，但泰人相信无论在神龛中供奉什么，立土地神龛、供奉土地神灵便能够阻止鬼怪进宅，便能够给家庭带来平安和幸福。于是，房屋的主人每天出门和回家时，都要双手合十向土地神拜敬一下，其他人经过土地神龛时也都会拜敬一下，以求土地神保佑一切平安、顺利。而且，如果有亲戚朋友在谁家借宿，也要先拜他家的土地神，否则睡觉不安稳。

对土地神的信仰使得泰国人盖新房的时候都要立神龛。对于泰国人来说，神龛是不能随便立的，立神龛要请星象家或专职人员来主持专门的仪式，其时间、地点、程序、物品都十分讲究。尤其是地址的选择十分严格，要求神龛一般立在围墙边，左右不限，最好在高处，但不能立在建筑物的阴影处，同时神龛的影子也不允许遮盖到住宅，否则不吉利；神龛要远离厨房、厕所和垃圾倒放处；其次，神龛不能面向住宅大门，神龛门的方向要根据各种不同的情况而定，一般来说要选择在东面、东北面或东南面。

立神龛仪式分两个阶段进行，第一阶段是立神龛，第二阶段是请神。良辰吉日一到，星相家要在庭院的8个方向上香、点蜡烛、洒圣水，再从挖坑人手中接过铁锹，在立佛龛处敲击3下，然后交还给挖坑人。挖完坑后，在坑底和神龛柱底部点粉、放符箓、放房主和土地神的星占图。立好柱后，在柱顶的东面点粉，然后把神龛安置在柱顶上。接着星相家上香、明烛、请神，在神像后画符箓、念咒，给神像点粉、贴金。然后手拿神像顺时针绕神龛走3圈，把神像请进神龛。接着在神龛前上香、明烛、摆上供品、念咒、请八路神仙祈求保佑。之后在神龛周围洒米花，再回到神龛前念祝词。祝词念诵完毕，紧接着为房主及其家属洒圣水祝福，房主及其家属上香祈祷。星相家给房主点粉，在房屋的周围洒豆芽，把金练花叶、"金叶"、"银叶"给房主，为门窗点粉。至此，立神龛的仪式才算完毕，屋的主人开始受到土地神的庇护。

　　与房屋建筑前的土地神龛相似，曼谷的国柱和泰国其他各府立的城柱以及在此基础之上建造的国柱寺（城柱寺），甚至在村寨入口处或中心处立的村寨柱，也都是泰国人民对土地神崇拜的体现。以国柱为例，国柱用乔木属的阿勃勒树主干做成，柱顶中间掏空以安放国都星占图（命运图）。安置国柱的庙宇是屋顶覆盖琉璃瓦的木结构庙。立国柱的目的是恭请土地保护神附驻于国柱上，保佑该地百姓免遭灾害、凶神恶煞的侵害。[①] 立柱后，表示已获神的保佑，全国居民才能平安地生活。1782年4月6日，曼谷王朝拉玛一世王把京城从吞武里迁至湄南河东岸曼谷，21日拉玛一世王即在京都中心立起国柱，曼谷的国柱寺就是为之兴建的寺庙。目前，泰国76个府每个府都立有与国柱功能相似的城柱，并建有城柱寺。立国柱或城柱的目的主要有以下几点：祈求国都人丁兴旺、车马富足；祈祝国王及大臣寿比南山、福如东海；祈祝士兵们英勇顽强、所向无敌；祈祝国都农业发展，商贸发达。国柱寺由国防部管理。[②] 现在曼谷的国柱寺终年香火缭绕，前来膜拜、祈祷的信徒络绎不绝。每逢重大节日，国王还亲临祭祀。

　　自古至今，有关这两种标志物的祭拜习俗是泰国人民生活不可缺少和违逆的内容。国柱寺、各府的城柱寺和家居前的土地神龛性质一样，是泰国人为他们所崇拜的保佑地方人民幸福生活的土地神灵建立的，建造房屋时或定期举行祭祀活动，祭拜各方神圣或地方神，以保佑地方百姓。土地神龛和国柱以及树立标志物和平时的祭拜仪式除了充满浓厚的婆罗门和佛教文化色彩外，还体现了沿袭至今的泰国人的原始信仰——对地神的崇拜。

---

① 吴圣杨：《地神信仰与泰国的国王崇拜》，载《东南亚研究》，2006年第1期，第85页。
② 吴圣杨：《地神信仰与泰国的国王崇拜》，载《东南亚研究》，2006年第1期，第85页。

第二节　鬼神崇拜

鬼神崇拜是泰国人民原始信仰的内容之一。泰国人对鬼神的信仰始于远古。考古证明，泰国石器时代后期和青铜时期的墓葬中，发现远古人有相信灵魂不灭的祭祀活动。①在素可泰发现一碑文上记载说："祭奉鬼神，国家平安，享祚久远……不祭奉鬼神，鬼神不作保护，国家有灾难。"②表明当时虽然佛教已经在泰国兴盛，但是人民信仰鬼神的观念并没有消亡。

泰国人对灵魂、鬼神的信仰很普遍，认为鬼神是一种超自然的力量，人们无法看到其真面目，只能见到它显灵。在泰国人的传统观念中，认为每个地方都有神灵保护，并对其产生崇拜和信仰，希望从神灵那里得到护佑和帮助，使自己生活的地方安定泰和，以实现安居乐业、无病无灾的愿望。人们相信世间到处都有鬼神的存在，如天神、土地神、山神、路神、城神、家鬼等等，并且到处修建神龛、庙宇对鬼神进行祭拜。在路口、河边、悬崖上、大树下，经常可以看见乡民们焚香燃烛、祈神许愿。泰国文化中这种关于神灵的信仰自古至今渗透在人们的日常生活中：生、死、婚嫁、新屋入伙时都会举行祭拜神灵的仪式。

不过，远古时代的泰人对鬼神是不加区分的，只是佛教传入泰国后，才把鬼和神区分开来。鬼和神都有超人的能力，是人们用肉眼看不见的，很神秘。由于谁都没有有见过鬼和神，其形象大多是人们根据自己的样子想象出来的，所以鬼和神的长相和人差不多。恶鬼面目狰狞可怕，这是人掺进了憎恶和恐惧的感情；天神的形象俊俏，同样是掺进了人们美好的祝愿。

泰国人把鬼神分为"善鬼"与"恶鬼"两种，按照等级又把鬼神分为三类：第一类称为天神，因为这些神住在天上。最初泰国人把天神称为天鬼，但是印度文化特别是婆罗门教和佛教传入之后，天上被称为天宫或天堂，于是天鬼也就变成了天神，如佛陀和所有阿罗汉、苏利耶太阳神、湿婆神等。这些天神按照不同的等级各司其职掌管人间的一切，最高天神被称为披耶天神或披耶因陀罗，现在则称为因陀罗（天神之王），这一点很明显受到印度婆罗门教和佛教文化的影响。这些神是泰民自古以来就虔诚信仰的吉祥神，泰民认为天神为世界创造了生命，对

---

① 朱振明：《当代泰国》，成都：四川人民出版社，1992年版，第153页。
② 净海：《南传佛教史》，北京：宗教文化出版社，2002年版，第205页。

于这类神，人们对其敬畏有加、时常供奉。第二类是介于天神和恶鬼之间的鬼神，泰国人认为其半神半鬼，但还是以神来称呼，如在自然神崇拜里所提及的山神、树神、水神、土地神，以及祖先崇拜里的祖先鬼等等。它们有的住在天上，有的住在地上，是某一地区的鬼头。它们需要人们供祭或修建庙宇，才给以人类保佑，否则会给人们带来灾害。第三类是恶鬼，是最低一级的鬼神，它们无固定的居所，且种类众多，恶鬼只会给人们带来灾难，它以可怕的鬼的形象来吓人。人们对它只有驱赶，因此没有人为它提供庙宇。

在泰国民间社会，各地所信仰的鬼神种类有几十甚至上百种之多，其中一些耳熟能详的鬼神有：

1. 天神

泰国东北部人民认为天神的地位高于其他鬼神，天神掌管着降雨，因此在农耕季节开始前人们将举行祭祀天神的仪式以祈求风调雨顺。

2. 田地神

泰国农民相信田地神是掌管着田地的神，因此他们在犁地前将会举行祭拜田地神的仪式。当收割完稻谷后，也需要将稻谷装入4辆牛车以敬献给田地神。在举行犁地前的祭拜仪式时，当准备好各种祭拜用的物品后，要向田地神祈愿："我的这双手将开始犁地，请田地神保佑我犁地顺利，在收割完稻谷后，将向您敬献四牛车的稻谷……"。仪式结束后就开始根据龙鳞花纹的方向犁地（不能逆着龙鳞花纹的方向犁地），犁地3周后停止，将犁地工具从牛身上解除后，仪式结束，第二天就可以正常地犁地了。犁地仪式的目的是为了让田地神保佑人、牛和稻谷，同时也是为了使田地神允许其犁地。犁地仪式一般在6月或7月进行。

泰国东北部人民相信田地神能够保佑稻谷丰收，因此每年会举行两次祭拜田地神的仪式，即在插秧前和收割后。插秧前的仪式以祈求稻谷丰收，颗粒饱满，不受害虫的侵扰；收割庄稼后的仪式则祈求当年的稻谷在下一个插秧季节到来之前足够食用。在举行仪式时，需要准备的物品有：一瓶白酒、一只炖鸡（有些人还会准备黑米、红米、干鱼等）、鲜花、香烛、槟榔、面条、一瓶水、两个杯子以及糯米饭。

由于人们对田地神的信仰，使得每家每户的田地里都安排了一个特别的地方让田地神居住，有些人修建了一个小小的茅屋，而有些人立了一根柱子以表示这里为田地神的居住地。

3.大神仙

在泰国东北部地区有些人认为，大神仙是保护土地的祖先，相信祭拜大神仙能够使祖先保佑子孙安居乐业。

祭拜大神仙的仪式在泰历六月一日至七月底举行，需要准备的物品有：九层高脚盘、猪头、猪蹄和猪尾巴、一只炖鸡、一个椰子、一挂香蕉、鲜花、槟榔、面条以及香烛。祭拜大神仙在上午和下午都可以进行，上午开始的时间是大约8点钟，请大神仙来吃饭，当认为大神仙吃饭吃得差不多了，就会请大神仙附体，被大神仙附体的人全身发抖，周围的人纷纷向大神仙请求宽恕，此时音乐奏起，被大神仙附体的人手舞足蹈。下午开始的时间是大约2点钟，将举行请大神仙跳舞拔出剑的仪式，当大神仙将剑拔出后，周围的每个人都开心地跳起舞来，直到下午4点钟，大神仙从附体中离开，人们也停止了跳舞，仪式到此结束。

祭拜大神仙的仪式在沙功那空府的瓦里蓬县特别流行，每个人都认为大神仙是真实存在的，当遇到困难时能够向大神仙求助，关于大神仙的传说也在当地广泛流传。

4.食屎鬼

泰国各地区都相信有食屎鬼的存在，这种信仰由来已久。食屎鬼晚上出来觅食，喜欢附着在女性的身上，尤其是老年女性。人们对食屎鬼出现的描述是这样的：出现时有忽闪忽灭的绿色火焰，只有头和肝、肠，没有身体。农村里的农民十分相信世上存在着食屎鬼，如果见到忽闪忽灭的绿色火焰，他们就认为是食屎鬼来了。

当村庄里的女人在分娩时，身上的血腥味会招来食屎鬼吃她的肝和肠以及其他分娩物，因此人们就会用各种物品以及荆棘将房子里的各个空隙填满，以防止食屎鬼进入分娩房，因为人们相信食屎鬼害怕荆棘。泰国人认为食屎鬼最讨厌的东西是削得很尖的竹子或者其他尖锐物，因为当食屎鬼接触到这些尖锐物时，食屎鬼的肠子就会缠绕在这些尖锐物上，无法挣脱。

食屎鬼除了喜欢吃带腥味的食物外，还喜欢吃一些污秽物，如大便等。食屎鬼吃完后见到哪户人家门前晾着白布晚上没有收回去，就会藏匿其中，那块白布就会显现出一团一团的污渍，如果将那块藏匿有食屎鬼的布放进水里蒸煮，食屎鬼就无法忍受高温而逃出白布求饶。

大多数泰国人当听到食屎鬼这三个字时，第一反应想到的是年迈的女人，只有头和肝、肠，在树林间飘荡，寻找着各种腥味的食品或污秽物，包括人的大便以及青蛙、鸟或其他动物的大便，即使是医院里沾满血腥味的布也是它们的猎食对象。事实上，根据古老的传说，食屎鬼是一种没有身体的鬼，需要寄居在其他宿主的身体上以寻找食物，与树上的寄生植物相似。当食屎鬼找到能够附着的身体后，在晚上就会将她的灵魂吸出来模仿她的模样去找食物，而身体的主人依然还是熟睡着，因此，食屎鬼能够变换不同的相貌以不让人抓住。

在泰国，关于食屎鬼的传说有很多不同的版本，有些版本说被食屎鬼附身的人以前是专门做流产的或者曾经给别人做过流产，又或是前辈子做的孽需要这辈子还，因此就被食屎鬼附身。还有些版本说食屎鬼是一些通过不合法手段谋生的人死后所变成的鬼，这些人生前在买卖时欺骗顾客，以假乱真，以次充好，死后变成了食屎鬼。

5.宫果鬼

宫果鬼是森林中的一种鬼，一般都是在森林中工作多天的人才能够遇到，泰国东北部的人们相信这种鬼的存在。

宫果鬼的名字来源于这种鬼发出"宫果、宫果"的声音，但有些地方认为这是根据宫果鬼的样子来命名的。宫果鬼的模样很奇特，只有一只跛脚，下巴很尖，猴子脸。泰国人认为在森林中过夜时，宫果鬼就会吸过夜人大脚趾的血，而防护方法是把两只脚蜷缩起来藏好。

宫果鬼在夜间出来觅食时，会发出"宫果、宫果"的叫声，当他十分饥饿时"宫果、宫果"的声音就会十分急促，声音越急促表示他饥饿的程度越高。宫果鬼在说话时，总是会说与他本意相反的话，如果他想进来，他会说出去；如果他想说白色，他会说成黑色；如果他说就去一会儿，那就意味着他去的时间会很长。宫果鬼有多种神力，如跑得像风一样快，力气像大力士一样大等。

6.铍咖隆鬼

铍咖隆鬼是泰国北部人民相信其存在的一种鬼，与宫果鬼相似，也只有一条腿，跑得像风一样快。但这种鬼不喜欢吸食在森林中行走的人的血，而是喜欢和人闹着玩。这种鬼的显著特点是喜欢发出一种"铍铍铍咖隆、铍铍铍咖隆"的声音，因此被泰国北部人民称为铍咖隆鬼。

铍咖隆鬼的另一个特点是，如果有人在林中呼喊同伴，他也会发出相反方向的呼喊声，使得人们在林中慢慢迷失方向。因此，年长者告诫人们不要在林中呼喊，以免被铍咖隆鬼戏弄，迷失方向。

还有些泰国人认为，铍咖隆鬼是生活在泰国北部保护森林的鬼，样子和生活在森林中的人相似，留着长发，手指甲特别长，喜欢吃水中的鱼虾和其他小动物。除此之外，还认为铍咖隆鬼是一种移动速度特别快的鬼，跑起来像风一样，没有人能跟得上。

7.琵琶鬼

琵琶鬼是泰国人相信其存在的一种鬼，他们寄居在人们的身上，当吃完人们身上的内脏以后，就离开人们的身体，而这个被吃完内脏的人也将死去。

泰国沙功那空府攀那尼空县那华博镇的那绍南村被称为"琵琶鬼村"。这个村庄毗邻普攀山，最初有一户人家迁移到这里，这个村庄的名字就是第一户迁移至此的人家以其女儿的名字命名的。之后，迁移到这个村庄的人家越来越多，所有迁移至此的人家都有一个特点，那就是被原居住地的人们称为"琵琶鬼"，因此这个村庄也被称为"琵琶鬼村"。

8.夳鬼

夳鬼的特点和琵琶鬼相似，也喜欢寄居在人们的身上，吃新鲜、血腥的食物，是泰国北部地区的人们认为其存在的一种鬼。

关于夳鬼在泰国北部地区的传说由来已久，最初宣扬夳鬼传说的是以跳舞谋生的人，如表演戏剧的人。他们饲养一种叫帕南的夳鬼，这种夳鬼对他们有很大的帮助。尽管白天帕南夳鬼的模样十分令人讨厌，但一到晚上，它就会变成两只小叶猴的模样，坐在主人的肩上，用舌头舔主人的脸，使得主人的脸变得十分漂亮。因此饲养帕南夳鬼在泰国北部的演艺圈里十分流行。

饲养帕南夳鬼有好处也有坏处，如果饲养得不好，使帕南夳鬼饥一顿饱一顿，那么饲养者就会变成半人半鬼，喜欢吃新鲜、血腥的食物，必须请巫师每天定期地进行驱鬼仪式。

除了帕南夳鬼以外，还有如下几种夳鬼：

（1）东夳鬼

这种夳鬼生活在森林里，不适宜像帕南夳鬼一样进行饲养。泰国老人说清迈府的一个县里生活着这种夳鬼。东夳鬼性情暴躁，跑得像风一样快，他们成群结队地在傍晚时分出来觅食，口水有神奇的魔力，能够治愈各种伤痛。

（2）阿空夳鬼

在古时候，如果徒弟想要从师傅那学到巫术知识，必须经常举行祭拜师傅的仪式，因为在古时候巫术师傅十分珍视巫术知识，在学习巫术知识前进行祭拜师傅的仪式，也是为了让巫术能够保护徒弟。如果有徒弟在学习巫术知识前没有进行祭拜师傅的仪式，在学习巫术的过程中就会走火入魔，被阿空旮鬼附身。这种旮鬼藏身在徒弟身上，晚上出来觅食。

（3）达衮旮鬼

这也是旮鬼的一种，泰国北部地区的人民流行养达衮旮鬼，他们相信养达衮旮鬼能够保护他们的田地免受病虫的侵害，年年都能够获得丰收。

养达衮旮鬼养得好的话对主人有很大的帮助，但如果养得不好的话，就会伤害主人。

（4）猝死旮鬼

猝死旮鬼是一种由不是自然死亡的人变成的鬼。有些人猝死之后，灵魂还没有散去，还依然存留在已经死亡的身体里。由于是没有征兆的死亡，或者自己也不相信自己已经死亡，这些猝死鬼就寄居在心理素质较差的人身体里，使他们不知不觉地变成猝死旮鬼。

（5）诺考旮鬼

如果这种旮鬼即将出现在某户人家的时候，就会听见有诺考鸟的叫声。当第二天早上看见有陌生人来敲门时，可能就是诺考旮鬼来了。

根据泰国人民的说法，女性旮鬼多于男性旮鬼，如果某个女性的每餐的食量特别特别大，那么她就可能是诺考旮鬼，然后她全家都会变成旮鬼，她的丈夫也会在感染旮鬼的病菌100天后变成旮鬼。此外，泰国人还认为，变成诺考旮鬼的女性会特别的漂亮，尤其是越到晚上就越漂亮。

9.鬼火

鬼火出现时，会在夜间飘着一团时明时暗的火焰，尤其是在水域旁边。鬼火不会伤害人，但会使人迷路。泰国东北部地区的人民认为，鬼火是森林中的巫师饲养的鬼的灵魂。这些巫师平常喜欢将鬼火装在小竹筒里携带在身上，一到泰历十五的晚上，就将其释放出来，让其四处寻找食物。

10.达尼女鬼

达尼女鬼是泰国南部最出名的鬼，长相漂亮，泰国南部的鬼都是以达尼女鬼为原始形象。泰国南部人民相信，如果年轻男子和达尼女鬼睡在一张床上以后，就会身体虚弱，白天如同行尸走肉一般，如果没有巫师施法救助，就会身体虚弱致死。

在泰国黎府，每年六月中旬会举行一年一度的鬼节，主要是向上天祈求风调雨顺，希望来年稻米丰收。泰国鬼节起源于一个神话故事，传说数百年前，一位泰国王子是天上神仙的化身，他降临人世，尽心尽力为人民服务，深得民心，当他即将返回上天时，当地人民恋恋不舍，天神倍受感动，于是准许王子重返人间，鬼节由此而来。泰国鬼节不但没有半点惊悚，反而十分热闹。鬼节当天，当地人民会把自己打扮成各种鬼的模样，在大路上游行，游行途中，"大鬼小鬼"们不仅狂歌劲舞，而且还向围观的游客们打招呼。众鬼游行途中，有时还会手持木制假阳具，因为当地人视假阳具为土地肥沃、物产丰富的象征，寓意来年丰收富足。游行结束后还会举行"众鬼"舞蹈比赛，评出最佳的鬼神。

第三节　祖先崇拜

祖先崇拜，或者说对祖先鬼的崇拜实际上是直接产生于对鬼神的信仰。这是由于对鬼神的崇拜还有人们相信灵魂的存在，泰国人认为一切有生命的自然之物都是有灵魂的，当承载生命的肉体死去之后，灵魂还在世界上继续存在。当一个人死去之后其灵魂在投胎转世之前就变成了鬼，并继续以另一种存在形式与未亡人发生着种种联系。和上述鬼神的三种分类相似，泰人认为人死后所变成的鬼也有善恶之分。拥有良好道德品格和社会地位的好人，由于生前做过很多善事，积善积德，死后会变成善鬼；而至于那些生前有诸多恶行的人来说，在世时犯下的恶果最后会导致其死后变成恶鬼。在这其中我们不难看到佛教关于业报轮回、因果报应观点的影响，这也是佛教文化和民间信仰在泰国相互融合的表现。

在泰国，当祖先逝世之后对其进行祭拜是非常平常的事情。因为泰国人相信家人去世后仍然能够保护自己和其他家庭成员。他们相信当一个人死去之后仍然会有其生命的存在，并且活在另一个世界里，只不过他们变成了家鬼，换了一种形式与子孙们生活在一起。所以，泰国人对祖先的神灵进行祭拜就如同他还活着一样，然而这种形式的"活"却和生前在凡世间的"活"大不相同，祖先在逝世后变成家鬼，其能力也随之大增，比活着的时候要大得多。

一般来说泰国人把祖先鬼都划分到善鬼的行列，因为自己家里的人从理论上是不会加害自己人的，但是如果家庭成员对祖先的祭拜不得当，那么祖先鬼就也有可能变成恶鬼。并且泰国人把其祖先崇拜的对象扩展到了国家的统治者，因为他们死后是国家的祖先，比家庭的祖先要大，人们把其尊为"大神"。例如拉玛五世王，人们对其拜祭的习俗传统在泰国各地十分流行，并且把其当作自己的家人一样称呼为"拉玛五世父亲大人陛下"。可见，泰国国王俨然已经被人们当成了自己的大家长，像管理家庭一样统领着整个国家。

泰国的家鬼还有父系、母系以及男性、女性之分，大部分会以穿着泰式传统服装的形象出现。如西北部和北部的家鬼称"披布耶"，意为祖父、祖母变成的鬼，南部称"披达艾"，意为外公、外婆变成的鬼，东北部称"披布达"，意为祖父、外祖父变成的鬼。泰国人相信家里的祖辈去世之后形成家鬼会对子子孙孙后代的生存、发展有影响，所以子子孙孙要遵照祖先流传下来的家规、家风行事，经常祭拜家鬼，这样才能得到家鬼的保佑，给家庭带来平安、吉祥，否则会给家庭带来灾祸。这之中透露出来的是泰国人对家庭的重视和泰国社会对长幼尊卑观念的恪守。

在进行膜拜祖先的仪式时，一般是由年长者主持，这样是为了让晚辈们尊敬长辈，对长辈感恩。有些家庭在膜拜祖先时，会献上祖先喜欢吃的米饭，而有些家庭也会献上猪头、鸡肉、槟榔、糕点、面条、鲜花等，还有些家庭会点香明烛，主持仪式的长辈在点香明烛时口中念念有词："子孙们（念子孙的名字）向您敬献食物，请您享用，并保佑子孙们生活安康、财源广进。"

在每年的六七月间，泰国的北部、东北部和中部部分地区的村民会相约去宗祠集体祭祀，赞颂祖先的恩德。宗祠多选择在临近村庄的丛林中，但凡有宗祠的丛林，树木不准砍伐，更禁止打猎，否则祖先的亡灵会施展法力，惩罚破坏者。宗祠内塑有祖先像，备有各种祭祀用品。每个宗祠都设有一名看管人，他不仅负责看管宗祠，同时还是宗祠内祖先亡灵和村民之间的联络人。倘若谁触犯了宗法，祖先亡灵就会通过这个看管人下达旨意，给予其各种惩罚。有的地方人们还在家里设灵位祭祖，每当举行如子女结婚这类重大仪式时，都要祭祖，对祖先灵位进行膜拜。

第四节　巫术、占星术

一、巫术

巫术在泰语里被称为"塞亚撒"，是泰国一门十分古老的神秘学说，被解释为是一种对超自然力量、现象与事物的理解，并对这种超自然神秘力量的运用。在现代社会，虽然很多人将巫术中的大部分成分视为是一种封建迷信，但是在科技不发达的古代，巫师在泰国人的精神世界和社会生活里都曾一度扮演着十分重要的角色。在泰国社会的发展演进过程中，随着佛教的传入并逐渐占据了泰国人观念的主导地位，以及在迈上现代化道路之后快速发展的科技水平和与之相伴的人们知识水平、思想认识水平的提高，巫术这一极具神秘色彩的古老信仰在泰国人信仰中的地位有所下降。但不可否认的是，巫术依靠其传统影响力和与宗教信仰的渗透结合仍然影响着泰国人的生活，特别是在农村等偏远落后的地区，各种巫术及其仪式仍然十分常见。

泰国巫术主要体现为各种仪式、咒语、辟邪物和护身符等。各个地方的仪式和咒语都会不同，大部分巫术的仪式吸收了部分婆罗门教的仪式。而咒语，在泰国的巫术信仰中则是在对一件物品或人的肉体扎刺、刻画神奇的字母、数字、圆圈、方块、图案等时念的，目的是为了增强所画东西的魔力。它有两类，一类与婆罗门教有关，是来自吠陀经上的词语；另一类与佛教有关，是来自佛经中某段词语。咒语常于防御危险、增进健康或祈求财富时念用。以上两类咒语都是梵语和巴利语，也有纯泰语的咒语。但为了增强其神圣性，常夹杂巴利语，也有念时只念句中某些词的一个字母来替代。人们相信这些特定的仪式和咒语是通往神灵的门户，而且只有作为神的化身的巫师经过艰苦的修炼才能掌握这些咒语和要领。巫师们通过画符念咒等"法术"能够降神驱鬼，并能满足人们的愿望。

辟邪物也称"护身灵物"，有很多种，名目也多，其形状、质料、制作方法也不尽相同，大致可分人工和自然两类。人工的辟邪物大多是画、塑、雕铸的，质料为赤陶、木、石、象牙、布、金属、黏土等。形状有佛像、阳具、小盒、圆筒、盾形等。自然的辟邪物取自动植物和自然界中的坚硬物，按其自然形状稍加装饰即成。如牛角、虎牙、猫眼中的硬物、陨石、菠萝蜜和罗望子的核等。辟邪物多用金属链子或线绳串起，悬挂在颈项上、腰间，或套在头上、臂上、手指上，或者穿在身上。泰国人喜欢悬挂或佩戴"神奇"、畸形的东西，并相信它能回避各种邪恶，甚至刀枪不入，逢凶化吉，引来洪福，有的辟邪物为了增强其魔力，在制作过程中还举行一定的宗教仪式。

　　泰国护身符的种类、名目众多。护身符近似辟邪物，所不同的是，护身符画有奇异的字母、数字、圆圈、方块、图案等。其作用是防御危险和魔鬼的侵袭等。有的护身符近似中国的符箓，护身符上写的文字，大多使用古高棉文，因为古代神圣的佛教碑铭是用古高棉文写的。所以泰国人有一种传统观点，认为古高棉文更有魔力。护身符上所写、所画的东西，不是任何人都能干的。它需要师父正式传授和告知一些秘诀，要通过一定的仪式。画或写的人在画、写时，要始终口念咒语。

　　实际上，泰国纹身也有护身符的作用。泰国人认为，纹身后能够获得神力或魔力的保护，不受蛇等野兽的伤害，防止各种病害，甚至刀枪不入，死而复生。泰国人纹身所文的部位为胸、背、肩、腿。泰国北部男子多在膝盖、腰以下部位纹身，所纹的图案多为各自崇拜的神、猛兽或符箓。泰国人在纹身前要举行拜师仪式，纹身师要准备纹身的工具如纹针、画笔、墨等。墨有墨块和墨水，墨水要掺豆油，使用前要念咒语。此外，还要画好要纹的图像。纹身方法一般有两种，一种是用针蘸墨水，按图像扎刺，使之流血，墨水因此渗入皮肤；另一种方法是扎刺后，念咒语，使所纹图像增强魔力，然后用刀砍劈或重物击打，观其效果。纹身后不能吃别人剩余的食物，不能喝别人剩余的酒，不能吃做丧事人家的食物，不能吃瓜类植物、狗肉和蛇肉，否则会肚痛、发疯、不省人事，需要找纹身师或上香明烛祭拜纹身师等方法解救。

　　在泰国，巫术还有"白巫术"与"黑巫术"一说，"白巫术"指祝吉祈福时施用的对人有益的巫术，目的是为了帮助人们消灾解难，减轻痛苦，故又称"吉巫术"。也正是由于这个作用，所以"白巫术"在泰国民间十分流行，可以说贯穿于泰国人的一生，如生育、满月剃发、招魂、治病、建房、搬家、缠扎尸礼、起棺、火化、驱鬼、辟邪，如白巫术中的"古曼童"等等。而"黑巫术"则是用来加害于别人，增加别人痛苦的巫术，例如泰国最为著名的黑巫术——降头术和鬼婴等。

　　降头术是流行于泰国的一种黑巫术，指向某人或某物施行巫术或蛊术的意思。降头术是运用特制的虫和蛊药，使人无意间服下，对人体产生特殊药性或毒性，从而达到害人或者控制人的目的；或者运用灵界的力量如鬼魂，通过对被施法者的八字姓名及相关物品而构建信息，进而"模拟个体"，最后达到制伏或者杀害被施法者的目的。下降头的目的，通常只有三种，即谋财、报仇和保住爱情。降头术主要分为"药降"、"飞降"、"鬼降"三种类型。

"药降"是一切降头师必须学习的第一个步骤。它和我国苗疆一带所盛行的"放蛊"非常相似，苗疆一带的苗女将蜈蚣、毒蜘蛛、青蝎子、癞蛤蟆这4种最毒的蛊，同放入一个坛子中。任由它们在里面互相攻击、咬食，等到最后都死光，而且糜烂干燥后，再制成粉末，这就是所谓的"蛊毒"。将蛊毒下在欲害的人身上，可以使人精神错乱、癫狂，或者肉体疼痛难忍，以至于死亡。

"飞降"是一种比"药降"更高级的降头术，飞降种类有"镜降"、"玻璃降"、"动物降（蛇、蝙蝠、蜈蚣等）"、"飞头降"等十多种，其中属"飞头降"最厉害。"飞降"与"药降"的不同在于飞降只需取对方身上任何东西，像衣服、鞋袜、饰物、或者生辰八字就可以施法，甚至在和降头师说话、拿他给的东西就不知不觉中了降头术，而药降必须让人食至体内方可发挥作用。"飞头降"是降头术中最狠毒的手法之一，通常有这种巫术的巫师，只有在夜晚才会出来为害，白天与平常人没两样，当夜晚来临时，降头师的头颅就与身体分家，四处飞行，寻找胎儿和他人的鲜血吮吸。传说胎儿是由阴阳精血所凝成，吸食胎儿鲜血越多，不但能延年益寿，而且法力会更加高强。练"飞头降"至少要练7次才能练成，每一次都要练七七四十九天，在练功的期间，每晚都要吸血，有如西方的吸血鬼，若有哪天未吸血，一切前功尽弃，而且没有再重练的机会。所以在他300多天的练功中，每天晚上头颅就飞出去，遇人吸人血，遇狗吸狗血，一切动物都逃不过，防不胜防，非常恐怖。尚未练成的人，在头颅离开头部时，连肠也会跟着一起拖出去，当地人为了防止降头师来吸血，就在屋顶装置防盗刺或种植有刺植物，由于飞出去的头通常不高过3米，而且拖着肠子又长，在经过屋顶时，很可能就会被倒刺刺中，肠脏一旦被刺中，头就无法再回到原处，等到黎明来临，飞头就化为一片乌血消失；而降头师也只剩下一滩血水。不过若是遇到真正练成的降头师，他的头不会连着肠、脏，飞过屋顶时就可以避开倒刺顺利通过，要消灭这种降头师，就得靠比他高强的法师，在他练功时破了他的法术，才有办法制服。

而鬼降就是黑巫术中的鬼婴。鬼婴也被称为养小鬼，在泰语中被称为"古曼童"，事实上鬼婴可正可邪，在黑白两种巫术中都有使用。在泰国的传说中，鬼婴最早出现在泰国阿瑜陀耶王朝时期的坤平将军的故事中。据说坤平是泰国古代一位能征善战的将军，同时也是一位法力高强的法师。一次，坤平为了报复妻子向自己投毒而杀死了妻子，结果却发现妻子已经怀有身孕。坤平便将妻子的腹部剖开，取出婴儿，并将其带到一座庙中。他把婴儿放在火上烤至变小变干，同时一直诵念经文。当仪式结束时，婴儿已经变成了一个可以和他说话交流的灵魂。坤平遂给他取名为"古曼童"并将其佩戴在身上。在之后的战争中，每到危急关头，古曼童便会出来帮助坤平，使得坤平总是能够逢凶化吉、遇难成祥。所以之后泰国人把古曼童当作是一种法宝圣物，认为他有着多方面的法力，例如使供养人生意兴隆、预报危难、看守门户、保护家园等等。人们供养他能够消灾解难、添财聚福。

泰国的古曼童有多种类型，各自也有不同的能力，基本上分为招财型、攻击型、守护型、招人缘型、招异性缘型等等。同一类型里头也有不同种类的古曼童，每个古曼都有最基本的功能，如一旦有任何邪灵企图骚扰供养者，古曼童便会帮供养者赶走邪灵或者提前通知供养者；当供养者将发生危险的时候，古曼童会帮供养者避过危险；古曼童还可以帮助供养者调整人缘关系，使供养者事业顺利等。古曼童除了在正庙、龙坡那里获得招财、守护、人缘等等的能力之外，还具有自己的性情和喜好，每个古曼童都有自己的特长，如有些擅长避险，有些擅长搜索等。

在寺院里制作古曼童的材料如下：七处坟场土——最具能量的土，因为坟地墓地是有许多灵魂会经过的泥土；七处蚁穴土——蚁丘的泥土，蚁丘往往越建越高，有高升之喻；七处蟹洞土——蟹穴的泥土，蟹穴泥土充满蟹成长中的脱壳，有绝处逢生之喻；七处良田土——肥沃、物产丰富的泥土，拥有丰收的能量；七处码头土——码头经常会有来来往往的商人，拥有经商聚财的能量；七处旺地土——人潮汹涌的商业地区泥土，拥有招客招财的能量；七处寺庙土——每日都有僧人诵经，拥有仙佛之气的能量；七处山洞土——山洞是神仙、精灵、山神、土地公居住的地方，也拥有神奇的能量；七处情缘土——各种培育人缘树的泥土，拥有好人缘的能量。

泰国人认为，供养古曼童的时候，家中不能有象牙制品，因为在泰国大象是神圣的；不能食用或者拥有野生动物制品，如鳄鱼、蛇皮、吃熊掌、吃鱼翅（古代泰国人认为鲨鱼是佛教的护法神摩羯）、吃猴子、吃野生飞禽等；要孝敬父母、关爱孩子、不能争名夺利、不能勾心斗角；要行善积德，救助贫苦人群，将慈悲之心洒满大地。

实际上今天泰国已经很少有人采用古老方法来制作古曼童了，而是由一些号称能够控制精灵、鬼怪、心灵的大师，运用高深的法术和咒语的力量，把一些夭折的小孩游荡在外的灵魂放入做好的牌或塑像中，让供养者请回家，从而给他们一个安身的地方。而供养而来古曼童的人，则要爱他如子、诚心供奉、多做善事。作为回报，古曼童会在其能力所及的范围之内，帮助供养者实现一些心愿。

而黑巫师制作"鬼婴"的方法则十分邪恶。欲施法养"邪鬼婴"，首先要找到已夭折尚未破身的小孩，取得其生辰八字。在葬礼结束后，趁着黑夜之际，偷偷来到坟墓前烧香祭拜，同时使用法术勾魂，并在坟墓前种植一段尚能生长的藤菜。一段日子过后，此时的魂魄寄附在藤菜上，降头师念咒焚符，取下一截藤菜后，便快速地回到家中，将取下的藤菜用刀刻成四五厘米高的小木偶，给予五官及衣物，着上墨及朱砂的同时，要不停地念咒。完成的木偶藏在装有油脂的袖珍瓶子里，这种油脂是以巫术秘练而成的，呈黄金色。一般所见到的养鬼的的玻璃瓶中所浸泡的小木偶人有两个，这两个一黑一白的小木偶为一男一女。据说，勾取魂魄务必要男女两个魂魄才行，如只藏一个在瓶中，则会孤阳不长，独阴不生，太过孤独寂寞而萌生逃离之念。降头师养鬼的另一种做法是，降头师先找一段木头，施法将木头雕成一口小棺材，再去寻找一个童男或者童女（邪恶的养鬼师以婴儿或者胎死腹中者为上品）的坟墓，将其棺材挖出，将尸体或者死者的头颅取走，再将一种秘练的黄色巫术蜡烛点燃，靠近尸体的下巴烧，热量使脂肪化成尸油滴下，降头师立刻将预先备好的棺木拿出让尸油储存其中，念咒加持，再暗中带回去，施法49天后，这个魂魄就会听人使唤，服从供养者的命令行事。唤出小鬼前，先要念咒，然后告知他们要办的事项，小鬼即以最快的速度去办好。这种黑巫师制作出来的"鬼婴"虽然能够保护供养者，但是会给其他人带来损害。而且供养者若不继续供养，可能会使"鬼婴"觉得被遗弃而引来报复，使供养者发生意外。

二、占星术

泰国称占星术为"霍拉萨"。据说，它源自四五千年前亚洲远古人对星球的观察，后由希腊人把它传到欧洲。泰民族自古就有自己的占星术，后来印度婆罗门教传到中南半岛的孟、高棉族，带来婆罗门教的占星术。泰族南下后，受上述两民族影响，接受了婆罗门教的占星术。泰族独立后，占星术受泰国宫廷重视，同时在民间广泛流传。

泰国的占星术历史悠久，至今仍对泰国社会有很大影响。泰国的春耕节等重要仪式，包括举行人生中婚嫁等重要仪式的良辰吉日都用占星术选定。对体育比赛、谋生、从商甚至赌博等，都有不少人用占星术预测凶吉祸福。电台及各种报刊常有关于占星术的专题介绍。"星象好"、"星象不好"等话已成为人们的日常口头语。用占星术来推断一个人的命运，已成为泰国社会中的普遍现象。

泰国占星术根据一个人的生辰八字，运用星体运行产生的错综复杂现象，指出此人前世所作的业果，并且还能预言此人未来的凶吉祸福。但它不仅限于此，还能告诉不同命运的人，不要听从命运的安排，要多做功德、多行善去改变命运。因为它认为归根到底，命运是由本人的业果决定的。

第五节　禁忌与征兆

除了对鬼神的信仰以外，泰国人民还在长期的生产生活中总结出了一些征兆与禁忌。他们认为生活中出现的一些现象会预示着未来事情发展的吉凶祸福，而人们要做的就是要预知这些征兆以及不要触犯禁忌尽量去避免坏的事情的发生。

一、禁忌

禁忌从民俗学角度可分为两大类，一类是神圣的事物，不能对它胡来，否则将是亵渎行为；另一类是不纯洁的贱物，不能随意接触，否则就会招致不幸。泰国的禁忌有很多，不去触碰禁忌，能够避免引起泰国人的不快，同时也是对泰国人的一种礼貌。

对泰国人民来说，头是神圣不可侵犯的，他们认为天灵盖是灵魂的出入之处，如果有人随意触碰别人的头，就会被认为是对被触摸者极大的侮辱；如果用手打孩子的头，孩子就一定会得病。孩子的头只允许国王、高僧以及父母抚摸。理发师在为顾客理发前，要先说声"对不起"。当一人向另一人传递东西时，若中间有他人在座，切勿越过他人的头传递东西，否则会被视为不礼貌的举止。在住房门口上方悬挂内裤，对进进出出的人是一种侮辱。泰国人睡觉时，头部不能朝西，因为日落西方象征死亡，只有人死后才能将尸体头部朝西停放。泰国人建筑房屋时，也习惯房屋坐北朝南或坐南朝北，而不朝西。

泰国人重视头，轻视脚，脚在他们的眼中是身体最低下的部分，因为泰国气候常年炎热，古代泰国人都习惯光着脚走路，所以脚被认为是最肮脏的。当我们与泰国朋友围坐在一起时，切勿把鞋底翘起来对着任何一个人，因为这是一种侮辱性的举动，意味着把他踩在脚下。用脚指东西也是一种失礼的行为，而用脚踢门，更会受到泰国人的唾弃。在入坐时，应避免将脚放在桌子上。用脚尖撞人或指人都会被严厉地呵斥，也绝对不能把脚掌冲向佛像。妇女落座要求更为严格，双腿必须并拢，否则会被认为不文明，缺乏教养。在递送物品给其他人时，要用右手，而不要用左手。因为在古时候，左手是用来便后擦洗屁股的，所以左手也被泰国人认为是肮脏的，用左手递物给别人是一种鄙视人的举动。

小辈见长辈要双手举至前额，平辈相见举到鼻子以下。长辈对小辈还礼举到胸前，手部不应高过前胸。地位较低或年纪较轻者应先合十致意。别人向你合十，你必须还礼，否则就是失礼。双方合十致礼后就不必再握手，男女之间见面时不握手，俗人不能与僧侣握手。与别人谈话时不得戴墨镜，手势要适度，不许用手指着对方说话。从别人面前走过时（不管别人是坐着或站着），不能昂首挺胸，大摇大摆，必须躬着身子，表示不得已而为之的歉意。妇女从他人面前走过时更应如此。学生从老师面前走过时，必须合十躬身。

在泰国，婴儿落地，接生者只能用竹刀割断脐带，而不能用剪刀。婴儿出生后，把婴儿的胎盘放在瓦锅里，等孩子满月后才埋到屋后。初生的婴儿每日都得放到冷水中浸泡几次，直到他面白唇紫时，才抱起来，据说这样可以防止孩子得病。邻里亲友探望产妇时，不能谈论冷热、汗疹、生病和死亡等事情。

泰国是佛教国家，因此有不少佛门禁忌。泰国一年中有好几个佛日，在佛日，禁止杀生，因此杀猪、宰鸡都要提前一天进行。在重大的佛日，还禁止斗赛、赌博、嫖娼、饮酒等，酒吧不卖酒，赛马、拳击都将停止进行。在泰国，僧人到处可见，接触或与僧人交谈是常事，但要注意不能手指僧侣，不能接触（身体）僧侣。尤其女性不许与僧侣握手，在汽车上不许与僧侣邻坐，即使是僧侣主动前来打招呼（外国女性常遇到）也应礼貌地拉开距离。女士若想将东西奉给僧侣，宜托男士转交，如果要亲手赠送，那僧侣便会张开一块黄袍或手巾，承接该女士交来的东西，过程中僧侣是不容许碰触女性的。在大白天路遇僧人时，如果要经过他的面前，则需绕开他的身影而过。因为按照佛教的说法，身影即僧人本人，跨越僧人的身影，意味着跨越僧人本人，这是对僧人不尊重的表现。遇见托钵化缘的僧人，千万不能送现金，因为这是破坏僧侣戒律的行为。

佛寺是泰国的旅游胜地，游客在游览前，必须检查一下自己的着装，因为袒胸露背者以及穿短裤、背心者是禁止进入佛寺的，甚至衬衣没塞进裤子、袖管翻卷在胳膊上的人也不准进入佛寺内。在进入佛殿前，还必须要脱鞋，否则会被视为玷污佛寺、亵渎神灵的举动。佛像被泰国人尊崇为神圣之物，无论是室外的大佛像或是室内精致的小佛像，都决不允许任何人随意地玩弄或坐骑。严禁将种植在寺庙里的树木搬回自己家种植，因为泰国人认为种植在寺庙里的树木是神圣的，如果被拔出种在其他人家里，将会使那户人家家道中落。

在泰国，切忌穿着黑色的衣服去探望病人，因为古代泰人认为黑色是令人悲伤的色彩，如果穿着黑色的衣服去探望病人，就意味着诅咒他快点死亡。切忌用红笔签名，因为在泰国，死者的名字都是被人用红笔写在棺材上的，所以用红笔签名，表示这人已经去世了。严禁在星期五火化尸体，因为古代泰人认为星期五火化尸体将会给亲戚朋友带来噩运。切忌在找不到凳子坐时，随意拿书本来坐，因为知识和学问在泰国是受人敬重的。泰国人在泰历的每年十二月月圆时要举行水灯节，这是泰国最热闹的一个节日。在观看水灯时一定要注意，无论那水灯多么精致美丽，都绝对不能捡起来，否则就会受到严厉的惩罚。

其他的禁忌还包括：晚上不要吹口哨，否则会被空中的降头打中；不要在庙里裹头或戴帽子，否则会秃头；不要向马桶里吐口水，否则会丧失语言能力；不要坐在楼梯上，因为家鬼不喜欢；不要吃饭时说自己做的梦，因为五谷之神不喜欢；不要跨过书籍，否则学习会记不住知识；不要穿湿衣服进屋，因为鬼不怕，而且还会肚子疼；怀孕的女人睡觉时不要绷着脸，否则生出来的小孩很难看；不要闻拿去供佛的花，否则会得鼻炎；不要在聆听佛训时睡觉，否则来世会变成蛇；不要索回给出去的东西，否则会变成饿鬼（借出去的除外）；不要在晚上扫垃圾，因为鬼不习惯，而且还会扫走财气；不要在晚上剪指甲，否则会短命；不要从下面穿过支撑香蕉树、房屋的柱子或晾衣竿，否则东西会损坏；不要让任何人跨过自己的头，否则每样东西都会衰败；在陌生地方如果听到有陌生的声音叫，不要回应，否则会中降头或者被不祥的东西入侵；不要在周六搬家、周二给小孩剃顶髻、周三结婚，不吉利；不要周三理发，否则会带来噩运等等。

二、征兆

泰国的征兆实际上是一种占卜，即通过各种征兆来预测吉凶祸福的一种活动。在人类对自然和社会还没有形成科学的认识前，其活动的结果具有极大的猜测性和偶然性。泰国的征兆所包含的内容十分广泛，涉及诸如名称、日子、现象、行为、梦兆、数字等。

名称：泰国人十分重视取名，他们认为取个好名能够受益一生，否则倒霉一辈子。泰国人喜欢相面，相士根据求相面者的面貌、五官、手纹、骨骼和气色等来推算他的吉凶、祸福和寿数等。在泰国有些报纸每星期都有一专版或一篇专题文章来介绍相面的知识。人们谈起时，常津津乐道，能说出不少相面后应验的传闻。有的泰国朋友在聊天时，还会向你伸出手来，问你会不会看手相。平时，有很多相面的小摊子摆在公园边或集市里，有的还搭着布蓬或太阳伞，在布蓬或太阳伞下挂着各种人体图、面相图、手掌纹路图等。一些颇有名气的相士，则在饭店租下房间或在自己家里挂牌相面。他们到处张贴广告或登报来招揽顾客，很多情场失意、生意不顺、官运不佳之辈常去相面。

梦兆：泰国人常把梦中出现的不平常情境与自己未来的命运联系起来，把梦看成是吉凶的预兆。泰国人认为，梦见穿新衣服，预示着将会生病；梦见牙齿折断，预示着亲属将病死；梦中牙齿摇动，预示着亲属将有疾病；梦见获得金银财宝，预示着以后将一贫如洗；梦中遇见国王，预示着鸿运将要降临；年轻的男子和女子梦见莲花，预示着即将遇到如意配偶；梦见被蛇缠身，预示着即将成婚；夫妻梦见戒指或项链，预示着将生女孩，梦见僧人，将生男孩；梦见人死，预示着将延年益寿。

日子和数字：泰国人十分重视日子的选择，在过去，理发、剪指甲、穿新衣都要看看日子是否吉利，他们通常认为周日理发长寿，周一理发好运相随，周三理发敌人会加害于你，还会易于与别人发生口角之争，周四理发有神灵保佑，周五理发总是会有好运，周六理发万事如意。现在泰国人对一些生活小事已不是十分在意，但每逢重大活动、仪式等，仍十分重视良辰吉日的挑选。如婚丧、盖房、乔迁新居等，都要选择黄道吉日，否则不吉利。泰国人认为数字也是一种征兆，它也能主凶吉。长期以来，他们形成一种观念，认为奇数大多主吉，偶数大多主凶。如遇喜庆吉祥的佛事仪式，僧人人数要取奇数。国王的华盖一般是七重或九重。佛塔上的相轮数也是奇数。如果遇到丧事，请僧人做法事，僧人数目要取偶数。外出旅游，出门的日子不能定在10、20、30日，因为"0"代表一无所获。

　　遭遇：泰国人对不平常的遭遇也很敏感，认为也是一种征兆，如遇见蜜蜂在家里筑窝，有好运；早上和下午右眼跳有好运，表明自己正期望的事情将会如意，左眼跳会有噩运，会有失望的事情发生；左眼和右眼傍晚跳表明有好运，会有亲密朋友或亲戚来访，但如果是晚上右眼跳则会有不好的事情发生，如果是左眼跳，则表明将会有朋友给你带来好运；听见壁虎叫要注意，如果叫声在身后或头顶，那就要更改行程，如果叫声在身前或左边，就能够按原计划出行，并且预示着旅途顺利；大壁虎通常都是在晚上叫，如果在白天叫就预示着有噩运将至，因为古代泰人认为已死去祖先的灵魂附着在大壁虎身上，保护着后人；遇见猫头鹰停在屋顶或院子内，预示着有坏事发生，因为猫头鹰被认为是不吉祥的鸟，通常不会停落在人们生活的住所内；遇见鸟粪落头，有噩运，如果在出门的时候遇到鸟粪落头，赶紧打道回府，或者第二天一大早再出行；如果遇到野生动物进入自己家，认为是不吉祥的事情，因为野生动物会将噩运带到家中，应当点香明烛将它请出去，同时祈求诸神赐福；在梳头时遇见梳子折断，预示噩运将至，必须赶紧将断了的梳子扔掉，不管这个梳子是多少钱买的，不要保留断梳或将断梳拿去修补；遇见仓鸮停在停落在屋顶上，乌鸦在庭院树头上盘旋，蛇爬上房屋，黑猫从亲属的棺木上跳过等，都是不吉利或灾祸即将来临的征兆；遇见蛇从自己面前爬过，壁虎在眼前掉落下来，都是吉利的征兆，预示着有喜事临门。

第四章　宗教信仰

泰国是一个多民族、多宗教的国家。根据宪法规定，泰国公民享有宗教信仰的自由。在泰国众多的宗教信仰中，我们不难发现佛教、伊斯兰教、基督教、婆罗门教（印度教）、锡克教等多种宗教信仰的身影。宗教在这个国度已经融入了社会的条条脉络，在将社会各部分连接的同时又赋予了泰国社会独特的宗教基因，信仰的气息自内而外生发开来，最终化为国家形象的组成部分。

如果说要给泰国冠以宗教上的别称，恐怕我们想不出有比"黄袍佛国"更恰当的称谓了。泰国的宗教构成总体上呈现出"一大多小"的格局，而佛教，确切的说是上座部佛教（即小乘佛教、南传佛教），便是其中"一大"。据泰国内政部统计办公室2010年的统计数据，在泰国当时6 590多万人口中，信奉佛教的人数高达6 150多万，约占总人口的93.4%。其余的"多小"，则包含了伊斯兰教（340多万，约5.2%）、基督教、婆罗门教（印度教）、锡克教等等。这些宗教共同构成了泰国文化中多元共融的宗教信仰体系，在社会中发挥着中流砥柱的作用，同时也是维系社会成员和各组成部分关系的桥梁与纽带。

第一节　佛教

在这个被誉为"黄袍佛国"的国度，51万多平方千米的土地上散布着3万多座佛教庙宇，30多万僧侣践行着佛陀的训诫，成为了泰国社会独特的一个社会阶层，而站在他们身后的，是占全国6 590万人口中93.4%的信徒。佛教在泰国，与其称之为一门主体宗教、一种历史遗产，毋宁言其为一种民族认同、一个文化体系。以上座部佛教教义与实践为中心的泰国佛教，其文化上的影响力广延至日常生活诸多方面和社会架构诸多领域（政治、经济、权力、文化、道德、意识形态、社会风俗、建筑艺术……），并且与诸多文化要素之间保持着复杂与动态的关联。早在素可泰王朝建立之前，佛教便已然传入了泰国这片土地。然而泰国佛教远不止是佛经上的铅字，亦或神龛中的佛像。在上千年来的发展历程中，佛教在泰国已经走出了庙宇，在融入到社会生活中的同时还吸收、融合了婆罗门教、鬼神崇拜、祖先崇拜以及明清以后泰国华人中流行的汉传佛教等文化因素，与社会和时代的发展做到了同步。

在这节中，我们首先将从宗教传播和发展的角度来描述佛教在泰国从无到有、由简入繁的发展历程，然后将从文化的视角出发，描绘出一卷泰国社会和文化的佛教图景。

一、佛教的传入和发展

对于泰国甚至是整个东南亚地区来说，真正称得上本土的宗教信仰的也许只有原始信仰和自然崇拜。当今泰国社会的主要宗教严格意义上来说都属于外来宗教，佛教也不例外。然而在古代社会，一门宗教的传播首先面临的制约因素便是地理阻隔。从地图上看我们不难发现，东南亚处于印度文明和中华文明这世界两大古文明中间，在文化上和宗教上受到这两大文明的影响从某种意义上来说似乎是必然的，特别是作为婆罗门教和佛教发源地的印度文明对泰国的影响更为显著。

早在1238年泰人建立素可泰王朝之前，佛教便已经在泰国的土地上留下了清晰的足迹。关于佛教到底于何时传入泰国，学术界和考古界莫衷一是，并没有一个十分明确和统一的答案。然而一门宗教的传播和发展往往不是简单意义上僧侣（传教士）与信徒之间传教和接受的个体间过程，凡是能够成为一个民族、一个国家主导信仰的宗教，在其发展的过程中必定要获得统治阶层的扶持；反过来宗教信仰也为政治统治的合法性和合理性提供解释和证明。二者形成的这种"合作"关系在任何一门宗教的发展历史上来说都可以称得上是一个重要的分水岭。在宗教与政治相结合之前，宗教的发展往往或多或少呈现出自发性的特点；而在二者结合之后，宗教的传播和发展无论从质上还是量上看，都会有一个大的飞跃。

因此我们回溯泰国国家和佛教的历史便会发现，1238年泰人建立素可泰王朝便是佛教在泰国传播和发展过程中的分水岭。在素可泰建立之前，佛教在泰国的传播总体上呈现出自发性和无核心性，由于没有一个统一而强大的泰人政权存在，佛教在泰国的发展没有获得统一政权的首肯和支持。而在素可泰成立之后，从素可泰开始历代泰国统治者都采取了扶持佛教发展的政策，佛教的传播和发展由此迈上了一个崭新的台阶，在这一时期，佛教传播有序、快速，其主体性得到了充分的发扬。

（一）素可泰王朝之前的佛教传播与发展

素可泰王朝建立之前，整个泰国境内甚至包括中南半岛地区常常出现几个王朝各据一方的割据局面。不同民族、不同国家之间势力的兴衰和领土的争夺，在给人类社会带来悲苦的同时不可否认地在客观上提供了一些民族融合以及宗教、文化交流的机会。在这个漫长的时期，泰国境内先后出现过多股来自外部的强大势力。与这些外部势力一并到来的，是地区性大国的宗教和文化。大乘佛教、上座部佛教、婆罗门教都在先后不长的时期内进入了泰国这片土地，泰国一度出现了多种宗教同时并存的局面。

就这一时期的佛教来说，现今学术界普遍接受的观点认为，据斯里兰卡（古称锡兰）《大史》记载，早在公元前3世纪，印度孔雀王朝的阿育王就曾经派遣须那和郁多罗二位长老前往金地弘扬佛法。对于金地确切在哪个地方，泰国、缅甸、柬埔寨等国的历史学家和考古学家颇有争论。泰国著名历史学家丹隆亲王考证认为，当时金地的领域包括了当今泰国版图的大部分，而金地的中心或者都城，实际上就是今天泰国的佛统，印度两位长老就是经由缅甸沿泰国的北碧府进入泰国，到达泰国中部的佛统地区。[①]这也是有关佛教传入泰国境内最早的记载。

3世纪，强大起来的吉蔑族（高棉族）国家——扶南开始对外扩张，成为了东南亚最早的政治中心，其势力一度扩展到中南半岛中南部，也就是现今泰国的中部和南部地区。扶南古国信奉婆罗门教和大乘佛教，这就使得大乘佛教和婆罗门教在泰国境内在一定程度上得以传播。在泰国东北的呵叻府、西部的碧武里府、南部的陶公府出土的这一时期的佛像，也从考古学上证明了在该时期佛教已经传入泰国的论点。

到了6世纪左右，堕罗钵底国成为了另一个影响泰国地区的外部势力。堕罗钵底国是由来自湄公河流域的孟族人建立的国家。随着孟族人的势力不断扩张，其势力范围从湄公河流域扩展到了湄南河流域，他们建立了自己的孟族国家，建都于现在的佛统，史称堕罗钵底国。和扶南王国不同，堕罗钵底国继承了金地的上座部佛教信仰。但同时，来自印度的文化和宗教影响也得到了堕罗钵底国的欢迎。在这一时期，上座部佛教也从泰国的南部地区传到了北部。

在堕罗钵底国国力日渐衰落的时候，另外一个由吉蔑族（高棉族）建立的国

---

① 净海：《南传佛教史》，北京：宗教文化出版社，2002年版，第194页。

家却在壮大。9世纪初，真腊帝国建立，因其建都吴哥，因此又被称为吴哥王朝（即后来柬埔寨王国的前身）。在吴哥王朝国力强盛的时期，吴哥军队四处征伐，多次入侵现今泰国境内地区以及位于现今越南境内的占婆地区。和吴哥王朝势力一起进入泰国的便是吴哥的宗教文化——婆罗门教和大乘佛教。

而在海岛东南亚地区，位于苏门答腊岛上的室利佛逝王朝信奉大乘佛教，并在8世纪时将其势力范围扩展到了泰国南部的北大年和素叻地区。随后在10世纪至13世纪，真腊自苏利耶跋摩一世以后，势力伸入了泰境各地，成立了多个统治城郡，其中尤以罗斛最为重要，在泰国历史上被称为"罗斛王朝"或"柬埔寨统治时期的罗斛国"。[①]罗斛国在泰国宗教历史版图上留下的是大乘佛教的色彩，这种色彩是从扶南王国继承而来的。

当我们把目光转而投向泰国西部的时候，历史上还有一个强盛的王朝值得我们注意，那就是缅甸的蒲甘王朝。11世纪，蒲甘王朝在缅甸建立之后，孟族的上座部高僧受邀前往蒲甘推行佛教改革，推崇上座部佛教。缅甸遂变成为发扬上座部佛教的重地。随着蒲甘王朝的势力发展到泰国北部的兰那国，以至逐渐到达孟族人的中心地堕罗钵底之后，泰国的佛教发展也深受缅甸蒲甘文化的影响。当时泰国北部的佛教建筑等都富有缅甸佛教的特征，因此泰国历史学家认为，当时泰国的佛教是"蒲甘式的佛教"。[②]当然这还不能说明在这一时期上座部佛教已经成为泰国境内的主要宗教信仰。在素可泰以南的地区，由于还处于吴哥王朝的控制，因此大乘佛教比较盛行，这和泰国北部是不一样的。

此外，除了从时间和地缘角度来看待佛教在泰国的传入以外，我们还可以从佛教及其教派本身来看待佛教的传入。从整个泰国佛教传播过程中我们大概可以抽取出以下四个阶段：(1)上座部佛教即小乘佛教的传入。这一阶段指阿育王派往金地传教的僧侣以及堕罗钵底国时期；(2)大乘佛教的传入。大乘佛教在泰国的传播从时间上和来源上可以分为两支，即来自柬埔寨的吴哥、罗斛国和来自苏门答腊岛的室利佛逝国；(3)蒲甘佛教的传入。这一阶段的关键词是缅甸的蒲甘王朝以及上座部佛教；(4)斯里兰卡佛教的传入。在这一阶段，既有来自斯里兰卡的僧侣到泰国境内传播上座部佛教，也有泰国僧侣前往斯里兰卡研习佛法。

从上述泰国境内宗教传播的历史我们发现，在素可泰王朝建立之前由于缺少

---

① 净海：《南传佛教史》，北京：宗教文化出版社，2002年版，第199页。

② 净海：《南传佛教史》，北京：宗教文化出版社，2002年版，第201页。

统一王朝统治,泰国佛教的传播往往是比较多样化的,其中既有上座部佛教(小乘佛教),也有大乘佛教,此外还经常有婆罗门教以及佛教的其他各个教派在泰国竞相传播和发展。这种多样性、无核心性的佛教传播归根结底是因为泰族人还没有建立一个属于自己的独立统一的国家。历史上多次被其他文明所统治决定了没有哪一种宗教或者教派在泰国境内能够得到持久稳定的传播和发展。这种状况一直持续到了1238年素可泰王国的建立,届时佛教在泰国才真正得到统一,上座部佛教在泰国的地位也才得以确立。

(二)素可泰王朝之后的佛教传播与发展

严格意义上来说,泰国的信史是从素可泰王朝开始的。而在泰人建立了统一的国家并且强大之后,佛教,特别是上座部佛教,才走上了快速发展的道路。在这条道路上,扶持佛教不断发展壮大的是统治阶层。这种来自社会上层的支持也是使得这一时期的佛教进入到有序和主体传播的关键原因之一。

1.素可泰王朝时期(1238—1438年)

11—12世纪,泰国地区仍然处在部族、部落国家割据分立的状态之中。北部有泰族建立的清盛国、帕耀国和孟族的哈利奔猜国,中部有罗斛人的罗斛国,但这些部落式国家以及其他城邦都处在吴哥王朝的统治之下。随着吴哥王朝势力的衰弱,1238年原隶属于吴哥的泰族首领邦克朗刀联合另一位泰族首领帕孟,攻克了素可泰城,建立了以泰族为主体的素可泰王国。

建立初期的素可泰王国,国土尚很狭小,除素可泰城外,仅占领有彭世洛,其他的广袤土地还在吉蔑人统治中。那时的素可泰,大小乘佛教并存,婆罗门教也有一定的市场。此外,在当时的社会人们普遍信仰鬼神,认为鬼神能主宰人的幸福,保佑国家和百姓。至于素可泰王朝初期佛教信仰的情形,则是上座部佛教和大乘佛教兼有弘扬,即吉蔑人统治的地区,多数信仰大乘佛教(可能是密宗)。在泰北的昌莱、清迈、南邦等地,因先受缅甸蒲甘佛教的影响,信仰蒲甘传入的上座部佛教,而泰南六坤,佛教则从斯里兰卡传入。这里的斯里兰卡佛教先传入缅甸南部孟族,然后再传入泰南六坤。本来六坤人民,原先也是信仰蒲甘上座部佛教,但自从斯里兰卡僧团来到以后,人民就转而信仰斯里兰卡上座部佛教了。[①]

我们会发现在素可泰初期,上座部佛教分为了蒲甘佛教和斯里兰卡佛教。在

─────────────────────

① 净海:《南传佛教史》,北京:宗教文化出版社,2002年版,第205页。

这二者之中，斯里兰卡上座部佛教是泰国最为重要的佛教派别，也是今天泰国佛教的直接来源。事实上据史料记载，在素可泰王朝建立之前的11世纪初期，斯里兰卡上座部佛教就已经进入泰国境内。至12世纪中期，斯里兰卡波洛罗摩婆诃一世，热心振兴斯里兰卡衰微已久的佛教，改革僧团。这吸引来自缅甸和泰国的僧侣纷纷前往斯里兰卡学法取经，在斯里兰卡重新受比丘戒。他们学成之后携带多部经文，并邀请斯里兰卡高僧一同归国，传授戒律。

然而斯里兰卡上座部佛教在泰国真正的发扬光大是在素可泰时期。素可泰王朝的第三位君王兰甘亨是泰国历史上最为著名和重要的君主之一，中国《元史》称他为"敢木丁"。他继位后大力开拓疆土，兼并了许多邻近邦国，使素可泰一跃而成为湄公河域的强大国家。国土北至现在老挝的琅勃拉邦，东达湄公河，南至马来半岛六坤，西收孟族在自己势力范围之内。兰甘亨不仅重视政治和军事发展，还积极振兴文化教育，在国内大力提倡佛教，特别是来自斯里兰卡的上座部佛教。对于泰国文化来说，兰甘亨最为重要的一项贡献在于泰文的创立，这直接推动了泰国文化的传承和发展。

至于对佛教的发扬，兰甘亨特别提倡斯里兰卡佛教。他在征服泰南六坤后（那里已有斯里兰卡佛教），看到斯里兰卡僧团戒德庄严，精研三藏，优于其他各派僧团，所以对其特别尊重敬仰。兰甘亨便邀请六坤的斯里兰卡僧团至素可泰弘扬佛教。同时，兰甘亨还积极与印度和斯里兰卡交好，输入印度文化和斯里兰卡上座部佛教，派专人远赴斯里兰卡请来上座部高僧和斯里兰卡僧团前来素可泰弘扬佛法，并派出官员出使斯里兰卡，引进巴利文《三藏经》。斯里兰卡僧团抵达素可泰后，国王大兴土木，修建寺院佛塔，供养僧侣。因为斯里兰卡僧团的比丘们喜欢住在山林静处，适于修行佛道，兰甘亨特敕令在城外建阿兰若寺供养。有碑文为证，"……在素可泰城西，兰甘亨造阿兰若寺（今石桥寺），供养一位有智能深通三藏的僧王，他自六坤迎来，德学优于此城僧众。"国王每半月之黑分和白分（相当我国农历之月半及月末），都惯常前往阿兰若寺，听僧说法和受持斋戒，或与僧人讨论佛法及法务。兰甘亨石碑在叙述当时素可泰人民信仰佛教的情形时说，"……素可泰人，常布施，常持戒，常供养；素可泰王兰甘亨，及一切大臣、人民，不论男女，都信仰佛教。安居期间每人持戒；出安居后一月中，举行功德衣供养。"[1]

在素可泰王朝，除了兰甘亨之外，还有一位国君在佛教的传播和发展上做出了极大的贡献，即第五代君主立泰王。立泰王不但是贤明的政治家，也是伟大的学者及虔诚的佛教徒，精通佛学和哲学。他著有一部《三界经》（又称《三界论》），引用多种经论、注释书及30余部其他典籍，论及众生因果善恶业而招感三界的苦乐，及上至天上、人间、下至三途之苦。这部《三界经》已成为泰文古典文学名著。此外，立泰王精通巴利文和《三藏经》，热心发扬佛教，在国内各地兴建寺庙和佛塔，铸造佛像。他曾邀请斯里兰卡高僧到素可泰传法，整理并改革素可泰的佛教。值得一提的是，1362年，立泰王特别礼请斯里兰卡的僧伽领袖，为自己传戒剃度，在芒果林寺舍身出家，过了一段出家修行的生活。这是泰国历史上第一位在位的君王出家为僧。此举对人民起了示范的作用，直至今日，泰族男性还保留着一生中至少一次短期出家，接受佛教道德熏陶的传统。

由于得到了统治者的大力扶持，上座部佛教在素可泰快速传播和发展，信徒和僧侣的数量日渐增多。出于自身发展和管理的需要，佛教的僧团管理制度开始出现。在素可泰时期，国家已经开始对僧团进行制度化管理，将僧团分为左右二首，左首僧团是从斯里兰卡传过来的上座部佛教，右首僧团是原有的教派；也有说法认为左右二首之分是聚落住者及阿兰若住者之分。素可泰时期设有"僧爵"来掌管僧团事务，僧爵最高位者即"僧王"，由国王任命。根据兰甘亨石碑的记载，素可泰"有僧王，有僧伽尊长，有大长老及上座"。而泰国丹隆亲王则认为其中提及的僧王可能是最高的僧职，僧伽尊长是低于僧王以下的职位；至于碑文中的大长老及上座……不是国王加封的僧爵。[2]

对于素可泰时期的佛教来说，最重要的一项任务便是"兰卡化"。统治者大力扶持上座部佛教的发展，不仅是出于统一泰族人思想、谋求泰民族社会和文化独立的需要，还包含着稳固统治根基的考量。素可泰国内佛教开始出现"小乘兴盛，大乘式微"的态势，并最终成功实现了"兰卡化"。

2.阿瑜陀耶王朝时期（1350—1767年）

阿瑜陀耶王朝亦称大城王朝，是泰国历史上第二个王朝，但和之前的素可泰之间不存在线性的继承关系，实际上二者在一段时期内是并存的两个泰人政权国

① 净海：《南传佛教史》，北京：宗教文化出版社，2002年版，第206页。
② 净海：《南传佛教史》，北京：宗教文化出版社，2002年版，第211页。

家。1350年，以乌通王为首的南方泰人政权阿瑜陀耶正式建立。从地理上和历史沿袭上来说，阿瑜陀耶所处之处在历史上是堕罗钵底、室利佛逝、罗斛国的势力范围，这也印证了在阿瑜陀耶王朝建国初期大部分人信仰佛教这一论点。在建国之后，阿瑜陀耶同样把上座部佛教的发展提到了国家层面上，佛教进入了快速发展时期。

1361年，乌通王进行佛教改革，派遣使节到斯里兰卡迎来该国僧人，整顿僧伽组织。此后的历任国君都以扶持佛教的发展为己任，大量兴建佛寺，修筑佛像，以及扩建原有的佛殿与佛塔。

在阿瑜陀耶王朝的历任国君之中，值得一提的是戴莱洛伽纳国王。他在位时励精图治，对阿瑜陀耶的军事、文化都进行了改革，将各地方行政权收回，代之以中央集权制。戴莱洛伽纳国王同时也是虔诚的佛教徒，他将以前王宫改为佛寺，定名最胜遍知寺，成为当时阿瑜陀耶最重要、最富丽的佛寺，另在河岸之地建造新王宫。此外，戴莱洛伽纳还编写了泰国文学史上第一部《佛本生经》故事，叙述菩萨行布施波罗密的故事，现在被泰国教育部选为中学课文。在国王的敕令下，阿瑜陀耶城和彭世洛城都建造了大量的佛寺，佛教得到了空前的发展。

然而16世纪中叶，阿瑜陀耶西面的缅甸东吁王国日渐强盛，从1549年开始发兵大举进攻阿瑜陀耶，并与1569年征服了阿瑜陀耶。此后的15年间，阿瑜陀耶沦为了缅甸的附属国。在这段时期，阿瑜陀耶的佛教由于没有了强有力的国家保护，其发展和延续受到了极大的打击。虽然缅甸东吁王朝同样信奉的是上座部佛教，但在占领阿瑜陀耶期间，缅军将阿瑜陀耶城几乎完全摧毁，掳走了大量的百姓和僧侣，佛寺和佛教经典也遭到了毁灭。这对于佛教发展的延续性来说是打击沉重的。

1584年，阿瑜陀耶王朝另一位值得称道的国王——纳黎萱，击败了来犯的缅军，带领阿瑜陀耶王朝挣脱了缅甸的统治，重新建立起独立自主的国家。在这之后，阿瑜陀耶的佛教发展又得以走上正轨。值得一提的是在此后纳莱王在位时期，据法国人节拉鲁比亚所著的《暹罗国志》记载，阿瑜陀耶佛教的出家人，有举行佛学考试。虽有泰国学者认为佛学考试之事，可能自素可泰时期就流传下来，但《暹罗国志》记载确为首次提到。此外在16世纪以后，由于葡萄牙等殖民国家的入侵，斯里兰卡佛教衰微，僧团戒法断传，使得佛教趋于灭绝。1750年，斯里兰卡遣使至泰国阿瑜陀耶，礼请泰国僧团前往斯里兰卡传授戒法。泰国遂派出以著名法师悟巴利为首的24名高僧前往斯里兰卡，为斯里兰卡上座部佛教传授比丘戒，帮助复兴了斯里兰卡的僧伽系统。这一在斯里兰卡的派别此后迅速发展，被称为"暹罗宗"（也被称为优离婆派），发展至今已经成为了斯里兰卡僧人最多的一个宗派。

然而阿瑜陀耶国力却日渐式微，1767年4月，在缅军的炮火猛轰下，终至城破国亡。阿瑜陀耶城被夷为废墟，所有王宫佛寺、民间房屋，多半被火烧毁。泰国历代所存文献典籍，都付诸一炬，无数财物珍宝都被掠走。有3万多泰人被掳走为奴，其中包括一些王子和僧人。佛教发展又一次遭受到了沉重的打击。

3.吞武里王朝时期（1767—1782年）

吞武里王朝是泰国存续时间最短的一个王朝，只存在了15年，历史上对这一王朝的评价大多停留在承上启下的过渡作用。吞武里时间虽短，但佛教的发展却没有停滞。

吞武里王朝的建立者郑信，祖籍广东澄海，在泰缅交战中带领泰国人民打败缅军，光复国土，建立了吞武里王朝。郑信王本身便是一名虔诚的佛教徒，他7岁时入哥萨瓦寺师从高僧通迪读书；13岁依泰国风俗入三毗诃罗寺出家为沙弥，攻读佛学及巴利文。佛教徒的成长经历使得郑信在执政期间大力推行佛教变得顺理成章。在郑信王的支持和命令下，黎明寺得以修复，并加以扩充作为皇宫内部的皇家佛寺，不住僧众。此外，郑信还下令让在阿瑜陀耶陷落期间奔赴各处逃难流亡的僧人回归到原来的佛寺中，并给予各种协助。郑信还聘请有德学的高僧来吞武里王都安住，册封僧爵及职务，推行弘法工作，淘汰不良的出家僧众，鼓励优秀的僧人；协助搜集于战争中散失的三藏及各种典籍，如有缺失不全的，就向柬埔寨等国抄写补全。[①]在北征时，吞武里王朝还获得了一座玉佛，迎回吞武里王宫内供奉，现供奉于曼谷的玉佛寺内。

在整个吞武里王朝时期，佛教得到了很大程度上的休养生息和恢复发展。吞武里王朝在泰国佛教发展历史上起到的过渡作用和其在政治、文化上的作用是相类似的。可以说吞武里时期的佛教发展为之后曼谷王朝时期佛教在泰国的繁荣打下了很好的基础。

---

① 净海：《南传佛教史》，北京：宗教文化出版社，2002年版，第227页。

4.曼谷王朝时期（1782年至今）

1782年，原郑信手下将领却克里趁吞武里发生叛乱之际，夺取了王位，铲除了郑信及其势力，随后下令迁都湄南河对岸的曼谷，自此曼谷王朝建立。曼谷王朝建国之后在很多方面都继承了阿瑜陀耶和吞武里王朝，在佛教上也不例外。在曼谷王朝时期，泰国进入了一个较为稳定和繁荣的阶段，政治上的稳定和经济上的进步促使了包括宗教在内的文化大发展。也正是在这一时期，佛教从规模上和影响力上都占据了泰国社会和文化的制高点。

曼谷王朝拉玛一世登上王位之后，出于维护国家统治和社会稳定的需要，开始大力扶持佛教在泰国的发展。这一政策也被之后曼谷王朝的每一位国王所继承。在拉玛一世在位期间，他敕令修建和修复在累年战争中受损的佛寺，在王宫内建筑玉佛寺供奉玉佛，又下令修建其他13座佛寺，如著名的菩提寺（原名古寺）等；敕令收集古代的佛像并将其供奉于新建或新修复的佛寺里，或赐给一些佛寺供奉。在佛教典籍整理上，拉玛一世邀请并组织长老、比丘和居士整理《三藏经》，编印其他藏经及注释，分送各地佛寺，供比丘们研读，研究佛法之风开始盛行；他还主持修订了泰国的法典，使国家的法典符合三藏精神，把国家的政法和佛教教义及戒律结合成为有机的整体。在佛教的组织建设上，在拉玛一世时期，国王公布了约10份敕令，保护和改革僧团，设立宗教事务部，把佛教僧团的活动置于中央政权的管辖之下。

之后在拉玛二世期间，巴利文被规定为佛教用语，巴利文佛法教育也获得了相应改革，巴利语的九级等级考试制度得以确立；泰国佛教还选派了7位比丘前往斯里兰卡宣教。

拉玛三世在位时，下令各地修建多所佛寺和佛塔，搜集丰富的史诗壁画和古代佛教艺术，将其重新刻画嵌在佛殿、亭台的廊壁上，其中还包括文字、医术及各种技艺等，供人民观赏和研究。为了让佛法得以弘扬和传播，他谕令高僧和学者，翻译《三藏经》及特别论典为泰语。在拉玛三世在位期间，佛教最重要的一件事是1829年"法宗派"的创立，创立者为国王的弟弟即后来的拉玛四世。而原有的多数僧团则被称为"大宗派"，这种法宗派和大宗派的佛教派别二分法一直延续到了现今泰国社会。

法宗派提倡严格的佛律，崇奉巴利文《三藏经》和坚持斯里兰卡上座部佛教的传统，在戒律上较大宗派严且多，在管理上也较细，故而自称为"符合佛法的部派"。法宗派在泰国主要流行于以王室成员和贵族为首的贵族阶级信徒中，僧侣也以王室贵族为主。在泰国3万余座寺庙中，法宗派的寺庙数量较少，但是多为国寺，在影响力上占据优势，并且法宗派的僧侣掌握了上层僧伽的领导权，成员又多是王室贵族，因此在国民中享有很高的威望。

与法宗派不同，泰国佛教的大宗派则要显得更加亲民。大宗派主要流行于广大民间的信徒中，其延续于泰国早期的上座部佛教，为泰国佛教历史最久的宗派。大宗派在数量上占据优势，僧侣数量众多，有深厚的群众基础。目前泰国国内90%左右的佛寺都属于大宗派，其在普通百姓中拥有十分广泛的影响力，是泰国上座部佛教在民间传播和发展的中坚力量。

拉玛四世在登基前曾为比丘27年，潜心修行佛法，深入研究三藏和各种注释，精通梵语和巴利语，佛教造诣高。他在登基前就领导创立了前述的"法宗派"，主张严格戒律。即位后拉玛四世继续关心佛教改革，制订多种管理佛教僧团规约，劝令僧人严格遵守戒律，加强僧伽教育。他对法宗派尤为热心护持，在曼谷及其他重要城市，兴建了多所佛寺供养法宗派。在四世王期间，泰国僧团继续被派往斯里兰卡与当地佛教徒交流和联络，法宗派也传入到了柬埔寨境内。

到了拉玛五世也就是泰国历史上著名的朱拉隆功大帝期间，国王领导编修巴利文《三藏经》，将原来的古柬埔寨文字改为泰文字母，至1893年完成，并刊印1 000部赠送多个国家。在拉玛五世的带领下，1890年，在曼谷大舍利寺内成立"大舍利寺学院"，为大宗派高级巴利语研究中心；1893年，又在母旺尼域寺内成立"皇冕学院"，又称"玛哈蒙固佛学院"，为法宗派高级佛学研究中心。这两所学院后来均改为佛教大学。1894年皇冕学院创办《法眼》佛学月刊，并继续出版至今，成为泰国佛教最久的杂志。此外，在1902年，第一部《僧伽法令》颁布，"大僧长会"成立，僧伽管理得以以法律的形式纳入到法制的轨道上来。

之后的拉玛六世是一位政治家及文学家，著有《佛陀觉悟什么？》、《向军人说法》二书；另著有《东方犹太》及《醒吧暹罗》等数种，制订了泰文佛学教育基础教材，成为了短期出家的比丘和沙弥使用的普通佛教教材。

拉玛七世时，僧王室利薄他那领导多位长老会议再次修订改编五世王时期的巴利三藏，使更臻精确完备，然后号召全国人民出资助印，是现在泰国最完备及最新改编的巴利三藏。

到了拉玛八世时期，佛教的发展主要体现在僧伽体制的改革上，这次改革和

1932年之后泰国君主立宪制的建立和民主思想的传播是有一定关系的。1941年，政府颁布了《僧伽法令》，对原有的《僧伽法令》做了修改和补充，按照管理国家的模式来管理僧人。《僧伽法令》规定僧伽组织仿效议会政府三权分立的制度，僧王下设有僧伽议会、僧伽内阁和僧伽法庭。僧王由总理提名、国王批准，但僧伽组织的其他重要职务要由教育部长批准，并且宗教事务任在国家教育部宗教局的直接领导下进行。通过僧伽改革，国家控制了僧伽的活动，使之不能摆脱国王和政府的领导与管理。这些举措为战后的泰国佛教发展奠定了基础。

　　除开佛教组织架构改革，在八世王时期，由政府赞助、僧王帝须提婆领导组织的"巴利三藏全译泰文委员会"在1940年集合二三十位精通巴利语高僧主持巴利三藏的泰文翻译工作。虽然过去在阿瑜陀耶王朝及拉玛三世时，巴利三藏已经翻译了不少，但多数是经藏部分，律藏和论藏部分极少。而且以前的翻译，因时代、文字句法、翻译目的存在不同，所以必须进行补译和修订。泰译工作的资金则专门成立译藏基金会负责向教徒筹措。这项工作一直持续到了拉玛九世时期，到1951年巴利三藏才全译完成，包括律藏13册、经藏42册、论藏25册，合共80册（表示佛陀住世寿命），后为迎接佛历2500年（公历1957年）共出版了2 500部。

　　拉玛九世为现任泰国国王，对佛教一直十分虔诚，从其即位至今，佛教和泰国社会一起经历了巨大的发展和变化。在九世王的护持下，佛寺修建大力推进，属于皇家的佛寺多达数十所，供养了一大批佛教僧侣。国王本人也曾于1956年在母旺尼域寺出家为僧15天，并且每逢佛教庆典和节日，国王及其他王室成员都到佛寺礼佛、斋僧布施，以祈求国运昌盛。此外在佛教教育方面，国王于1946年将成立于五世王时期的"大舍利寺学院"改为朱拉隆功佛教大学；于1947年将"皇冕学院"（又称"玛哈蒙固佛学院"）改为"皇冕佛教大学"（又称"玛哈蒙固佛教大学"）。两所佛教大学所教科目，包括佛学、佛教语文，以及社会各种学科，就读学生限定为比丘和沙弥。佛教大学的设立推动了僧侣层面上的佛教教育发展。

　　1957年，泰国隆重庆祝佛陀涅槃2500周年，在全国掀起了崇佛高潮。泰国政府还在佛统府创建了一座佛教城，并邀请各佛教国家参加在当年5月于曼谷王宫前广场举行的7天7夜庆祝活动。次年即1958年，世界佛教徒联谊会第五届大会在泰国曼谷召开，共有18个国家的188名代表参加。

　　在政府对佛教的支持方面，从1950到1958年间，泰国政府用于宗教活动的资金增长了5.8倍，其中99%以上是用于佛教事业；佛教寺庙也由1950年的

19 074座增至21 385座，上升了12.1%。受教育男性成人佛教徒数量由174万增至464万，增长了24.1%。[①]

在佛教的组织架构及其管理方面，九世王时期佛教的管理等级和组织更加严密。1962年，沙立政府在重新改革僧伽之后颁布了新的《僧伽法令》。新法令实行的动机和目的是："旨在整顿僧伽，以便尽可能使其回归到佛陀在世的形态，并以一切方式尽可能支持这个古已有之的佛教，因为佛教文化已经深深地渗入到国家稳定和民族性格之中了。"新僧伽法取消了僧伽内阁，成立了大长老会议，权力集中在僧王与大长老会议。国家宗教局长担任了大长老会议秘书长，全面监督僧伽最高层的事务活动。各地僧伽组织设地区、府、县和区，但另任命地区监察、府督察等，负责监督僧侣活动。政府教育部有权辅助僧王的任命及对僧伽进行财政补贴。这个法令进一步密切了国家和僧侣界的政治联系，政府可以轻松地指导僧伽的政策和行动，僧伽议会、内阁、法庭的"三权分立"体系实际上受到削弱。新的《僧伽法令》实际上使得泰国佛教在政治化的道路上又向前迈出了一大步，佛教和政治结合得更加紧密了。

1964年和1965年，泰国僧伽相继推出了"传法使计划"和"弘法使计划"，以配合政府的农村发展计划，防止共产主义的活动，抵制非佛教徒的少数民族和穆斯林的反抗，维护国家的稳定。两项活动的基本内容有：选派忠诚于国家和佛教、自愿献身于传教事业的僧人，组成若干个小组到全国各地开展宣教工作，向村民们讲解佛教教理、劝人皈依、乐于布施、热爱正法，强调传统宗教的重要性。[②]经过几年的传法和弘法活动，泰国的佛教有了新的发展，受教人数和佛教徒都有了较快的增长。

近十多年来，泰国亦很热心推动佛教向外国发展。在1956年以前，就有泰国比丘们往马来西亚及新加坡弘法。发展至今，在新加坡、槟城、吉隆坡、怡保等处，已建筑十多所佛寺，而信众多数为华人。1960年，在泰国政府资助下，印度建成一座庄严的"佛陀伽耶泰寺"，常派遣比丘长住弘法。1964年，泰国比丘智成就在伦郭成立了"佛光寺"，派驻比丘轮流长住，演讲佛法及教授止观，经费亦由泰国政府资助。

当前泰国两派佛教的地方组织划分为四大区域，大上座为区域首长，区域下

① 黄夏年：《现代泰国佛教的活动及思潮》，载《东南亚纵横》，1992年第4期，第47页。
② 黄夏年：《现代泰国佛教的活动及思潮》，载《东南亚纵横》，1992年第4期，第48页。

设18个教区，每个教区域管辖3～4个府。僧王是佛教最高的领导者，其僧爵由国王御封，僧王为僧伽界最高领导人，终身职位。下设两个机构：一是高僧委员会，是僧王的咨询机构，由以僧王为首的14位高僧组成；二是僧侣内阁，是僧王的事务机构，内阁总理由僧王担任。在泰国，佛寺是佛教的基层组织，由住持管理。教育部宗教厅则是国家和宗教之间联系和协调的中间机构，宗教厅厅长兼任高僧委员会秘书长。此外，全国还有100多个佛教协会和团体，泰国佛教总会是其领导机构。

随着上座部佛教在泰国发展至今，佛教尤其是上座部佛教已经成为了泰国社会最主要的宗教信仰，在泰国社会享有至高无上的地位。这种地位在泰国社会中的方方面面都有所体现，构成了泰国国家形象中的主要色调。在泰国，法律并没有规定佛教是泰国的国教，然而佛教，特别是上座部佛教在泰国却享有事实上的国教地位。例如泰国宪法规定国王必须是佛教徒，有扶持佛教发展的义务；国旗中白、红、蓝三色中的白色即代表着佛教，体现出泰国"宗教—国王—国家"三位一体，不可分离；泰国社会中更为广泛使用的是佛历纪年而非公历；泰国男性至今还保留着一生中至少出家一次的传统习俗。在每日清晨的泰国街头，我们不难发现化缘的僧侣和斋僧的民众。僧侣在这个国家享有很高的社会地位，在一般人需要跪着与国王说话，保持肃静肃立的时候，僧侣却可以与国王并坐。佛教在泰国社会的地位和重要性可见一斑。

纵观整个佛教（上座部佛教）在泰国的发展历史我们可以发现，作为泰国最主要的宗教信仰，上座部佛教或者说小乘佛教在泰国的传播和发展在一定程度上来说是一个佛教不断兰卡化、政治化、大众化的过程。

首先在兰卡化上，泰国佛教自从素可泰时期开始就确立了斯里兰卡上座部佛教为主的发展路径。不管是从教义上、戒律上，还是从佛教的来源和传播上，斯里兰卡都是泰国佛教绕不开的关键词之一。通过迎请斯里兰卡高僧前来传教、派出泰国僧侣远赴斯里兰卡取经以及加强两国之间佛教交流等方式，泰国佛教在发展过程中彻底完成了兰卡化的任务，成为了斯里兰卡上座部佛教的代表。

其次是政治化。自从素可泰王朝被统治者选定扶持开始，上座部佛教就开始了其在泰国社会中发展的政治化进程。这种政治化既有统治阶级出于政治统治的原因，也和佛教在泰国发展的主客观需求有关，最终成为了泰国佛教发展的主要内容之一。在泰国，佛教的政治化主要体现在佛教组织的政治化和佛教功能的政治化两个方面。在佛教组织上，自从素可泰时期设立左右两首僧团加强僧团管控开始，直至1941年、1962年两次较为重要的僧伽体制改革，泰国佛教的僧伽组织架构愈发制度化和等级化，僧伽的管理、结构和现代政府的官僚体系之间相似度和趋同性不断增加。其次在佛教的功能上，佛教在古代泰国首先通过对王权的神化为统治者的执政合法性提供了依据，宣传"君权神授"、"君神合一"等思想，反之从统治阶层获得了物质上和制度上的发展扶持。此外，佛教在泰国还承担了不少世俗政治任务，其中包括民族主义的培育、对共产主义思潮的抵制以及乡村发展计划的开展等等。可以说，佛教虽然是一门宗教信仰，但在泰国佛教和政治联合发挥的政治性、社会性作用却是显而易见的。

再次是大众化。当我们在讨论泰国佛教的大众化时，实际上我们谈论的是佛教在泰国的群众基础和普及程度。所谓大众化的核心，其实就是佛教在泰国人民中的被接受程度。在现今泰国，全国人口的93.4%都是佛教徒，比例上的绝对优势使得上座部佛教成为了泰国实际意义上的国教。现在庞大的信徒数量和遍布全国的佛教寺庙、佛教信徒分布，可以说是佛教在泰国不断大众化的结果。

（三）大乘佛教在泰国的发展状况

在上文有关泰国佛教的讨论中，"佛教"一词在大部分情况下是狭义上的泰国佛教，即斯里兰卡上座部佛教或者称为小乘佛教。然而广义上"佛教"的另一个重要分支——大乘佛教，在泰国的传入和发展也是值得我们予以关注的。

在上文中我们提到，在佛教在泰国的无序传播时期（客体传播时期），泰国境内的宗教传播和发展状况呈现出大乘佛教、上座部佛教、婆罗门教并存的状况。大乘佛教在泰国传入和发展先后和东南亚地区的扶南、吴哥、室利佛逝、罗斛等古国相联系，传入的历史并不短。然而在1238年素可泰建国之后，上座部佛教得到统治者扶持，大乘佛教逐渐式微乃至退出舞台。但是泰国本土的大乘佛教到今天为止仍然在一些形式上和观念上得以体现。例如愿生佛土观念和有些不包括在巴利三藏内的经典，如《福德轮经》、《三藏顶经》等，宣扬信徒仅念诵或书写经典就可获得功德，这些都是大乘佛教遗留下来的观念。

此外，大乘佛教在泰国还有另一种来源和传承，那就是随近代越南和中国佛教徒传入。由于地理上的邻近和贸易上的驱使，特别是在吞武里王朝之后，来自越南和中国的移民数量逐渐增多。他们带来的不仅有商品和手工技艺，还有身上的文化和宗教基因。随着人数的增加，宗教上的需求催生了大乘佛教越寺、华寺在泰国的出现。至拉玛五世时，中国南粤和尚续行来到泰国，集资在曼谷建永福寺，后又修甘露寺。之后随着华僧数量增加，又兴建龙莲寺，并成为全泰最大华寺。龙莲寺开光之日，拉玛五世赐该寺泰名，并敕封续行比丘为"华僧尊长"，又封其他二华僧为左、右二尊长。在曼谷的华侨佛教徒，成立了很多佛教社，宣扬大乘佛法，其中重要的有中华佛学研究社和龙华佛教社。

　　然而，华人、越人的大乘佛教在泰国的弘扬、信徒人数和影响力，主要还是在华、越人本身的范围内，泰人信仰大乘佛法的极少。

　　不过在当今泰国，有一支大乘佛教的信仰在近年来逐渐兴起值得我们关注，那就是观世音崇拜。

　　观世音崇拜是随着华人一起传到泰国的，现阶段的观世音崇拜仍然保有浓厚的汉文化色彩。然而近几年在泰国社会，越来越多的非华人开始信仰观世音崇拜。这些信徒有一个很大的特点即基本都是来自城市的中产阶级，观世音崇拜在泰国乡村则基本找不到踪迹。究其原因，在于观世音崇拜能够满足的是城市居民的信仰需求。针对现实生活的新需求，观世音崇拜突破了小乘佛教只为来世积德，指望下辈子生活得更好的思想，在为来世积德的基础上做出了创新，提出面对现实生活的"德行基础"构想。声称只要信徒经常对观音菩萨诚心诚意地祈祷念经，参与各种宗教活动，多做善事，其"德行基础"就会越来越牢固，所面临的困难会因此而减少，现实生活将得到改善，不需要等到下一辈子才会有收获。[①]这种观念直接迎合了现代社会中城市居民对生活的美好向往，得到了广大信徒的响应。

　　当然，观世音崇拜在泰国的兴起并不代表上座部佛教的式微，恰恰相反，观世音崇拜的发展是以其对上座部佛教理论及佛教机构的适应为前提的。观世音崇拜与上座部佛教一样，提倡个人依靠自己所积存的德行和修行解除个人的痛苦，获得觉悟和解放，其僧人在讲解佛法时讲法的语言与内容也与上座部佛教大同小异。这就表明这种崇拜没有反对上座部佛教的教义，甚至随时表明其与上座部佛教之间不存在任何冲突。这也是华人宗教进入主流文化并与泰人宗教文化融为一体的表现。

---

① 华思文：《简述泰国观世音崇拜的兴起》，载《思想战线》，1997年第2期，第85页。

二、佛教与泰国社会与文化

泰国的佛教严格意义上说属于斯里兰卡的上座部佛教，但在几百年来的发展演化以及本土化过程中，上座部佛教在泰国也混杂了大乘佛教、婆罗门教、泰国本土原始崇拜、鬼神信仰以及华人带去的儒教、道教等因素，成为了一门在保有上座部佛教特点的同时兼有其他宗教因素的佛教。在这里，佛教渗入了社会生活和人们思想的方方面面，对泰国社会各方面的影响可谓广泛而深远且无可取代。这种影响力不仅是以寺庙、佛像和香烛等实体方式存在，而更为重要的是佛教经过千百年的发展已然融入到了泰国文化的骨髓中，成为了泰国人文化基因的一部分。无论是国家的统治思想还是社会的道德规范，无论是重大的国事礼仪还是街头巷尾的百姓生活，都体现着佛学的哲理。佛学思想成为了泰国文化体系的中轴和理解泰国文化的注脚。

（一）作为文化体系的佛教

我们在研究泰国佛教对泰国社会文化的影响时，往往抱着一种教义中心论的思维定式，专注于探究佛教给文化带来的变化和影响，却常常忽视了佛教作为一门宗教信仰本身在泰国就是一种文化体系。这种佛教文化体系融入到了泰人的日常生活中，同时又构成了整个泰国文化体系的龙骨。我们认为在看待泰国佛教对社会和文化的影响时，必不可少地需要从宏观的角度来理解泰国的佛教。这种文化体系的理解视角也是对泰国佛教全面理解的必要补充。

传统的泰国佛教认知多数集中在"教义佛教"的层次上，而当我们将佛教看作是一个文化体系时，要将佛教研究从"正统"、"文本"的阐释中解脱出来，祛除佛教的神秘色彩，转而关注日常世界中的佛教信仰、表达与实践。文化体系视角下的佛教认知需要我们超越以往对教义及宗教现象的单纯描述，发现根藏于文本、仪式、象征、日常生活中的深层经验与意义体系，进而洞察这些体系与社会结构、心理结构之间的文化关联。因此泰国佛教实际上代表了一种在历史过程中传承、延续的概念体系，人们由此承续、发展出对生活的知识与态度。[①]

佛教教义往往显得深邃而精妙，四圣谛与八正道、觉悟与涅槃，其中处处体现出的是一种抽象、深邃的宇宙观和认知论，然而这对于信徒来说并不是容易理

---

① 段颖：《现代世界中的泰国佛教——一个人类学的视角》，载《东南亚研究》，2012年第5期，第100页。

解的。对于寻常百姓来说，他们追求的往往不是涅槃，而是福报以及来世的幸福，佛教知识体系和现实生活之间存在的这种矛盾使得在佛教中需要存在一种位于宗教与世俗之间、连接佛教理想和现实世界的观念体系。这种观念体系在当代西方基督教社会表现为新教伦理和资本主义精神，在泰国佛教中则是"业"。"业"也正是佛教在泰国作为文化体系的核心概念。

在佛教的理念中，万物的生命是圆圈的轮回，而非直线式的终结。业，便是决定生命延续的力量，具体表现为事物、行为之间的因果关联。在道德层面上，"业"便是善恶报应；在经验层面上，"业"表现为一种注定的命运观以及人们为获得积极的果报而采取的正面行动。[1]"业"的这种内涵在社会意义上，则是一种蕴含道德伦理、社会秩序的规训与惩戒。此外，对"业"的信仰使得社会中各种矛盾、冲突、社会互动变得合理化，缓和了社会中诸多不平等所引发的紧张关系，发挥着佛教作为社会组织的道德规范与约束力作用，也增加了对社会阶层划分、权力结构的容忍。正是通过这种途径，佛教以一种文化体系运作在了泰国的社会秩序之中。

然而，佛教作为一种文化体系在泰国社会中不仅仅是通过人们的信仰和意识层面起作用的，更多、更明显的是通过具体的社会生活来施加影响。这些具体的社会影响力则是下面我们将要进行探讨的内容。

（二）佛教与泰国社会道德

道德，从本质上来说是有关对与错、善与恶的一系列原则和判断，这些原则和文化、宗教、哲学概念以及信仰息息相关。人类社会的运行和发展总是离不开道德的作用。而宗教作为一种精神信仰，对信徒的影响大多不是可触、可感、可见的直观性、物质性影响，更多的是一种精神层面影响。这种影响体现在社会道德层面来说，便是宗教为社会成员提供的基本世界观和人生观，以及为整个社会提供的终极思想价值观和思维体系。宗教能够通过对社会成员思想和整个社会观念的塑造，形成一种基于宗教价值观的道德规范。这种道德规范被社会成员广泛接受和普遍认同，运作于社会秩序和管理中，称为整个社会价值体系的核心。在这个意义上，宗教在社会道德方面提供的其实是一种社会规训和秩序价值。

在泰国，这种社会规训和秩序价值主要是以上座部佛教的思想观念体现出来

---

[1]　段颖：《现代世界中的泰国佛教——一个人类学的视角》，载《东南亚研究》，2012年第5期，第100页。

的。佛教思想在这里成为了维护社会关系和社会秩序的重要力量，对泰国人的人生观和世界观产生了重大的影响。泰国佛教徒在佛教的信奉程度上有所不同，信教的方式也各有特点，有严格按照佛教戒律行事的虔诚佛教徒，也有对佛教理念和戒律部分认同和执行的信徒，甚至还有的佛教徒只是间接地受到泰国佛教社会的影响。但是这并不妨碍我们得出这样一个结论：作为一个佛教社会，泰国整个社会的价值观念和思维模式在几百年间已经被佛教所塑造，并且渗透到了泰国社会的社会文化和生活方式当中，成为了泰人民族特性和泰国国家形象的代名词之一。正如上节中我们论述佛教在泰国称为一种文化体系中所说，佛教在道德层面上对泰国的影响究其源头可以归结到泰人价值体系中对于"业"的信仰。这种信念也就是在泰国人一生中扮演者重要角色的"生死轮回"观念以及"因果报应"观念，或者说是"业报轮回"观念。

"业报轮回"学说无疑是印度最重要的宗教遗产之一，是印度本土一切古老宗教（印度教、佛教、耆那教）的特征，也是现在泰国所信仰的斯里兰卡上座部佛教教义中的核心内容之一。业报中的"业"即是行为活动；"报"自然是指回报、报应。这种"业""报"的观念与后来出现的"再生""轮回"观念相结合，便形成了"业报轮回"的思想。这种理论是行为活动理论与再生理论的结合。行为与再生构成了因果关系，即再生轮回实际上只是行为活动的自然结果。"业报轮回"学说的基本观点是，人们在今世所受的苦是由于前世造的孽，人在今世中一生的行为会对其来世产生影响，人们所做的"业"（行为活动）的后果，要由自己在来世承担，"善业"和"恶业"能够影响我们在来世能否得到解脱和幸福。所以在泰国也有"善有善报，恶有恶报"的说法。此外，佛教"业报轮回"的观念还认为一个人与另一个人性格不同，甚至在出生时就不同，在生命过程中所经历和能够获取的东西不同，必然是由于他们各自过去的行为活动的原因，即前世的"业"。这种观念或多或少有一些"宿命论"的成分存在，但这种在生命圆形循环中将不同"世"的"业"和"报"联系起来的观念也能够促使社会中的成员为了获得永久的解脱和幸福而忍耐困苦、积极行善，无疑是有利于社会的稳定。

无论在人类社会中的哪一个时空经纬中，幸福和快乐的生活一直以来都是我们不懈追求和梦想的事。在佛教"业报轮回"的观念影响下，泰人十分看重在今世生活中的行为活动，看重"善业"的积累。在泰国人的社会观念中，善业的体现就是德行。德行是泰国社会中一个重要的基本思想，也是泰国社会道德规范中的核心思想。在整个泰国社会价值体系中，德行是人们追求的最高理想、最高追求和最高价值，是社会成员应当遵守和共同维护的伦理道德准则与规范，也是行为活动的目标或归宿。在泰国社会中，人们的道德养成和行事方式都受到了德行观念的影响，这种影响不仅仅在于个人层次，还存在于家庭甚至于国家、民族层次。在这里，衡量对与错、善与恶的道德规范标准在于德行。在泰国佛教徒的信念中，只有通过德行这一途径，他们才能最终摆脱轮回之苦，求得善报，达到灵魂升华涅槃的最高境界。有了这样的观念统领，整个泰国社会的价值取向可以得到统一，人与人之间的行为和应尽的义务也得以规范，一个人际关系良好、团结稳定的社会蓝图才能物化在现实世界中。

概括说来，泰国社会在道德指导下的行为模式可以归纳为"行善—德行—善报"。其中蕴含的是信徒们对来世美好生活的向往，他们相信今生的行善积德能为来世打下基础，行善等够积善成德，而这种德行的积累可以让自己得到善业，善业的结果即为善报。在这种行为模式的指导下，人们广积功德、注重行善。以德行为中心的道德体系在泰国社会建立起来。

泰国人对德行的看重更多地是可以算作是一种思想观念上的重视，而当这种道德上的意识映射到实践行为层面上时，则表现为泰人的种种"行善"作为上。在泰国社会中，乐善好施和积极行善的风气由来已久，行善已经成为了人们日常生活中的一个重要组成部分。然而我们在概括这些善举时会发现在泰国的行善大类上可以划分为两个方面。其一，行善体现于人们的自我修行，以使自己解脱。上座部佛教强调的是个人的解脱，主张每个人独善其身、完善自我。这就要求泰国社会中每一个成员都应当按照佛教规定的伦理规范行事，遵守社会道德规范，遵守社会尊卑秩序，而且在对自我的修养上做到对世事要忍让，强调自我克制。这点体现在泰国人的精神性格之中就是"宽容"和"忍让"。对于泰国男性来说，他们还有另一种加强自我修身的方式，那就是到寺院出家为僧。这种习俗始于素可泰立泰王时期，上至国王显贵，下至平民百姓，无一例外。其二，行善还体现在自己与其他社会成员以及社会之间，这种行善究其本质实际上是加强自我修身的一种扩展方式。这种以他人和社会为行善对象的行善行为，客观上看行善目的是为了他人和社会，实则行善目的在主观上却还是为了自己。通过这种行善积德，行善者本身可以积累自己的德行，以期获得善业和好报。行善者的一切施舍和善举都是在德行驱使下的主体性行为，这也使得整个泰国社会生发出乐善好施的风气。

我们可以看到，以"业报轮回"为核心的佛教道德准则已经成为了从古至今泰国人世界观、价值观和道德观的龙骨。在德行的驱使下形成的"行善—德行—善报"社会行为模式支配着泰国社会成员的行为活动。这种道德层面上的影响深远而有力，成为了泰国人判断"对与错"、"是与非"的一大准则，同时在社会成员的个人和社会行为上这种道德规范得以物化，运作于社会实践之中。

（三）佛教与泰国政治文化

有泰国学者指出，佛教文化在泰国文化的形成过程中一直起着支配作用。佛教思想不仅指导着个人的行为和思想，还深入到了家庭、国家层面，影响着泰国社会的方方面面。在这样一个以佛教文化为主心骨的泰国社会中，佛教观念的影响力也渗入到了政治领域，塑造着泰国政治文化和政治行为。

从素可泰王朝大力扶持上座部佛教开始，上座部佛教在泰国的传播和发展就开始和国家政权、统治阶级结合起来。在泰国历史上，从素可泰到阿瑜陀耶，从吞武里到曼谷王朝，佛教与历朝历代国家统治者都保持着密切的关系，无一例外地得到了统治者的推崇和支持。纵观整个泰国历史，我们发现泰国政治和佛教之间一直保持着一种辩证的关联与互动。一方面，僧伽集团希望统治者坚持佛教价值观念，以确保其在国家的宗教及精神领域中的垄断地位；而统治者则希望与僧伽集团合作，使其获道德的合法性以及对于社会控制的支持。也正因如此，在另一方面，以"业"为核心的佛教文化体系可以作为执政者合法性的道德资源，同样也可以作为反对苛政的社会力量的动力源泉。这样，政治与宗教在泰国达成妥协，两者相互平行又合为一体，构成了互相依存、制衡的局面。[①]

事实上这种佛教与政治的结合自古有之。在古代，泰国政治统治的核心是国王。国王大力推崇佛教，佛教赋予国王神圣的地位，给王权的合法性提供了保证。国王被神化为天神或佛，亦或是神或佛在人间的代表，宣扬君权神授。1932年，泰国实行了君主立宪制度，然而这并没有改变王室和佛教的密切关系。泰国宪法就规定"国王是佛的信徒和最高维护者，国王处于至高无上和备受尊敬的地位，任何人不得对国王作任何指控；国王是泰国的最高统帅和国家元首。"[②]"民族（国家）—国王—宗教"三位一体不可分割，宗教是社会的精神支柱，国王是民族的代

---

① 段颖：《现代世界中的泰国佛教——一个人类学的视野》，载《东南亚研究》，2012年第5期，第102页。
② 李晨阳：《佛教在当代泰国政治中的作用》，载《东南亚》，1996年第1期，第35页。

表，是国家的人格化身，同时国王也是泰国人精神上的领袖。在国家统治的意义上，国王管理着国家，而宗教则成为了国王与国家中间的一个桥梁和纽带。虽然在君主立宪制下的当代民主政治体制中，泰国国王并没有实权，但对国王地位合法性的认同仍然是历届政府不能违背的。

在这种相互影响相互支持的辩证关系中，政治和佛教在泰国的历史发展历程中如同一根绳索的两股锁链交织在一起。佛教文化既对政治文化和行为产生了影响，政治化的发展模式也融入到了佛教的发展中。二者在不断的接触中达到了和谐统一。

1.佛教思想对泰国政治文化和政治行为的影响

在上面的论述中我们不断提到佛教作为一个文化体系在泰国文化中是以"业"或者说"业报轮回"的思想观念为核心的。这种"业"的思想也深深影响到了泰国的政治文化。总的来说，佛教思想在泰国政治文化中的体现主要表现在两个方面，即对威权认同的"德行观"以及安于现状的"宿命论"。

（1）对威权认同的"德行观"

在泰国，"德行观"为统治阶级的地位和权力来源提供了支撑。在佛家的思想体系中，"业"是"报"的原因和源头，在这一世中那些处高位者之所以能够跻身统治阶级，是因为他们在前世积极行善积累德行最终获得了"善业"，与之相随便得到"善报"。他们认为在社会中任何人能够获得权力和财富都是德行使然，而且这种德行是前世修来的福分，是一种造化。因此，德行应当是一切向往权力和财富、向往非凡以及出众之人的一种普遍的道德要求。德行也是泰国政治文化中通向权力和财富的最根本的依据之一。[1]在这样的思想观念下，泰国人认为诸如銮披汶·颂勘和炳·廷素拉暖等政治领袖就是德行的代表和化身。由此便产生了在泰国乃至于在整个东南亚地区都十分特殊的威权政治模式。而德行与威权的实质性关系在于如下两条：一是德行是前世所为，是一种造化，不是凡人所能祈望的，因此对有德行的人只有认同；二是对于绝大多数憧憬权力和财富的人来说，他们没能获得权力的最重要的原因是他们还没有足够的德行。

这就为权力找到了一条有绝对性特征的合法性基础。普通百姓只有认同别人德行的同时继续修炼、积累更多的德行以求来世的造化。这种思想和"积德行

---

① 任一雄：《东亚模式中的威权政治：泰国个案研究》，北京大学出版社，2002年版，第21页。

善—作孽"、"现实—来世"等佛教思想相结合，为泰国政治的威权文化和威权传统合法性提供了更加圆满的道德伦理依据。[①]

（2）安于现状的"宿命论"

在泰国人的"德行观"中蕴含的另一个观念是安于现状的"宿命论"。按照佛教"业报轮回"的说法，一个人如果在社会上获得了极大的成果，是因为他有极大的德行，但是他们的德行是前世修来的，这一点应当得到其他人的认可。此外，对于社会大多数成员来说，前世的所作所为、德行与罪孽，生活在现世的我们是无能为力的。这种无能为力在自己层面体现为认命，在社会层面上则体现为对他人的认同。

然而对前世的认同并不等于在现世全无作为，在现世生活中，佛教鼓励人们积极行善、积德，不要作恶。这使得积德行善成为了一个人能否获得成功的先天因素，这一点在泰国信众观念里根深蒂固。因此人们以不懈的修行来换取德行和来世的造化。佛教宣扬"解脱之道"，即"正见、正思维、正语、正业、正命、正精进、正念、正定"，以及四谛，即"苦谛、集谛、灭谛、道谛"。这也正是告诫人们必须通过自己的修行，灭绝一切烦恼和痛苦，使自己解脱于苦海，达到人生的最高境界——涅槃。

在这样的观念下，人们把生活中一切磨难和不幸视为当然，他们恭顺地对待有权位的人，形成了对王权和官权的敬畏和对权威的顺从，形成了惯于服从上级和不敢反抗特权的习惯。

在对威权认同的"德行观"和安于现状的"宿命论"的影响下，泰国政治形成了一个统治阶级和被统治阶级之间关系相对稳定、社会整体保持安宁的状态。在这样的政治文化的影响下，泰国虽然自1932年以来发生了20多次政变，政权更迭可谓十分频繁，但在整个过程中很少发生大规模的流血冲突事件。

2.政治化模式在佛教发展历程中的影响

政治和佛教之间是一种双向的关系，在佛教思想观念对政治文化和政治行为产生影响的同时，政治作为一种人类社会特有的社会组织结构方式，也在佛教的发展历程中起到了不可忽视的作用。这种影响力简单来说便是泰国佛教在发展过程中持续不断的政治化进程。

---

① 任一雄：《东亚模式中的威权政治：泰国个案研究》，北京大学出版社，2002年版，第23页。

对于泰国佛教来说，从素可泰王朝时期上座部佛教受到统治者的扶持开始，便迈上了政治化的道路。政治化从佛教本身的发展来说，是对佛教壮大的一种自我适应。随着佛教势力在泰国社会的增长，信徒人数特别是僧侣人数大大增加，如何加强和改革对僧团和僧伽的管理成为了佛教要想获得更高层次的发展必须解决的问题。而这种佛教的政治化发展也反过来有利于佛教在泰国走上一条高速、有效、组织严密、戒律伸张的道路。

泰国佛教的政治化主要表现在两个方面，即佛教组织和佛教功能的政治化。素可泰时期的左右二首僧团管理体制、阿瑜陀耶时期给高级僧侣封爵以及1941年和1962年两次颁布《僧伽法令》……泰国佛教发展到今天，俨然已经成为了效仿现代政府制度而建立起来的、一种层级结构分明、责权划分明晰的金字塔形管理组织结构。而在佛教的功能方面，佛教在神化王权、培育民族主义、推行政府政策以及维持民族特性等方面发挥着十分重要的作用，越来越多地承担起来了现代社会中世俗化的任务。

佛教的这种政治化从本质意义上来说是向政治提供支持和合法性证明以及优化自身内部结构和发展的行为。这在某种意义上讲也可以看作是佛教思想和政治相互影响下佛教从政治上借鉴的一种方法论。这种政治化模式使得佛教和政治在泰国呈现出了一种良性循环的发展情形。

（四）佛教与泰国文艺美学

在狭义的文化概念中，文化往往指代的是文学作品、戏剧、节日民俗、建筑、雕塑等可见、可感并已经物化了的文化形式。这些形式是文化的一种艺术化表现，是文化的一种载体，带给我们最直观的文化感受和体验。对于任何一种文化来说，文艺美学关乎的是文化的表达，是人们以一种文化的形式对周围的世界和社会生活做出的美的反应和创造。对于泰国来说，佛教的文化影响力不仅体现在价值观念等虚化层面，还表现于实实在在的绘画、雕塑、建筑、文学等文艺美学层次。

文学：文学作品往往是我们了解特定时期社会思潮和人类生活的棱镜。对于泰国文学特别是古典文学来说，佛教是一个绕不开的话题。在整个泰国古典文学的发展阶段，文学的主要形式和主题集中在佛教文学和宫廷文学两种。这两种文学形式构成了泰国古典文学的主体。在泰国古代的文学作品中，大部分是关于佛教的题材或是取材于佛教典故，充满了浓郁的宗教色彩。例如在素可泰时期最具代表性的佛教文学作品《三界经》，它由立泰王根据30多部佛经编撰而成，描绘了众生所在的欲界、色界和无色界三界，劝说众生应弃恶从善，以免受"三界"轮回之苦。《三界经》涉及古代泰国人的宗教观、哲学观和科学观，对泰国文学和泰族文化的发展都产生了影响。到了阿瑜陀耶王朝时期，泰国主要的文学作品有《大世赋》和《大世词》。这两部作品的主要内容是关于释迦牟尼涅槃以前最后一次轮回的故事。而在曼谷王朝时期，文学作品大都是为国王歌功颂德、反映佛教哲理的。在这个时期，戏剧如洛坤剧、孔剧等都直接取材于佛教文学《五十本生》和《拉玛坚》。另外还有一些文学作品不是与佛教相关，但是却反映了泰国人的佛教生活与佛教理念，例如著名的长篇叙事诗《昆昌昆平》等。以上这些文学作品在泰国古代文学史上都占据着十分重要的地位，对后世的文学发展和创作打下了基础，产生了影响。佛教文学的出现既是文学本身的发展，也是一种强化佛教在泰国文化中地位的形式。佛教文学作品的传播其实是另一种形式的佛教传播。

语言：文化的传承依靠的是语言和文字，一门语言中词汇的来源往往可以向我们揭示这种文化背后隐藏的塑形因素和影响力量。佛教所使用的语言是巴利语和梵语。一般说来这两种语言分别对应的佛教教派是上座部佛教和大乘佛教。在前面我们提到，佛教在泰国的传入是大小乘皆有的，随着佛教的传入，巴利语和梵语也相继传入泰国。在泰语的发展过程中，泰语受到了来自这两种语言的深远影响，特别是巴利语，这是因为泰国佛教以信仰上座部佛教为主。泰语的文字接近方形，这一特点就是拜巴利语所赐。在今天我们所看到的泰语中，15%的泰语词汇属于来自巴利语和梵语的外来词，而在泰国王室用语中更是如此，很多词汇甚至于直接取自巴利语。除此之外，佛教文化对泰语的影响还体现在泰语中大量俗语、谚语中表现出来的佛教色彩。

音乐：泰国传统音乐深受佛教文化的影响，音乐曲调、调式都与佛教盛典仪式有关。在用于演奏泰国传统音乐的主要乐器中，大部分乐器例如笛、鼓、排铃、钹、木琴等都是佛教祭祀活动中所使用的乐器。[①]

舞蹈：佛教文化对泰国的舞蹈艺术特别是古典舞蹈产生了巨大的影响，同时影响泰国古典舞蹈的还有与佛教息息相关的古印度文化以及印度舞蹈，很多泰国古典舞蹈都和印度史诗有关系。泰国的古典舞蹈戏剧分为孔剧和坤剧。孔剧是泰国舞蹈艺术的精华，专门表演根据印度史诗《罗摩衍那》改编的《拉玛坚》的故

---

① 朱振明：《当代泰国》，成都：四川人民出版社，1992年版，第251页。

事，其舞蹈动作和姿势明显受到了佛教的影响，可以说佛教文化是泰国古典舞蹈艺术的很大一个题材、灵感和文化来源。

绘画：佛教文化也在泰国的传统绘画上留下了清晰的印记，其绘画素材和主题在古代泰国大多为佛祖释迦牟尼的生平事迹以及许多与佛教有关的神话故事，如《佛本生经》等。这种传统绘画大多以壁画的形式出现，一般来说都位于佛寺和宫廷中，富丽堂皇、惟妙惟肖。这种佛寺壁画的风格也成为了泰国传统绘画艺术的一大特点，在泰国其他许多场所的装饰壁画和风俗画中也十分常见。

建筑：谈到佛教文化在泰国建筑文化中最显著和集中的体现，莫过于泰国的佛寺建筑了。泰国的佛寺明显受到了印度佛教艺术风格的影响，这种影响和风格随后进而扩散到了民间的建筑文化中。在泰国的一些重要大型建筑，装饰上多用木雕、瓷器、彩色玻璃等进行镶嵌；造型上大多为大型多层屋顶，采用重檐多面式和细长的三角形尖顶，这些都蕴含浓重的佛教色彩。

（五）佛教与泰国社会习俗

在泰国，佛教已经深深渗入了泰国人的日常生活中，泰国人的生活点点滴滴无不打上了佛教的印记。这种影响最能直观体现的就是泰国社会中的种种生活习俗了。在这里，无论你是不是佛教徒，见面都以僧侣间的合十礼致意、致敬。泰国男子上至国王，下至平民百姓一生中仍然必须至少出家一次。一般家庭通常设有佛龛，外出常常佩戴佛像项链；路径佛寺的泰国人必定会恭敬朝拜。每日晨间，泰国家庭都会准备好食物供养托钵僧侣，到寺庙斋僧也成为了泰国家庭在节日和重要庆典期间的一项固定仪式。每逢佛寺举办活动，人们便会带着各种食物前往布施，同时聆听佛法，接受佛教文化的熏陶。在这个佛教的国度，无论是国家庆典、军队阅兵、新法令颁布、国王加冕、官员晋升还是个人的婚丧嫁娶、商店开张等都要邀请僧侣光临，主持佛教仪式，甚至于在泰国国家纪年都是以佛陀涅槃后一周年为元年。

对于个人来说，佛教对泰国人生活的影响可谓是贯穿于一个人的整个生命周期。婴儿出生一个月后，父母都要为其举办满月礼，由僧人给其进行剃胎发仪式，以祝福婴儿成长。在男孩13岁、女孩11岁时，父母要为孩子举行成人礼，并请僧侣诵经为孩子祈福。在家中的男孩出家为僧时，要举行剃度仪式，之后要聆听佛教教诲、遵守佛教戒律、进行正常的僧人起居生活。结婚的时候，泰国人会邀请僧人前来诵经并主持"吉祥纱圈"仪式，新人要向僧人供食并献礼。在老人过

60、72或84岁大寿举行寿礼时，应当邀请僧人诵念《护咒经》和《吉祥经》，以祈求好运、长寿。这样的佛教文化和仪式一直持续到泰国人生命的最后时刻。在人逝世后，泰国人举行的浴尸、梳发、穿衣、裹尸、祭棺等仪式无不体现着佛教的影响。

节日往往是我们了解一种文化和一个社会的一扇窗口。泰国的传统节日中有不少节日都是佛教节日。在泰国，每个月有4个佛日，即佛教的"四斋日"，分别在泰国泰历的初八、月望、二十三、月末。在全年48个佛日中，又以万佛节、浴佛节、守夏节最为重要。这些佛教节日是泰国社会每一年时光流转的节点，也是个人生活的运行尺度。在这些节日时，全国放假举行隆重的仪式进行庆祝，人们纷纷到寺院施斋、巡烛、听经，以表示对佛祖的虔诚。此外，泰国其他一些民俗节日例如宋干节、水灯节等，虽然不是佛教节日，但仍然被赋予了佛教节日的内涵，节日庆祝活动中也加入了诸如拜佛、斋僧、布施和祈福等佛教的内容和仪式。

（六）现代化和全球化下的佛教文化

佛教和文化体系一样，不是一个一成不变、静态凝固的系统。泰国的佛教文化在历史长河中也会随着国家、政治、经济、社会之发展与变迁而做出相应的调适和转变。特别是在社会飞速发展的当代世界，科技化和现代化、全球化和地区化让全球文化在短时间内出现了大规模、深层次的交融和相互影响。文化上的同化和异化交错发生，当中既有民族性愈发突显弘扬的机遇，也蕴藏着国家实力差距带来的所谓强势文化对弱势文化压榨的潜在隐患，更不用提在科技进步和物化世界中现实性、物质性思维带给传统宗教观念和价值观的冲击。

对于新时期的泰国佛教文化来说，其受到的影响和冲击主要源于随着现代化和全球化发展而出现的理性主义和世俗化进程。

随着以科学、民主为内容之一的理性主义在泰国的传入和发展，泰国社会中逐渐出现了一种基于理性主义思想对佛教传统教义的批判和反思。西方有学者认为这种批判的观点多数集中在以下几个方面。（1）佛教在否定个人奋斗的价值，劝导信徒听从命运，使其失去了现世工作的兴趣；（2）佛教宣扬神秘的来世观，进而使得信徒对现实世界感到冷漠；（3）自私、冷漠、缺乏社会责任感；（4）宗教活动耗费人力、物力，影响生产及发展。[1]持这样观点的人不在少数，然而他们并

---

① 冯德麦登著，张世红译：《宗教与东南亚现代化》，北京：今日中国出版社，1995年版，第7页。

没有看到泰国佛教在整个社会中的作用以及泰国佛教在当代社会中所做出的变化和调整。

传统的理性主义观点侧重于强调僧侣阶层不参与物质生产,消耗社会财富,却忽略了僧伽集团与地方社会的互惠关系,以及佛教对维系社会稳定和秩序所发挥的功效。这种非物质的、无形的社会产品便是佛教一直以来向泰国社会所提供的。这种"产品"还体现在家庭和个人层次上的,佛教教导人们积极向善,维护家庭的价值,对于社会成员的个人价值实现也不能说没有意义。此外,泰国民众对寺庙和僧侣的布施从经济学的角度来说也是一种将经济资本转换为社会价值与象征资本的文化策略。而在当今社会,泰国佛教也在积极探索破除上述困境的方法,僧侣开始积极参加国家的发展培训计划,其内容涉及宗教、历史、公共卫生、家庭经济、大众健康、职业晋升和急救等,为当地社区服务,同时在物质和精神层面帮助社区发展。①

然而相比起理性主义,在当今世界对泰国佛教冲击更大的则是现代社会中物质主义的滥觞和宗教的世俗化。在全球化中的泰国,佛教所宣扬的传统价值观"简朴、宁静和控制物欲"不可避免地和随着西方文化和价值观到来的"物质主义、消费主义"产生冲突;现代消费型社会中膨胀的个体欲望挑战着佛陀的传统教诲。面对来自流行音乐和酒吧夜文化的冲击,泰国佛教也相应做出了改变。僧伽集团开始逐渐转向关心世俗问题,积极参与现代社会的建设与发展。僧伽集团强调,僧侣的物质生活由地方社区提供,因此僧侣有责任关心社区利益。僧伽集团的高级僧侣也开始提倡僧侣要参与现代化建设与国家的整合计划。比如泰国僧侣在面对工业化带来的生态破坏时,发起了"为树祈愿"的活动,提倡可持续发展以及自然资源的合理利用。如今,很多泰国僧侣还积极投入到艾滋病的救治工作中去,建立了"艾滋病临终关爱之家"。在美国遭受"9·11"恐怖袭击之后,泰国僧侣在曼谷大王宫附近为遇难者诵经,强调关爱众生,祈祷世界和平。②

总的来说,随着理性主义和世俗化的发生,现代泰国社会中人们的生活和思想观念都发生了显著的变化。现代化使得人的主体性得到前所未有的强化,过去重视"精神"与"灵性"的生活让位于"理性"与"实用"。但在这样的社会背景下泰国佛教也做出了相应的改变,传统的佛教价值观和教义并没有在泰国社会消

① 段颖:《当代世界中的泰国佛教——一个人类学的视野》,载《东南亚研究》,2012年第5期,第103页。
② 段颖:《当代世界中的泰国佛教——一个人类学的视野》,载《东南亚研究》,2012年第5期,第103页。

逝，反而以一种新的、更加融合的形式继续构成现代社会中泰国文化的精髓。可以说泰国佛教很好地适应了现代化的泰国，佛教和国家、佛教和社会、佛教和个人在现在这个时代仍然以一种平衡的方式存在。

第二节　伊斯兰教

伊斯兰教是泰国仅次于佛教的第二大宗教，和佛教一样都可以划归进外来宗教的集合中。作为第二大宗教的伊斯兰教在以佛教为主体的泰国，无论是在信徒数量、影响力，还是社会基础上，与佛教93.4%的占比相较多少还是显得力量弱小。目前泰国信仰伊斯兰教的人约有340多万，占泰国人口总数的5.2%。

一、泰国伊斯兰教的传入

伊斯兰教于7世纪由穆罕默德创立，兴起于阿拉伯半岛。"伊斯兰"一词意为"顺从"，特别是顺从唯一真主安拉的意志。伊斯兰教在极短的时间内统一了阿拉伯半岛各个部落，继而朝着西亚和北非扩张，并且最终建立了在世界历史上雄极一时的阿拉伯帝国。之后，伊斯兰教通过武力和贸易的方式向更为遥远的南亚、东南亚、非洲和欧洲传播。[①]

在不同民族和地区之间，不同宗教的传播往往依靠的是信徒向非信徒的直接接触式传播。这就决定了宗教的传播路线在不考虑地形和交通状况的条件下是以该种宗教发源地为圆心的向外辐射型传播。而事实的传播路径却要受到交通和地形的极大影响。站在这一观点上我们不难发现，伊斯兰教的发源地阿拉伯半岛与东南亚之间相距遥远。从陆地上看，二者被南亚地区阻隔，且沿途多山地高原。这就使得穿越印度洋走海路成为了阿拉伯半岛和东南亚地区之间阻碍最少的路线。此外，当时东西方两大帝国——阿拉伯帝国和中国唐朝——之间的海上贸易也繁荣了印度洋上的海运，东南亚地区便处在这条海上丝绸之路的必经之处。

有学者认为，穆斯林商人在东南亚地区特别是海岛东南亚地区的活动可以追溯到11世纪初。然而在13世纪之前，穆斯林在东南亚地区的活动以贸易和贸易中转为主，加之东南亚地区深厚的佛教和婆罗门教传统，大规模成系统的伊斯兰

---

① 范若兰 等：《伊斯兰教与东南亚现代化进程》，北京：中国科学社会出版社，2009年版，第54页。

教传教活动并没有在这一时期出现。13世纪后，伊斯兰教才正式传入了东南亚地区。最早记录伊斯兰教在东南亚海岛地区传播的是《马可·波罗游记》。之后在海岛东南亚地区相继出现了须文答腊—巴塞苏丹国、马六甲、亚齐、淳尼（现今的文莱）、淡目王国、望加锡王国等多个伊斯兰教国家。这些国家成为了伊斯兰教在东南亚的传播中心，使得伊斯兰教从阿拉伯传教士的单线式传播变为了多中心辐射的多点式传播。这其中既有贸易的促进，也有国家把伊斯兰教作为一种政治工具以此来对抗信奉佛教的诸如暹罗、室利佛逝等地区大国。也正是在这种历史背景下，伊斯兰教进入了泰国南部。

伊斯兰教传入泰国的确切时间我们暂时无从考证。但根据考古发现和史料研究，从素可泰时期开始，泰国就和印度尼西亚、菲律宾、伊朗等伊斯兰国家有了交往，也有来自印度的穆斯林在泰国从事商业。在素可泰时期，泰国中央王朝征服了马来半岛信奉伊斯兰教的北大年王国，使之成为了泰国的附属国，两国保持着朝贡关系。现今泰南的北大年、惹拉、陶公三府就属于历史上北大年王国的范围。由此可见在素可泰时期，泰国南部马来半岛地区已经出现了伊斯兰教苏丹国。这和海岛东南亚地区的伊斯兰教传播是分不开的。

伊斯兰教在泰国的官方传播开始于阿瑜陀耶王朝。在这一时期，泰国与伊斯兰教国家之间的交往更为频繁和密切，同时还有大量的穆斯林来到泰国定居，包括在泰国政府部门任要职。随着这部分穆斯林例如波斯人、马来人等在泰国落户扎根，他们也逐渐地转变成了泰国人，成为了最初泰国穆斯林的主要组成部分。纳莱王在位时，波斯国王曾派遣使团前来传教，试图说服纳莱王改信伊斯兰教。但是由于泰国历代统治者都以扶持佛教为主，使得佛教的势力过于强大，因此伊斯兰教在泰国的规模并不是很大。19世纪中叶，曼谷王朝拉玛四世改变了过去排斥异教的做法，提倡宗教自由，允许伊斯兰教在曼谷建立清真寺，泰国的伊斯兰教由此得到政府的保护。

所以，伊斯兰教传入泰国是和伊斯兰教伴随着东西方海上贸易在海岛东南亚地区的传播分不开的。这种传播在一开始散发出浓烈的贸易气息，而后随着海岛地区伊斯兰教的确立而生发开来。这也解释了伊斯兰教最先在泰国南部马来半岛地区出现的原因。

然而，宗教的传播除了向新教徒传教以外，还包括信徒的迁徙造成的宗教"移民"。这种情况主要发生在19世纪的泰国北部地区。在泰北，特别是在边境地区，居住着从中国、缅甸、巴基斯坦等地迁徙而来的穆斯林。他们来到泰国的原因一般是经济和政治上的，大部分为了逃难才定居在泰国，并最终也形成泰国穆斯林的一部分。

二、泰国穆斯林的构成

伊斯兰教在泰国的传播包含贸易、传教、人口迁徙等因素，这必然造成了泰国穆斯林组成的多样化。从伊斯兰教在泰国的传播情况入手，我们或许可以将泰国的穆斯林划归两种类型：土著穆斯林，即本就居住在泰国境内，后出于不同原因信奉伊斯兰教的人民；来自世界其他地区穆斯林，他们由于人口迁徙等原因在泰国定居和归化。具体说来，泰国穆斯林从民族来源上可以分为以下几个部分。

泰族穆斯林：泰族穆斯林大多居住在泰国中部和南部，他们无论从民族上还是语言上都属于泰族，一般由于家族信仰传承、跨宗教婚姻、改教等原因而信奉伊斯兰教，因此也有人把泰族穆斯林作为一个少数民族来看待。泰国前陆军总司令颂提·汶耶拉卡林上将就是泰族穆斯林，他是泰国国内第一个位信奉伊斯兰教的陆军最高指挥官，其家族和其他几个穆斯林家族在血缘上可以追溯至阿瑜陀耶时期一位来自伊朗的穆斯林艾哈迈德·寇米。

马来穆斯林：马来穆斯林在血缘上属于马来族，和马来西亚境内的马来人同源，主要分布在泰国南部特别是和马来西亚接壤的地区，包括北大年、惹拉、陶公、沙敦、宋卡等府。这部分穆斯林讲马来语，在生活习俗和宗教信仰上和泰族有着较大的差异，民族认同上也趋向马来西亚，这也是在泰南地区信仰伊斯兰教的马来穆斯林和信仰佛教的泰族之间爆发矛盾和冲突的一项原因。马来穆斯林在数量上来说是泰国穆斯林中第一大群体，其所占比例在不同的数据来源中从50%到80%不等。

中国穆斯林：中国穆斯林也称华人穆斯林，更为确切地说是云南籍华人穆斯林。华人穆斯林居住在泰国北部地区，是云南回族移民及其后代，在泰语中这类穆斯林被称作"和"（Haw）或"秦和"（Chin Haw）。有学者认为其中的"和"就是"回"的变音。这一部分穆斯林仍然讲汉语或云南官话，与云南境内的回族关系十分紧密。云南回族向泰北的移民是和茶马古道的贸易直接相关的，特别是在1873年云南回民杜文秀起义失败后，云南回族开始大量迁徙到清迈、清莱、南邦等泰北地区定居。到20世纪20年代，一个规模不大但财力雄厚且具有影响力的云南穆斯林社区——王和社区在清迈基本成形，"王和清真寺"时至今日还是泰北地区最大的华人清真寺。其社区开拓者被认为是华人穆斯林领袖郑崇林。郑崇林是当时清迈地区的富商和侨领，与清迈王私交甚笃，曾受泰国皇家委托承担泰北8府的邮政运输服务，并帮助泰国政府修建了一条连通曼谷和清迈的铁路。在1917—1921年期间，泰皇拉玛六世册封他为"坤"。第二波华人穆斯林进入泰国北部则发生在1949年中华人民共和国成立之后。在泰国的华人穆斯林多从事贸易，同时十分注重子女教育，很好地融入了当地社会，但又保持了自身的文化和宗教特性。由于云南回族在泰北地区历史长，且拥有厚实的经济实力，因而社会影响力大，泰国政府也倚重云南籍穆斯林中的领袖来管理泰北地区的伊斯兰教事务。例如，20世纪70年代成立的清迈伊斯兰教协会，其前三任主席都是云南籍穆斯林侨领。[1]

缅甸穆斯林：缅甸穆斯林主要分布在泰缅边境地区，以罗兴加人为代表，大部分是难民和出于经济目的的移民。这些穆斯林主要居住在难民营、渔村以及边境小城镇里。

其他穆斯林：除了上述几种穆斯林之外，泰国境内还分布着来自柬埔寨的占族，来自南亚地区印度、孟加拉、巴基斯坦，来自印度尼西亚苏拉威西、爪哇、苏门答腊，以及来自中东等其他伊斯兰地区的穆斯林群体。

泰国的穆斯林虽然以马来穆斯林为多数，但构成多样，有着不同的民族和种族背景，在聚居分布上也有区域侧重。这是一种信徒视角，即从穆斯林本身的身份来分析。同时我们不能忘记伊斯兰教的宗教本体视角，即从教派来看待泰国的穆斯林群体。

泰国300余万穆斯林中，约有99%属于逊尼教派，什叶派教徒仅占1%，分属什叶派中的伊斯玛仪派的支系穆斯塔里派和伊玛弥派。然而位于泰北地区的云南籍华人穆斯林则始终保持着传统的哈乃斐教法学派的格底目派。[2]总体说来，泰国以逊尼派占绝对多数的情况和东南亚其他国家的伊斯兰教教派构成是相同的。

---

① 贺圣达主编：《东南亚伊斯兰教与当代政治》，北京：中国书籍出版社，2010年版，第362页。
② 贺圣达主编：《东南亚伊斯兰教与当代政治》，北京：中国书籍出版社，2010年版，第361页。

三、泰国伊斯兰教的发展和现状

由于传入时间的先后,当伊斯兰教登陆泰国时,佛教已经在这片土地上留下了清晰的足迹。如上面所述,伊斯兰教作为一种主要从海路传入的外来宗教,其在泰国的传播和发展从地理上看是从靠近海岛东南亚地区的马来半岛开始的。

在泰国伊斯兰教发展历史上,北大年是一个重要的地方。北大年王国又称北大年苏丹国,是马来半岛上一个独立的伊斯兰教苏丹国,建立时间说法不一,大部分观点集中在14—16世纪。北大年领土大致相当于现在泰南的北大年、惹拉、陶公3府以及马来西亚西马的北部地区。有学者认为北大年是6—7世纪存在于泰国南部的盘盘古国的延续,但还没有确凿的证据支持此观点。北大年的伊斯兰化是与海岛东南亚地区伊斯兰教的传播相一致的,这其中既有统治的需要,也有利用宗教因素对抗暹罗的考虑。当然,不能忽视伴随伊斯兰教在东南亚传播的一大因素:贸易。1584年,北大年开始进入其全盛时代,期间相继有4位女王执掌政权。当时的北大年是海岛东南亚地区首屈一指的贸易集散地,汇集了东西方各国商人。从兰甘亨时期开始,北大年就成为了暹罗的附属国,与暹罗维持朝贡关系,拥护暹罗中央王朝但享有一定的自治权。期间随着暹罗国力的起落,二者的依附关系的强度有所变化。到1902年,北大年正式被并入暹罗的版图。

在13世纪素可泰王朝建国之后,佛教在统治者的支持下树立了其在泰国社会无可取代的主导地位。在缺少统治阶级扶持和宠爱的情况下,伊斯兰教在泰国的发展难以称得上茁壮亦或顺当,在很长一段时间里,伊斯兰教一直处于佛教之下,其发展的潜力多少受到了压制。这种情况一直持续到了19世纪中叶,曼谷王朝拉玛四世改变了过去排斥异教的做法,提倡宗教自由。至此,伊斯兰教在泰国才正式得到了政府的保护。

伊斯兰教在泰国的发展首先体现在穆斯林和清真寺数量的增加上。根据泰国内政部2010年的人口统计数据,泰国全国总人口的5.2%(340多万)信仰伊斯兰教,而根据泰国国家统计办公室2007年的数据,泰国国内共有3 494座清真寺,其中北大年府以636座清真寺排在全国76府之首。在这些清真寺中,1963年由泰国中央政府拨款730万泰铢在北大年建造的中央清真寺是泰国国内最宏大、最精美的清真寺,其命名由泰国国王亲自主持,其影响力可见一斑。

当然,宗教的发展壮大不仅仅体现在数量的绝对增长上,更重要的还表现在

"质"上的提升。伊斯兰教在泰国也不例外。我们认为这种"质"上的提升主要应当观察伊斯兰教作为一门宗教其本身在结构、组织和管理上的完善和改良。这包括宗教机构、管理组织的建立以及宗教传播组织、宗教教育和研究机构的发展。

和佛教一样，伊斯兰教在泰国的发展多少也呈现出政治化或者说体制化的特点。从阿瑜陀耶王朝时期开始，泰国就开始设立伊斯兰教教长。根据1997年泰国《伊斯兰教机构管理法案》的规定，伊斯兰教教长由总理提名、国王任命，拥有管理全国伊斯兰教事务和向各机构就伊斯兰教事务提出建议的权力。在前任教长离世或国王在总理建议下解除前任教长职位时，将重新推举新教长。

此外，现今的泰国还有多达24个伊斯兰组织。其中于1954年成立的"泰国穆斯林全国委员会"为全国伊斯兰教最高组织。该委员会由经国王任命的至少5位穆斯林委员组成，伊斯兰教教长为其主管领导。在这之下，泰国政府又加设各府委员会管理府一级的伊斯兰教事务。除此之外，泰国现有的其他伊斯兰教组织还有："改革维新协会"、"圣道辅士会"、"善功之家清真寺联会"、"曼谷伊斯兰中心"等。这些伊斯兰教组织机构和泰国政府之间的联系还在经济援助上得以加强。泰国政府有计划地向伊斯兰教育机构以及一些较大的清真寺提供经济援助，并在泰国穆斯林到麦加朝圣一事上给予了便利和帮助。目前，曼谷和合艾成为了泰国穆斯林到麦加朝圣的两大门户城市。

伊斯兰机构在泰国的设立和发展不仅发生在管理和组织建构层面，还在社会生活的其他方面取得了一些进步。在伊斯兰教育上，虽然泰国政府在一定时期内对伊斯兰教育采取了打压政策，强制在穆斯林地区推行泰语教育，以达到"同化"的目的。但在现今泰国，伊斯兰教育得到了政策保护和财政支持。此外，泰国还开设了以"泰国伊斯兰银行"为代表的伊斯兰银行。同时，出于对穆斯林饮食习惯的尊重，凡是经过检测符合穆斯林饮食习惯的食品都会标注"清真"标签。

四、泰国伊斯兰教文化的独特性

和佛教一样，伊斯兰教对于泰国甚至整个东南亚地区来说都是外来宗教。在传入和发展的过程中，伊斯兰教和泰国本土的许多信仰发生了交汇碰撞。纯正的、系统性的伊斯兰教信仰一般来说只存在于受过专业宗教训练和学习的穆斯林团体中。对于大多数普通穆斯林来说，他们的伊斯兰教信仰或多或少都融入了其他宗教信仰和本土文化的特色。这种融合往往是和泰国穆斯林自身民族文化相关的，也是泰国穆斯林民族背景和来源多样的体现。

在泰国南部，穆斯林和马来族之间大致上可以划上一个等号。作为拥有自身传统马来文化的民族，马来族对伊斯兰教的信奉不是纯粹的、中东式的信仰，而是融入了马来文化的信仰。这种融合从马来族接受伊斯兰教时就开始了，也正是因为马来文化中有和伊斯兰教可以相结合的部分，才让伊斯兰教能够在海岛东南亚地区顺利传播。这种情况不仅发生在马来族地区，在印度尼西亚也是这样。

其中最值得注意的就是伊斯兰教"苏菲派"和东南亚泛神论、原始崇拜之间的共同性和相互影响。苏菲派是伊斯兰教的神秘主义派别，在7世纪末已经出现，以苦行、禁欲为修行方法，以求达到认识安拉、喜爱安拉，最后与安拉合而为一的目的。然而在东南亚，一直存在的神秘主义认为一切事物都是有神灵的，山石草木皆有神灵，神灵有时也附在人体上。马来人认为"以天为父，以地为母，山有山神，河有河神"。[①] 这之中暗含的悔悟、畏惧、崇拜神灵与苏菲派悔悟、禁欲、克制、守贫等观念有内在的共通之处，是可以相互转化的。其次，苏菲派和东南亚的宗教仪式也有一定的相通之处。这主要体现在二者在进行宗教仪式时都必不可少的舞蹈、旋转、跳跃上。前者通过舞蹈来实现与安拉融合以及"出神"的目标；后者则依托歌舞来进行宗教活动。可以说，伊斯兰教在东南亚的传播过程是苏菲派神秘主义传播的过程，其结果是东南亚本土文化和伊斯兰教相融合，这也是在包括泰国在内的东南亚伊斯兰教地区仍然存在诸如万物有灵、多神崇拜、母权社会等与伊斯兰教教义相违背的本土习俗的原因。

而在泰国北部地区，由于穆斯林主要是移民及其后代，因此泰北的伊斯兰教文化同样体现出了穆斯林自身的民族性和原始文化属性。其中比较典型的就是泰北云南籍回族穆斯林社区中体现出来的儒家文化传统。在这些社区中，仍然通用中文或云南官话，这些穆斯林与云南回族在血缘上和实际交往上都存在千丝万缕的联系，儒教文化传统也得以融合与保存。例如对家庭和教育的重视、尊敬长者和上级的传统、对"礼"的重视等。当然，这部分穆斯林在泰国穆斯林中所占比重还比较小，但其在泰北的经济和文化地位相对较高，作为一种特殊的宗教文化，是值得我们特别留意的。

总的来说，包括泰国在内的东南亚地区，伊斯兰教并不是严格意义上的正

---

① 范若兰 等:《伊斯兰教与东南亚现代化进程》，北京：中国科学社会出版社，2009年版，第68页。

统伊斯兰教，而且其自上而下的传播方式速度快但不够深入，本土文化对东南亚伊斯兰教的影响很大，这里的伊斯兰教呈现出了明显的地方特色。当然从传播角度来说，这种地方特色也正是伊斯兰教能够在东南亚地区快速传播和扎根的原因之一。

第三节　基督教

基督教从排列的意义上来说可以称得上是泰国的第三大宗教，但这里所说的"大"并不是绝对意义上的壮大，佛教在泰国的绝对主体地位使得这个国家其他的宗教信仰都是以少数派宗教的地位被研究和理解。泰国基督教的信众人数大概占泰国总人口的1%，信徒的分布也呈现出比较集中的特点。在泰国中部和南部的农村，佛教影响力的根深蒂固并没有给基督教留下很多发展和传播的空间。在这些地区，基督教存在于主要的大城市中。而到了泰国的北部和东北部，情况便发生了变化。在泰北，基督教徒在数量上和组织上集中化程度都超过全国其他大部分地区，特别是在泰北山地地区，以克伦族为代表的部分山地少数民族信仰的就是基督教。

当然，我们在谈论泰国基督教的时候不能把基督教在泰国作为一个绝对整体来进行看待。基督教自身在漫长的发展过程中经过几次大的宗教改革之后已经分化成了许多不同的派别，粗略说来有天主教、新教以及东正教。这些派别在泰国的传入时间、发展程度和信徒规模上都存在不小的差异。当我们在提及基督教的时候，宗教派别是需要我们特别注意的一点，这和泰国伊斯兰教的情况是不一样的。

一、天主教在泰国的传入和发展

相比起佛教和伊斯兰教，基督教的到来在泰国宗教传播和发展史上可谓是姗姗来迟。地理上的阻隔首先成为了延迟泰国接触基督教的一大因素。但和伊斯兰教的传入一样，更为便利和直接的海上线路成为了基督教最早进入泰国和东南亚地区的最佳选择。

基督教在整个东南亚地区的传播是在地理大发现这个时代背景下开始的。在新航路开辟后，欧洲国家借着海洋的帮助开始了在全球的贸易和扩张，与之同时发生的便是传教士在当地的传教工作。给泰国首先带来基督教的，便是最早的两个海洋强国——葡萄牙和西班牙。

1511年，葡萄牙派遣大使来到阿瑜陀耶城以发展双边贸易和友好关系，随之而来的便有基督教。这是泰国人第一次接触到基督教，也被看作是基督教传入泰国的开端。这个时候传入泰国的基督教实际上是天主教。

而后，随着越来越多的传教士来到泰国，天主教在泰国得到了一定范围内的传播。但直到阿瑜陀耶王朝的纳莱王时期，天主教在泰国才逐渐稳定下来。17世纪中期，天主教在泰国的传播基本上只限于上层王室成员，这使得天主教在泰国上层有了一定的势力，并且成立了"暹罗宗座代牧区"，教区代牧为葡萄牙和法国的传教士。当时法国天主教传教士在泰国特别活跃，他们力劝泰国国王改信天主教，试图说服国王用天主教取代佛教，为法国侵占泰国的战略意图效劳。[1]这招致了17世纪中叶后阿瑜陀耶王朝对天主教采取了限制政策，法国传教士被驱逐出境，天主教在泰国的传教活动进展缓慢。之后在1767年，泰国在和缅甸的战争中战败，缅甸军队攻占阿瑜陀耶城，基督教遭到重创，传教活动几乎完全停止，这一情况直到曼谷王朝四世王时期才得以恢复。[2]19世纪末，法国派兵侵略泰国，强迫泰国与其签订不平等条约，天主教传教士又纷纷进入泰国活动。

现在的天主教在泰国主要分为两大教区，即曼谷大主教区和沙功那空大主教区。前者管辖叻武里、占他武里、清迈三个教区，后者则管辖乌汶、乌隆、呵叻三个主教区。其中在曼谷地区的哒叻仔教堂是泰国最高和历史最悠久的天主教堂。在泰国的天主教教徒主要是在曼谷和其他城市的泰人、东南部和东北部的越裔泰人，这和北部的新教徒不一样。泰国天主教的全国性组织为设在曼谷的"泰国天主教联合会"。

二、新教在泰国的传入和发展

和天主教以葡萄牙和法国传教士为传播主体不同，新教在泰国的传入主要是和美国传教士联系在一起的。这也符合西方国家基督教派别分布的状况。1828年，时值曼谷王朝拉玛三世在位，"美国海外传教团"将新教带到了泰国，在这一时期将新教带到泰国的还有英国的部分新教徒。除开新教徒，1833年，美国浸信会传教士到达泰国；1840年，美国长老会也开始在泰国进行传教活动。由此可见，新

---

① 世界宗教研究所：《各国宗教概况》，北京：中国社会科学出版社，1984年版，第50页。
② 田禾、周方冶：《列国志：泰国》，北京：社会科学出版社，2005年版，第55页。

教在泰国传入时间相对较晚，直到19世纪才开始在泰国出现，其在泰国的传播和发展也仅有200年不到的时间。在美国之后，德国、澳大利亚等国的传教士也陆续在泰国成立了新教组织，进行新教传教工作。

新教徒在泰国主要为居住在曼谷、清迈、宋卡、惹拉、佛统等地的少数泰人，以及华裔、克伦等少数民族。在新教的组织结构和宗教机构方面，其最重要的全国性组织是成立于1934年的"泰国基督教教会"。这一新教教会现有成员6万多人，并且是"世界基督教协进会"的成员之一。此外，福音派在泰国的人数逐渐增加，他们在泰国还建立了教堂和祷告小组，其中最大的是"青年使命团"，以及"海外基督使团"。

三、东正教在泰国的传入和发展

泰国的东正教是由俄国东正教会传入的，其中主要的东正教教区有曼谷的圣·尼古拉斯教区。此外，在普吉岛、苏梅岛、春武里府、素叻他尼府和叻丕府都有东正教教区和教堂，为东正教信徒提供宗教服务。泰国的东正教信徒主要是俄罗斯游客、俄在泰的居民以及一小部分泰国信教者。俄罗斯东正教教会还主持了东正教文献和经典的泰文翻译工作。在2008年，俄罗斯东正教教会在泰国的代表处在泰国官方正式注册为一个基金会组织，名称为泰国东正教教会。

四、基督教在泰国的发展现状及《圣经》的翻译

从2007年开始，泰国基督教信徒增长速度就已经超过了全国总人口的增长速度。泰国的基督教发展到今天，信徒规模有近50万人，略低于总人口的1%，其中绝大多数是天主教信徒，其余的属于新教，东正教在泰国基督教中则属于比较边缘的教派。在泰国，政府将基督教的管理划归到了泰国文化部下属的宗教局。目前受到官方认可的基督教教派有5个，分别为"泰国天主教联合会"、"美南浸信会"、"基督复临安息日会"、"泰国基督教总会"以及"泰国基督教联合会"。此外，泰国官方对于基督教的态度也更加包容和开放。尽管历史上泰国用于宗教事务的国家预算限定于佛教，但自20世纪80年代中期始，也有一些预算象征性地给了基督教团体。

当然，在研究泰国的基督教情况时，除去基督教的发展和管理，对于基督教来说宗教经典——《圣经》也是我们不可忽略的一个重要视角。《圣经》对于基

督教的地位相当于伊斯兰教的《古兰经》。在基督教发展的前期，《圣经》只能是拉丁语，是不能翻译和随意解释的，对《圣经》的解读权利掌握在教会手中。而后随着基督教的分化和改革，《圣经》开始有了各个语言的版本。泰语版《圣经》的翻译从19世纪就开始了。1834年，《圣经》部分内容的泰语版本出版，随后在1843年，《圣经·新约》首次在泰国印刷出版。第一本泰语版本的完整版《圣经》则是在1883年出现的。在这整个过程中，《圣经》的翻译、印刷、出版和发行都是由"泰国圣经公会"负责的。从1828年开始，泰国圣经公会便开始了相关工作的组织，但这一组织直到1966年才在官方的认可下正式成立。

五、基督教对泰国社会的影响

基督教在泰国宗教大家庭中的地位和数量占比情况已经决定了基督教文化在泰国文化中不能烙下明显的烙印。虽然在泰国国家现代化的推进过程中，广义上的基督教文化戴着全球化和现代化的面具在包括泰国在内的全球大部分地区推行，但这种"影响"即使算得上是"文化"层面，更多的也只是物质上的、生活习惯和方式上的改变，且这种改变是和"西方化"、"民主化"和"科技化"相联系的，并不是单纯的基督教文化。

基督教作为一种宗教，其对泰国社会的影响和作用更直观地体现在教会在医疗、教育、慈善和社会事业上的投入。在基督教传入泰国的初期，我们不得不承认当时的基督教代表的是西方先进的技术和生产力，基督教传教团体在泰国的传教活动客观上促进了泰国在科教文卫事业上的现代化发展。在现今的泰国，顶级医院的名单中不乏教会医院的身影，其中较为著名的由圣·路易斯医院、曼谷传教团医院、卡米连医院以及曼谷教会医院。而在教育领域，基督教学校遍布泰国全国各地，这些教会学校在推行现代教育和外语教育上做出了实质的努力。此外，传教团体还在印刷出版、疫苗注射、外科手术、字典编撰等方面作出了自己的贡献。特别是在过去的半个世纪中，泰国基督教总会在教会改革、宗教对话、民主运动、难民救济以及提高妇女儿童地位方面起到了不可替代的作用。正是由于泰国基督教教会在公益事业上的贡献和努力，泰国成为了继香港之后亚洲基督教大会的总部所在地。

第四节　婆罗门教（印度教）

在现今泰国的宗教体系中，婆罗门教或者说印度教，从数量上和规模上来说仍然属于较为小众的宗教信仰。但是当我们从文化的角度来看待时，就会发现婆罗门教（印度教）在泰国文化的"产生、发展、繁荣"整个时期中产生了不可磨灭的影响，并且一直以来就是泰民族宗教文化的重要组成部分。

说到印度的宗教文化，其发展大致可以分为以下几个阶段，即（1）印度河城市文明时期（公元前3000—公元前1 500）；（2）吠陀文明时期（公元前1500—公元前1000），这一时期出现了多神教信仰，学者们普遍认为这一时期出现的吠陀教是印度原住民的原始宗教和雅利安人的宗教混合形成的比较成熟的宗教体系；（3）婆罗门教兴盛时期（公元前1000—公元前6世纪）；（4）佛教兴盛时期（公元前6世纪—公元前2世纪），这一时期婆罗门教衰败；（5）印度教时期。公元前2世纪，婆罗门教得以复兴，在公元4世纪婆罗门教吸收佛教、耆那教、民间信仰的教义教规，开始向印度教转变，于8—9世纪形成印度文化核心——印度教。印度教的基本教义不变，其主要经典仍然是《吠陀》。[①]大致上说，吠陀教、婆罗门教、印度教在实质上是同一种宗教演化发展的3个阶段。这种宗教在现阶段以印度教的方式呈现在我们面前，虽然在3个不同的宗教阶段其崇拜的神灵、祭祀的方式等方面有所变化，但本质上是同一的，其信奉的宗教经典和基本信仰没有改变。

在印度，印度人一直以来就把自己的宗教信仰和生活方式称为"雅利安达摩"，这种婆罗门教的文化直到今日都能在泰文化中找到影子。实际上在当今泰国，很多人并没有将印度教和婆罗门教进行严格意义上的区分，在日常使用中甚至"婆罗门教"一词出现的频率要高过"印度教"。

一、婆罗门教的传入、发展和现状

关于婆罗门教传入泰国的确切时间，学术界莫衷一是，观点各异。中国学者段立生教授引用中文典籍证明婆罗门教约于公元前1—2世纪传入泰国。泰国学者敦拉亚拍·比利差叻则认为，婆罗教传入泰国的时间约为公元前3—5世纪；缅

---

① 朱明忠，尚会鹏：《印度教，宗教与社会》，北京：世界知识出版社，2005年版，第7–17页。

甸学者敏悉都及北京大学教授姜永仁等也认为婆罗门教大约于公元 3 世纪后首先传入缅甸然后再传入其他东南亚国家。而根据有关史料，曼谷王朝拉玛四世时期修建佛统府的佛塔时，出土了一只青铜浇铸的迦楼罗鸟，这是婆罗门教信奉的毗湿奴的坐骑。有学者据此推断最迟在公元前2世纪佛教传入东南亚之时，婆罗门教就已经传入了泰国境内。而当我们把目光放到整个东南亚地区层面上时，就会发现婆罗门教在东南亚地区的传播主要是通过陆路通道传到半岛东南亚地区，而通过海路通道传入海岛东南亚地区。

抛开婆罗门教传入泰国的确切时间不提，我们注意到在婆罗门教传入泰国的时期，泰族并没有在现今泰国的领土范围内建立统一的政权或国家。当时的泰族在整个东南亚地区并不是占据主导地位的民族。在13世纪素可泰王朝建立之前，现今泰国所处的地区曾处于不同宗教信仰民族的统治之下，有信仰佛教的孟族和信仰婆罗门教的吉蔑人。其中吉蔑人建立的扶南王国以及扶南之后的真腊王国都对泰族地区乃至整个中南半岛地区的婆罗门教传播产生了巨大的作用。在扶南和真腊王国时期，婆罗门教和大乘佛教都十分盛行，现今位于柬埔寨举世闻名的吴哥窟便是在这一时期建造完成的。吴哥窟婆罗门教风格的寺庙和塑像本身就是对当时婆罗门教地位的完美注脚。婆罗门教在这个时期也因此和佛教一起在泰族地区得以传播。

1238年，泰族人建立了素可泰王朝。自此，上座部佛教得到了素可泰统治者的大力推广，佛教得以在泰国发扬光大。在这一时期，婆罗门教在泰国的地位逐渐式微，成为了一种和佛教相互补充的宗教文化存在。但王朝统治者却仍然重视和宣扬婆罗门教，并把婆罗门教与佛教相结合进行传播。据现在发掘出的大量石碑记载，素可泰王朝的统治者曾下令塑造各种婆罗门教天神神像供奉于庙宇等重要场所。

到了阿瑜陀耶王朝（1350—1767年），婆罗门教达到繁荣的顶峰，宫廷中的婆罗门教士除了负责祭祀、王室仪式等事务外还负责文学、艺术、教育及法律事务。婆罗门教对泰国的传统文化影响深远，深深渗入了泰国的传统文化当中。直到现在，婆罗门教英雄史诗《罗摩衍那》（泰语名为《拉玛坚》）仍是泰国传统宫庭剧孔剧的唯一演出作品。

及至1767年，阿瑜陀耶被缅甸攻陷，宫廷内的婆罗门教士被大量掳至缅甸，余下的则散落民间，被吞武里王朝（1767—1782年）所收留。

曼谷王朝（1782年至今）建都后，出于统治的需要，一世王朱拉洛大帝再次宣扬婆罗门教，他出资整修了婆罗门教庙宇并重建了曼谷婆罗门教大秋千架。由于统治者的推崇，散落于泰国各地的婆罗门纷纷返回曼谷居住。但由于婆罗门教典籍及婆罗门教团体在战乱中受损严重，因此婆罗门教士的作用仅剩下负责王室仪式举办这一项。婆罗门教在泰国更多地是适应统治需要而存在的，特别是婆罗门教中的"法"思想。到了曼谷王朝中后期，随着西方科学民主思潮的传入，以及国王权力的下降，特别是在1932年泰国实行君主立宪制以后，婆罗门教在泰国的地位更加衰落，虽然其对于泰国文化的影响是极其深远的，但婆罗门教作为一种宗教在泰国的影响力已经远远不如从前。

衰落后的婆罗门教渐渐远离了主流社会生活，仅出现在一些宫廷仪式及民间礼俗当中，而且大多与佛教教义结合而进行传播。直到1997年泰国金融风暴前后，由于社会动荡，人心不稳，人们渴求心灵的寄托与慰籍，婆罗门教的天神信仰又重新热络了起来。四面神、象头神、泽笃堪神等婆罗门教天神广受大众推崇，甚至出现了所谓的社会"请神热"，婆罗门教又重新返回大众视野。我们可以发现，这种所谓的"请神热"实际上是婆罗门教在当今泰国社会商业化、国际化以及与各信仰相融合的世俗化的体现。

然而与婆罗门天神信仰热潮不相称的却是婆罗门教团体在泰国社会地位的下降。泰国婆罗门教领导机构管理松散，没有像佛教那样的全国性层级管理机构，虽然设有"泰国婆罗门教会"作为全国性的领导机构，但该全国性领导机构下辖区区18位婆罗门教士。根据泰国2005年的统计数据，泰国全境内有婆罗门教徒（含印度教）52 631人，只占总人口的0.09%。

二、婆罗门教对泰国文化的影响

如果说佛教是泰国文化的主色调，那么婆罗门教一定可以算得上是这种主色调的底色之一。现今泰国国徽是金翅大鹏鸟的形象，其实这是婆罗门教中三大主神之一毗湿奴的坐骑伽楼罗，婆罗门教对泰国文化的影响可见一斑。这种影响不仅仅在于宗教和国家制度上，还在于文学、艺术、建筑等方面。甚至于泰国历史上第二个统一的王朝阿瑜陀耶王朝的都城阿瑜陀耶，都是根据印度古城阿约提亚所命名的。而阿约提亚根据印度传说是婆罗门教"罗摩"的出生地。

在泰国，婆罗门教主要是以和佛教以及各种民间信仰相结合的仪式及天神信仰的形式存在的，同时婆罗门教以"达摩"为主的理念也以"礼法文化"的形式存在于泰国文化之中。所以婆罗门教对泰国文化的影响更多体现在意识层面和仪式。

（一）泰国宗教仪式和天神信仰中的婆罗门教

在泰国，婆罗门教士的大部分活动是主持宫廷的仪式和充当国王某些事情的顾问。一部分王室仪式更是直接保留了婆罗门教的仪式，例如玉佛更衣仪式、春耕礼、国王登基仪式中的部分礼仪。甚至在民间流行的一些仪式也保留了浓重的婆罗门教色彩，比如招魂仪式、剃度礼、成年礼、新居入伙中的一些仪式。在这些仪式中，总是婆罗门祭司做主持，和尚诵经。[①]这也是泰国婆罗门教和佛教相结合的一大表现。

此外，在泰国梵天、天神信仰，巫术和咒符信仰中，我们也能够看到婆罗门教的身影。婆罗门教是一门多神信仰的宗教，其在发展到印度教阶段后，信奉"梵天——毗湿奴——湿婆"三大主神，教派众多。婆罗门教文化中的多神信仰和天神信仰也在传入和发展过程中逐渐被泰国人所接受。现在我们在泰国还可以看到供奉婆罗门教天神的庙宇和神龛。其中著名的要数位于泰国首都曼谷爱侣湾饭店门前的"四面佛"（大梵天）雕像。"四面佛"称为"四面神"更为确切，其由纯金打造，为曼谷市中心，每日信徒香火不断。在那里，献鲜花和舞蹈是信徒答谢神灵的方式。其次，位于武里南府的帕侬蓝历史公园是泰国境内最重要的供奉湿婆的寺庙，建于12世纪。

（二）泰国"礼法文化"中的婆罗门教基因

在泰国，婆罗门教是一门上层宗教，其传授的是管理国家的知识。在婆罗门教传入东南亚的很长一段时期内，婆罗门教代表着一种先进的文明和制度。这种由印度而来的文明在泰国文化形成的初期便留下了不可磨灭的影响。上面所说的宗教仪式和天神信仰仅仅是婆罗门教在可视层面上对泰国文化的影响，而其在社会上层建筑上的影响力则更应该获得我们的重视。

在古代印度，人们的生活中并没有什么"宗教"与"世俗"之分，古印度人生来就继承父母的精神信仰和生活习俗，他们将这些信仰、追求、生活习俗所结合而成的生活方式，称为"达摩"。其实，"印度教"是西方生创的词汇，印度人

---

① 戚盛中：《泰国》，北京：世界知识出版社，1996年版，第186页。

反对将自己的信仰称为"印度教",因为自古以来他们对自己的信仰的称呼,是"Sanatana Dharma"(永恒的达摩)。[①]"达摩"在印度文化中是一个非常复杂的概念,早在公元前3世纪阿育王的石碑上便正式出现了"达摩"一词。总体而论,"达摩"的意思是指,一套支持万物存在的规律或法则、宇宙的秩序,还代表一种能使人在活着的时候获得前途与和平、死后达到解脱的理论和实践。[②]这种概念落到社会发展上来说,便是社会秩序、伦理道德,以及法律原则、政治规范。这二者在泰国文化中的影响便以"礼法文化"的方式体现出来。

"礼"的确立是婆罗门教带给泰国文化的一大遗产。这种"礼制"至今还反映在泰民族的宗教信仰和生活方式中。在世俗生活方面,形成了以长幼尊卑等级观念为核心的文明的礼俗,也就是泰国的"庇护制"文化。小到家庭大到国家,"礼"成为了维护宗法血缘关系和等级制度的精神原则和言行规范。[③]而至于宗教信仰层面上的"礼",则更多地体现在宗教仪式上的婆罗门教色彩以及泰人对婆罗门教天神的崇奉上,这一点在前文中已有举例,此处不再赘述。

在封建社会,"礼"和"法"是不能完全分而论之的,但相比起"礼"文化,婆罗门教在"法"文化上对泰国社会的影响更加深厚。佛教在泰国社会的确立促进了伦理道德的建设和发展,同时在婆罗门教的影响下,"礼"的确立也从伦理道德层面规范了泰国社会的秩序。但一个社会的的运作仅仅依靠道德的力量是远远不够的,法律手段是国家发展壮大必不可少的手段之一。在这个意义上,婆罗门教的"法文化"影响其实是引礼入法,礼法结合的过程。

印度文化中的"达摩"本身就包含有法律的含义。特别是到了"法论"时代,即公元前2世纪至公元2世纪,"达摩"的概念不仅包括伦理道德的意义,还明显地具有政治法律的涵义。[④]在"法论"著作中最重要和著名的《摩奴法论》,则为泰国社会法制的建立奠定了根基。总的来说,泰民族的法律源于婆罗门教,在20世纪西方法制民主思想传入泰国之前,泰民族的法律都是参照《摩奴法论》制定的。泰国学界有学者以素可泰第38块石碑中的"王伦"、"法论"两词为证,认为《摩奴法论》在素可泰时期就已经传入泰国。然而仔细分析,我们发现在古代泰国社会,"法"文化的发展不是一蹴而就的,婆罗门教中"法"的文化也有一个逐

① 邱永辉:《印度教概论》,北京:社会科学文献出版社,2012年版,第222页。
② 邱永辉:《印度教概论》,北京:社会科学文献出版社,2012年版,第224页。
③ 吴圣杨:《婆罗门教信仰与泰人的礼法文化》,载《太平洋学报》,2007年第8期,第20页。
④ 邱永辉:《印度教概论》,北京:社会科学文献出版社,2012年版,第223页。

渐被泰国统治者接纳的过程。

在素可泰时期，泰人对婆罗门"法"文化的接受程度主要还停留在"礼"的阶段。这一时期统治者主要是通过道德教化来进行国家管理的。从个体家庭，到村落，再到整个国家，都实行的是"父—子家长式统治模式"。在这种模式下，法律主要是乡土法律，是在长期生活实践中形成的关于对错的价值判断，是在道德观念基础上形成的。但随着疆域的扩大和人口的增加，这种父子式的统治模式不再适用于国家层面。在六世王立泰王创作的《三界论》中，就提出要"广纳通晓达摩的婆罗门修道者，予以崇高地位，作为法律顾问"。婆罗门教士作为王室的顾问在国家治理上开始发挥重要的作用。但在整个素可泰时期，并没有建立完善的法律制度，国家管理主要还是依靠"德治"。

到了阿瑜陀耶时期，泰国统治者从礼制到政治制度都大大吸收了婆罗门教文化。相比起北面的素可泰王朝，位于南方的阿瑜陀耶王朝距离曾拥有繁荣的婆罗门教文化的高棉地区更近。其开国国王乌通王就从故国吉蔑人统治地区继承和颁布了几部法律。乌通自诩为"拉玛提波迪一世"，其中"拉玛"便指"罗摩"，是印度教主神之一，是保护神毗湿奴的化身。这也表明当时王室崇奉婆罗门教已蔚然成风。"拉玛"这一名号也在曼谷王朝得以沿用，现任泰国国王便是"拉玛九世"。根据《摩奴法论》，国王是世界的保护者。这一理念也为国王的统治提供了一定的法理依据，因而被统治者利用。在婆罗门法师的帮助下，国王得以为其自身塑造出了"天王"的形象。同时在中央设置了以军队首领作为国家支柱的四大臣制度，法律开始以散文和诗歌等文学形式呈现；在地方则沿袭素可泰时期的"父子家长式"统治，以风俗习惯作为道德规范。由此可见，泰人在阿瑜陀耶时期对婆罗门文化的吸收已经开始由"礼制"向"法制"过渡。特别是在八世王时期，由于有了七世王攻打高棉时掳掠的大批婆罗门法师和官吏做人才基础，八世王在全国范围推行了"四大臣"制度，实行军管和民管，婆罗门法师、文官沙木罕统领四大臣。在婆罗门法师的协助下，法律条款得以颁布，案件的审理与判决分离，陪审团由12名婆罗门法师组成。婆罗门法师为保证国王权威，还制定了严厉的《叛国刑法》，并每年举行两次对国王宣誓效忠的婆罗门教饮水仪式。这种政治统治和法律制度的基本模式也一直延续到了近代，直到1932年革命泰国确立君主立宪制度为止。

20世纪初开始，婆罗门教开始逐渐退出政治统治，但几百年间在婆罗门教影响下形成的礼法文化观念已经深深融入到泰国人们的思维中。虽然后期《摩奴法论》的法律范本地位被西方式的法律制度所取代，立法程序和审判方式也采取了西方模式，但婆罗门教"法"文化的影响依然存在。这种影响更多是隐形的，以民俗和宗教的形式体现出来。

（三）泰国文化中佛教与婆罗门教的相互补充与融合

在泰国，佛教仪式中我们往往能够看到婆罗门教士的身影，且在许多重大宗教仪式，特别是王室仪式中，都不乏婆罗门仪式的存在。在这样一个佛教占绝对地位的国家，婆罗门教似乎并没有退出佛教徒的生活，甚至有的婆罗门教士本身也是佛教徒。这是因为在泰国社会，佛教和婆罗门教不是二元对立、非黑即白的，二者在历史发展的漫漫长河中相互补充与融合。而这种补充不仅仅在于国家治理层面上的"德"与"法"，还在于信徒心理层面上的信仰需求互补。

首先，婆罗门教是以天神信仰为主要表现形式的一种宗教，它是对上座部佛教抽象的宗教教义的一个补充。由于传统的上座部佛教教义太过于抽象（真正的上座部佛教主张"灭欲"及"修心"，并不主张信神），更多地注重的是对自身的修为，社会集结能力不足，不能提供给大众一个具体的可依赖的形象，于是大众便去寻找一个载有具体形象的宗教作为心灵的依靠。婆罗门教的信仰和仪式更具体和形象，能够更广泛地满足人的心理、社会层面的需要，在泰国又拥有悠久的历史，具有众多天神形象，因而满足了人们这一愿望。

其次，社会要主张平等、公理和正义，但在社会中还是存在不平等的。婆罗门教崇拜天神和祭祀实际上正好满足了人们心中祈求平等和想走捷径的需要。这从另一方面证明了尽管泰国社会有佛教的"虚无"作为抚慰心灵的良药，但是人内心中的功利心理还是需要一定的渠道来宣泄。

再次，婆罗门教的天神信仰和"梵我同一"的理念在泰国社会中起到了补充的作用。婆罗门教承认"有我"的存在，修行的目的是要"梵我同一"，而不是要否定"我"的存在。婆罗门教崇敬的天神一般都有具体的形象。祈求天神保护可以让人心中的"欲"有一定的释放渠道，同时"梵我同一"的理念也让"我"有了存在的空间。婆罗门教的"解脱"即是"梵我同一"，并不是像泰国佛教一样完全切断自己的欲望。关于通向"梵我同一"之路有数种，不同的人有不同的做法，惟其要能通向"梵我同一"。在对"我"的看法上，婆罗门教比泰国佛教更能贴近现实，在泰国起到了对佛教的补充作用，受到百姓的欢迎。

然而，虽然两门宗教在教义上和信仰衍生品上存在互补性，但这并不会改变佛教在泰国的主导地位。反之，这种互补性和融合性也使得泰国的婆罗门教成为了一门具有泰国地方特色而与印度本土婆罗门教有所区别的本土化了的宗教。这也是婆罗门教作为外来宗教要在非宗教发源地获得信徒皈依所必须付出的代价。

泰国的婆罗门教和印度的婆罗门教之间的区别总体说来有如下几个方面：印度婆罗门教在"人生达摩"的认识上主张人生应该分为四个阶段：梵行期、家居期、林栖期以及遁世期。[1]而在泰国，婆罗门教教徒只有梵行期和居家期。此外，印度婆罗门教士要做祭祀，如家庭祭祀和火祭。而泰国婆罗门教士大部分活动是主持宫廷仪式和充当国王某些事情的顾问。至于两个国家婆罗门教徒最大的区别，则是泰国婆罗门教教徒也信仰佛教。[2]

总的说来，婆罗门教是一门非常古老的宗教，它传授的是管理国家的知识。自传入泰国后，它被统治者用来构建礼法制度并巩固统治。尽管婆罗门教对泰国的礼法文化影响巨大，但是，它却仅仅是一种上层的宗教，虽然现代社会中婆罗门教借着"请神热"重新回归设置视野，但它未能如佛教那样扎根于广大人民群众之中，更多的只是一种文化上的存在和影响。而且泰国婆罗门教与佛教的融合与本土化，也使得婆罗门教在泰国不再是一门独立的、大众的信仰，而是作为泰国文化的底色之一以宗教仪式、天神信仰、礼法文化等方式保持其宗教文化影响力。但无论如何，婆罗门教文化都是泰国文化的重要组成部分，是我们在理解泰国文化时不能忽略的切入点。

第五节　锡克教

锡克教是15世纪产生于印度的一神教，尊崇十位上师并以上师们传授的《阿底格兰特》为经典，《阿底格兰特》象征第十一位上师；以公平正义、扶贫济弱和宗教自由为基本教义。"锡克"一词，来源于梵文，意思是"学生"、"弟子"、"信徒"。

19世纪末，来自印度的锡克教徒在拉玛五世时期来到泰国，从事商贸并在泰

---

① 邱永辉：《印度教概论》，北京：社会科学文献出版社，2012年版，第228页。
② 戚盛中：《泰国》，北京：世界知识出版社，1996年版，第187页。

国定居，锡克教便在泰国传播开来。一开始锡克教徒主要聚居在曼谷，也没有建立谒师所（锡克教的礼拜场所）。后期随着人数的增加，锡克教徒社区逐渐扩大，首座谒师所也于1912年在曼谷出现，坐落于今日曼谷的拍乎叻路，是仿照印度旁遮普邦锡克教圣城阿姆利则的哈曼迪尔寺（金寺）建造的。

锡克教在泰国的扩散是随着锡克教徒向泰国的迁移进行的，迁移背后的驱动力是锡克教徒拓展商贸的需要。泰国的锡克教徒绝大多数是从印度来泰国定居的印度锡克教徒，改信锡克教的泰人极少。目前泰国锡克教徒约有5 000人，组织机构为"泰国锡克教协会"。曼谷仍然是泰国锡克教徒最为集中的城市，其他诸如清迈、芭提雅、呵叻、普吉等城市也有锡克教徒聚居的社区。

第五章　艺术

泰国艺术包括音乐、舞蹈、戏剧、绘画、建筑艺术等。泰国艺术在长期的历史发展过程中，受本民族文化传统、社会状况、地理环境、审美习俗和外来文化等诸多因素的影响，逐步形成了自己独特的艺术风格和表现手法，具有鲜明的民族特色，并随着艺术实践的发展而不断丰富，日益显现出其时代感和兼容性。

第一节　音乐

音乐是泰国人民生活的重要组成部分，是与人们的精神信仰和社会生活结为一体的。无论是民俗礼仪、节日庆典、佛教仪式，还是在日常生活和劳动中，无处没有音乐的踪影。特别是泰国的传统音乐，那种发自内心的柔和气息，天籁一般的声音，体现着泰国人民对真、善、美的追求，以及宽容豁达、典雅细腻的民族气质。

泰国的传统音乐主要分为古典音乐和民间音乐两类，并在发展的历史过程中受到印度、中国、爪哇和柬埔寨音乐文化的影响。例如，素可泰王朝建立之前，泰国的音乐就已经受到中国西南少数民族、孟族和高棉族等民族音乐文化的影响，而印度的宗教神话及印度戏剧、印度音乐等随着佛教在泰国的传播，对泰国的音乐发展也产生了重要的影响。

一、泰国的古典音乐

泰国的古典音乐成型于阿瑜陀耶王朝时期，这一时期，柬埔寨的宫廷音乐对泰国的古典音乐影响很大，从而奠定了泰国古典音乐的基础。曼谷王朝拉玛一世时期，泰国的古典音乐融入了爪哇佳美兰合奏音乐的因素。19—20世纪，泰国的古典音乐日趋成熟，但仍然是作为戏剧和舞剧的伴奏而演出，直到20世纪初古典音乐才在舞台上单独进行表演。

泰国古典音乐的题材比较单一，大多取材于印度史诗《罗摩衍那》（泰语称

《拉玛坚》)。该剧完整演下来要400个小时左右，为它创作的乐曲有1 200多首。后人按照乐曲的表现内容将其分为表现喜、怒、哀、乐、感动、爱情、婚丧、战争等36类曲目，演出时根据需要选取相应的曲目进行演奏，或配上诗词作为唱段。泰国的古典音乐分为声乐和器乐两种，具有如下特点[①]：

1.音阶：七平均律，即将一个八度七等分，有专家把它与十二平均律作比较，发现两者的八度音是完全一致的，四、五度音也相差不远，但二度则比十二平均律的低1/8，三、六度低1/4，七度几乎低了一个半音。

2.调式骨干音：与中国传统的五声调式相似，也是五声音阶，即以首调式的do、re、mi、sol、la音级构成，只有孟高棉风格的音乐才会偶尔有fa、si音级的出现，用以丰富音乐的色彩或作为转换调高之用。乐曲多数以do为结束音，即主音，其次是sol、la、re，而以mi音结束的比较少见。乐句的尾音与主音间的关系以七平均律的四、五、六度为多数，其次是三度，这些音与主音共同构成乐曲的框架，即骨干音。

3.旋律：旋律多以循序渐进的方式展开，很少出现四度以上的跳进，音域不宽。乐曲结构十分方整，一般由多个偶数等长的乐句和乐段构成，各句末的结束音（乐句骨干音）之间都以四、五度音程关系相互呼应。由于四、五度音程的完全协和性，大大加强了乐曲结构的完整性。加上它的节拍几乎都是二拍子，强弱位置十分固定，因而更加强了音乐的平稳感。

4.润腔：歌曲演唱中只要是时值稍长的上行或下行中都伴有颤音和滑音。其颤音与西洋音乐小而快的特点不同，较之西洋音乐大而慢，有点接近中国京剧的颤音风格，这种颤音不仅美化了声音效果，同时极好地加强了音乐的平稳性。滑音既增添了音乐的歌唱性效果，又加强了音乐的连贯性，这种效果在器乐中同样得到体现。另一特点是鼻音的应用，在乐句尾部的长拖音中，前是自然的声音，后则闭口变为鼻音，给人一种"实"与"虚"的对比变化，并且与颤音、滑音联合应用，使得音乐更有了抑扬顿挫之感。

泰国古典乐器的演奏多由打击乐器控制节奏，例如木琴、围锣、筚、钹及腰鼓、象脚鼓等。每一个演奏者都可以在主旋律基础上进行变奏，自由发挥，形成复杂的具有泰国古典乐曲特点的多声部音乐。古典音乐歌唱体现出音色优美、节

---

① 李庆荣：《泰国北部山地民族的音乐形态》，载《玉溪师范学院学报》，2006年第7期，第87—88页。

奏缓慢、声音柔和的特点，其音域宽广低沉，常用颤音、滑音和重鼻音，并配合泰语字调的抑扬顿挫造成余音缭绕的虚实效果。

二、泰国的民间音乐

泰国的民间音乐虽然也曾受到印度音乐文化的影响，但是由于民间音乐多源于现实生活，与人民的生活环境和生产劳动密切相关，再加上泰国是一个以泰族为主体的多民族国家，各个民族较好地保持了自己的传统民族文化，所以泰国的民间音乐体现出了较为明显的生活特色和民族特色。但是这种特色又不是孤立的，各民族之间的相互融合使得各自的民间音乐相互借鉴、渗透，从而形成了泰国多样化的民间音乐，如泰北掸族音乐、清迈的情歌、泰东北的对唱音乐和说唱音乐艺术等。

泰国的民间音乐主要为一些劳动唱曲和歌舞曲小调等，其产生于普通劳动人民的劳作过程中，如割稻和打场，或者是源于民间的各种风俗节庆。民间音乐表演的场合也多在劳动过程中，或者是一些传统节日庆典上。尤其是泰国的民歌，种类繁多，体裁丰富，曲调欢快明朗、朴素清新，深受群众的喜爱。比较有代表性如泰国民歌《割稻子》、泰中地区的《收割歌》、儿歌《催眠曲》、泰国北部地区的《船歌》，各种集会或节庆典礼上演唱的《绍歌》、《排笙》，以及泰国流行最广泛的一种民歌体裁，民间集体舞南旺舞的伴奏歌曲——南旺歌曲等等。这些民间音乐积淀了泰国的艺术文化，是泰国人民生活的真实写照。

三、泰国的民族乐队和传统乐器①

（一）泰国的民族乐队

泰国的器乐演奏有着悠久的历史。早在素可泰王朝时期，苏那姑山的碑铭和文学作品《三界》里就有关于泰国民族乐器演奏的记载，民族乐队也已经出现。素可泰时期泰国音乐的特点是演奏和说唱地方曲子相结合，这一时期的民族乐队有如下四种形式：

1.弹拨乐队：由一个人弹奏琵琶并演唱曲子，具有弹唱的特点。

2.说唱乐队：由三人组成，一人唱曲、一人拉三弦胡琴伴音、一人摇拨浪鼓

---

① 参考自魏清：《泰中音乐全书》，泰国：永萨瓦出版社，2008年版。

打拍。

3.管击乐队：由5件乐器组成的乐队，有2种形式，包括：轻型五件乐乐队和重型五件乐乐队。轻型五件乐乐队由笛子、小型双面鼓、单面鼓、高低音双锣和小钹5件乐器组成。重型五件乐乐队由笛子、大圈排锣、双面鼓、大型双面鼓和小钹组成。

4.管弦乐队：是将弹拨乐队和说唱乐队相结合而产生的一种新式乐队，称为四件乐管弦乐队，一般由4人同时演奏，即一人说唱并击板打拍，一人拉三弦胡琴伴奏，一人弹四弦琴，一人击单面鼓打拍。

在阿瑜陀耶王朝时期，泰国的民族乐器演奏非常盛行，这时期的乐队形式和素可泰时期相比有所调整和发展，主要包括：

1.管击乐队：这一时期的管击乐队还保留着素可泰时期的形式，但增加了木琴，由木琴、单簧管、大圈排锣、双面鼓和小钹组成。

2.管弦乐队：在素可泰时期四件乐乐队的基础上发展为六件乐乐队，增加了两件乐器，即笛子和单面鼓，因此这一时期的管弦乐队有6种乐器，包括三弦胡琴、四弦琴、小单面鼓、单面鼓、笛子和节子板。

吞武里王朝时期泰国的民族乐队仍保留着阿瑜陀耶时期的特点和形式，曼谷王朝建立后，泰国的民族乐器和乐队形式得到了改进和发展，具体表现为：

拉玛一世时期，泰国的民族乐器和乐队还保留着阿瑜陀耶时期的特点和形式，但在管击乐队里增加了一个大型双面鼓，以前的乐队里只有一个，增加后就有了代表雄性的高音双面鼓和代表雌性的低音双面鼓，这种形式一直流传到今天。

拉玛二世时期，泰国民族音乐获得飞跃发展。拉玛二世本身就特别喜欢音乐，并且在这方面很有才华，能够双手拉三弦琴，还创作了一首旋律优美并流传至今的歌曲《月儿飘》。这一时期在管击乐队的演奏中第一次加入了吟咏唱法，还产生了一种在孟式双面鼓的基础上发展而来的新式双面鼓，负责在新的加入了吟咏唱法的管击乐队里控制节拍。

拉玛三世时期，泰国的管击乐队发展成为双乐乐队，并发明了竹板琴，与原来的木琴组成一组，还发明了小圈排锣，与原来的大圈排锣组成一组。

拉玛四世时期，泰国的管击乐队发展成为大型管击乐队，仿照木琴和竹板琴发明了用金属制成的金属木琴和金属竹板琴，用于双乐乐队的演奏，使得管击乐队的规模有所扩大，因此更名为大型管击乐队。此外，这一时期还产生了弦乐乐队。拉玛四世时期流行采用一种先唱后奏的演奏形式，被称作"领唱"。这种新演奏形式的流行使作曲家将原来的二声部曲目改编为三声部曲目和单声部曲目，最后演变为链曲。

拉玛五世时期，管击乐队有所改进和发展，取消了声音小且尖或声音过大的乐器，只保留声音低沉柔和的乐器，并增加了一些新乐器。这时期流行的管击乐队乐器包括木琴、大圈排锣、竹板琴、低音金属木琴、笛子、二胡、双面鼓和节拍器。

拉玛六世时期，泰国的管击乐队和孟族管击乐队相结合，产生了被称为"孟式乐队"的新乐队。这种新式乐队包含了五件乐乐队、双乐乐队、大型管击乐队，以及泰国民族乐队的特点，广泛用于葬礼中的演奏。此外，还将一些外国乐器进行了改造并用于乐队的演奏中，使得泰国民族乐队的形式有所改变和发展，如将印度尼西亚爪哇的竹管乐器"安卡龙"引进泰国，并将之改造为具有7个音的乐器（以前只有5个音），还改进了演奏方法，即每人控制2个声音。后来这种乐器完全成为泰国民族乐器的一部分。这一时期泰国的弦乐乐队也引进了外国的乐器，如中国的扬琴和西方的风琴，使得泰国民族乐队又产生了一种新形式，即"混合弦乐队"。

拉玛七世王在位时期，非常重视泰国民族音乐的发展，还亲自创作了多首旋律优美动听的曲子。1932年泰国发生军事政变后，有一段时间泰国政府禁止民族音乐的演奏，这一政策的实施严重阻碍了泰国民族音乐的发展。当这一政策取消后，泰国民族音乐仍然没有恢复到原来的发展状态。而随着外国音乐文化大量进入到泰国社会，泰国民族音乐日渐萎缩。现在泰国流行的民族乐队主要有3种，即"比帕"乐队、"库郎塞"乐队和"玛荷里"乐队。比帕乐队是一种以打击乐器为主的乐队，乐器有笛、木琴、双面鼓、围锣、孟族双面鼓。以前比帕乐队主要给泰国中南部的戏剧表演进行伴奏，现在常在舞台上单独演出，有时还会配合泰国的拳击比赛而演出。在佛教仪式和戏剧开始时表演的序奏，也是由比帕乐队演奏的。库郎塞乐队由弦乐器、节奏性打击乐器和竖笛组成，主要用于伴奏声乐，很少独立演奏。玛荷里乐队由弦乐器、竖笛以及旋律性、节奏性打击乐器组成，兼具管弦乐队和打击乐队的特点。

(二)泰国的传统乐器

根据演奏方法，泰国的传统乐器主要分为弹拨乐器、弓拉乐器、打击乐器和吹奏乐器4种。

1.弹拨乐器

泰国的弹拨乐器有四弦琴、独弦葫芦琴和筝琴。

四弦琴是一种印度琵琶，有四根琴弦。琴身像一个四周磨圆的梯形扁平盒子，琴身正面有出音孔，能使声音流畅发出且响亮悦耳。琴杆由前到后成细长形，最末端细长扁平且向后弯曲。琴杆末端有2个木质琴轴，用于缚绞4根琴弦，琴弦一般由牛筋或黄铜丝制成。琴杆正面有11个品，品一般由硬木、牛角或兽骨制成。素可泰时期就已经出现四弦琴。

独弦葫芦琴由印度人传到泰国，独弦葫芦琴的琴杆用硬木制成，头粗尾细，顶部削成圆尖状，尾部渐细并向上翘起，弯曲的部分便于缠住琴弦。在琴杆的顶部凿一小孔，插入削尖的硬木制成的琴轴，用来调整琴弦的松紧，可以产生高低音。古代独弦葫芦琴的琴弦用藤条制成，现在则使用丝线或黄铜丝。

筝琴是一种放于水平位置弹奏的弹拨类乐器，用木段制成，制作时将木段中间掏空，一般使用菠萝蜜的树干制作，因为这种树干制成的筝声音响亮动听。琴身下面垫底的木头一般用冷杉木制成，并凿孔使声音能够顺畅地发出。琴身下面左端有4个支脚，右端有1个支脚。筝琴有3根琴弦，即高音琴弦、中音琴弦和低音琴弦，高音弦和低音弦用牛筋或丝线搓成螺旋状制成，而低音弦则用黄铜丝制成，这3根琴弦紧紧地缚在琴身上，从琴身的顶部经过琴桌(空心的金属盒子)、并穿过弦马缠在用硬木或象牙制作的琴轴上，每根弦穿过一个琴轴。琴桌的作用是使筝琴的声音得到扩散并且更加响亮。在放置琴弦的轨道里，有11个品以高音到低音的顺序依次排列，弹奏时手指根据旋律按住不同的品。弹奏时使用象牙或牛角制成的圆棒形弹棒来弹奏，将弹棒缠在右手手指上来回弹拨，左手按住品旁边的琴弦，就能产生需要的高低音。

2.弓拉乐器

在泰国的民族乐器里，弓拉乐器称之为"索"，即胡琴。泰国胡琴一共有3种，即二胡、三弦胡琴和椰胡。

泰国二胡由琴筒、琴杆、琴轴、千斤、弦马、琴弓6部分组成，声音具有高、尖的特点。二胡的琴筒能够包住声音并产生响亮动听的声音，形状像一节竹筒，用硬木、象牙或石头等材料制成，不同材质制成的琴筒能够产生不同的音质。琴筒的侧面即琴膜，一般使用蟒蛇皮、牛皮、羊皮或多层纸将其蒙住。琴杆用硬木或象牙制成，形状为长圆状，直直地插入琴筒，并以琴轴为界分为上下两部分。琴轴以上的部分，顶部微微朝琴筒后面方向弯曲，形状酷似"孔船"（泰国一种船头向上翘起的船），因此这一部分也被称之为"孔"；琴轴以下的部分叫做"下杆"。琴轴一共有2个，插在"孔"的下面，琴轴的尾端凿一个小孔用于穿入琴弦，并可根据需要调节琴弦松紧度。上方的琴轴穿入低音琴弦，称之为低音琴轴；下方的琴弦穿入高音琴弦，称之为高音琴轴。琴杆上扣住琴弦的装置叫做千斤，千斤一般是用与琴弦规格相同的线制成一个绳套，钩住琴弦并将琴弦套在琴杆上。弦马是一块小木片，它是在琴弦与琴筒之间传导振动的媒介，作用是将琴弦的震动传导到琴膜上。琴弓由弓子和弓毛组成，弓子用硬木或象牙制成，形状为弯曲状，手握住的位置钉有铆钉，用于钉住弓毛；弓毛用马尾做成，在弓子的另一头凿有小孔，穿入约250根马尾。演奏时，马尾在高音弦和低音弦之间来回拉动摩擦，产生音响，演奏中以高音弦为主。

三弦胡琴是泰国自古以来就有的一种胡琴，声音具有柔和、悦耳的特点，形状比其他胡琴更优美流畅，作为一种高级乐器，一般用于宫廷演奏。三弦胡琴由琴筒、琴杆、琴轴、千斤、弦马、赘子、弦索和弦弓8部分组成。其中的琴筒是用半个椰壳做成琴筒的雏形，再用柚木做成瓜子脸形状的木框套在椰壳边缘，然后用牛皮或羊皮紧紧地蒙在木框上做成琴膜。琴杆分为上、中、下3段，上段为琴杆顶端到千斤的部分，中段为千斤到琴筒的部分，下段为琴筒以下到金属针的部分。琴轴有3个，右边的两个琴轴一个负责高音、一个负责中音，左边的琴轴负责低音。千斤用丝线搓成与琴弦粗细相等的绳套，钩住琴弦并套住琴杆中段，能使三弦胡琴的音质宏亮并有层次感。弦马用硬木或象牙制成，削成弓箭状，它的作用是将琴弦所产生的声音传导到琴膜上。赘子是用玻璃或金属制成的圆形物，上面镶嵌有宝石或乌银，它的作用是增加三弦胡琴的重量和使高低音更加和谐。弦索是用丝线搓成琴弦状，穿入琴杆的下段，它的作用是拉住3根琴弦。弦弓由弓子和弓毛组成，弓子一般用硬木制成，弓毛用250～300根马尾制成。

椰胡是一种音质低沉的胡琴，形状和二胡相似，但音箱部分是用椰子壳制作而成的，由琴筒、琴杆、琴轴、千斤、弦马和琴弓6部分组成。椰胡的琴筒是用半个去除了椰蒂部分的椰壳制作而成的，用牛皮或羊皮紧紧地蒙在琴筒正面做成琴膜。琴杆用硬木或象牙制成，分为上下两部分，琴轴以上的部分为上段，琴轴以下至琴筒之间的部分为下段，琴杆下段插入琴筒中，能够拉住琴弦。琴杆上段插有2个琴轴，用于缚绞琴弦，上琴轴负责控制低音，下琴轴负责控制高音。千斤是用和琴弦粗细相当的线搓成的绳套，用于钩住琴弦并套在琴杆上，能使琴弦产生清晰的音质，也作为椰胡的标准定音部分。弦马是用较厚的纸或布包成枕头形，它的作用是将琴弦的振动传导到琴膜上。琴弓由弓子和弓毛组成，弓子用硬木制成，弓毛用250根马尾制成。演奏时弓毛在高音弦和低音弦之间来回拉动而产生音响，高音弦比低音弦高5个音。椰胡的高音与二胡的低音音位相同。

3.打击乐器

泰国打击乐器的材质种类繁多，主要的打击乐器有：

节子板：由两块厚木板与一组薄板贴合组成，这组薄板串联起来夹在两块厚木板中间，薄板一般用木片或金属片制成。打击方法是用一只手持节子板的一侧，然后击向另一侧，使木片或金属片产生音响。一般用于古典管弦乐演奏、船歌伴奏和孔剧伴奏。

梆子：用硬木制作而成，形状为四方形长条，脊面磨成圆滑状。打击方法是两只手各拿一对梆子，每对梆子相互击打。表演说唱时，使用两对梆子，表演者根据不同的节奏来击打梆子。

木琴：一般使用竹子制作而成，音质柔和优美，如果需要响亮尖锐的音质，就采用硬木制成。木琴一共有21个琴键，由大到小一次排列，第21个琴键即最顶端的琴键最小。这21个琴键像竹筒一样用绳子串起来放置在用硬木制成的琴床上，琴床两头向上弯曲可包住木琴发出的声音，在琴床两头各附有一块叫做"捆"的木板。木琴底座呈四方形。演奏时使用的击槌如果用硬实材料制成能使声音高昂响亮；如果用柔软材料制成，顶端用布包裹，并用线缠好，就能使声音柔和优美。

竹板琴：在木琴的基础上演变而来，有17到18个琴键，竹板琴的琴键比木琴的琴键大，琴床形状也和木琴的琴床形状不同，竹板琴的琴床像一只木箱，中间向下凹进去，但琴床两头也各附有一块叫做"孔"的木板。琴身底部有4个支脚用来支撑，击槌顶端用软布缠裹，能敲打出低沉柔和的声音。

高音铁琴：也称为铁质高音木琴，有20或21个琴键，这些琴键依次排列在有棕木垫着的琴床上，如果没有棕木垫，就用布将木头包起来垫在琴床上。琴床做成四边形，底部有4个琴脚，有时在底部装上4个轮子以便于移动。演奏方法与木琴相同。

低音铁琴：也称为铁质低音木琴，有16或17个琴键，琴键的排列安放与铁质高音木琴一样，琴床长约1米，宽约20厘米，两边的边缘部分向外延伸，琴床底部有4个琴脚，可以安上轮子便于移动。

锣：泰国用于演奏的锣分为两种，一种用于控制节奏，一种用于演奏旋律。用于控制节奏的锣有：差锣、架锣、门锣、悬锣，以及高低音双锣；用于演奏旋律的锣有：槽锣、大圈排锣、小圈排锣、玛红丽锣、孟式U形锣和卡特锣。大圈排锣由16只小锣组成，音最低的小锣叫"图婉锣"，音最高的小锣叫"顶锣"，演奏时每只手拿一只锣槌击打。小圈排锣由18只小锣组成，用于管击乐队的演奏中演奏快捷花哨的旋律。玛红丽锣主要用于混合乐队的演奏中，有大圈玛红丽锣和小圈玛红丽锣两种型号，由18只小锣组成。孟式U形锣是将15只小锣安放在一个精雕细刻的U形支架上，用于孟式管击乐队的演奏中。卡特锣也是用于孟式管击乐队的演奏中，由11只小锣组成。

碰铃：用金属制作而成，是一种节奏乐器，形状呈圆形，中间凸出，正面呈开口状，一组碰铃由两只形状大小相同的碰铃组成，在每只碰铃中间凸出的位置钻孔系绳，并将两只碰铃系在一起，便于持奏。碰铃分为大碰铃和小碰铃两种，大碰铃用于管击乐队的演奏中，小碰铃用于管弦乐队和混合乐队的演奏中。

钹：用金属制作而成，也是一种节奏乐器，一组钹由两片形状大小相同的钹组成，形状与碰铃相似，但比碰铃大、薄。钹分为大钹和小钹两种，演奏时用两片钹互相擦击发出声音。

鼓：泰国流行的鼓包括印度鼓、差纳鼓、中国鼓、双达蓬鼓、塔鼓、查德里鼓、马来优鼓、蒙库鼓、长尾鼓、达蓬鼓、排鼓和双面鼓。印度鼓也叫爪哇鼓，形状像一个长竹筒，鼓体一侧大、一侧小，用牛皮或羊皮蒙住，再用藤条紧紧缠在鼓体上，中间缠成环形。印度鼓一般成对出现，音高的叫做"雄鼓"，音低的叫做"雌鼓"，击鼓的时候用两只手交替击打鼓的两面。差纳鼓的形状与印度鼓的形状相似，但比印度鼓短一点，鼓体一侧大一侧小，用弯曲状的木棒或藤棒击打鼓体大的那一面。泰国差纳鼓最初用于行军打仗中，用于鼓舞士气或发出讯号，后来也用于各种葬礼的伴奏中。中国鼓是一种在泰国流行的中国式鼓，体积较小，鼓体两侧用皮革蒙住，且两侧面积相等，击打时使用木质鼓棒击打一侧。双达蓬鼓由2只达蓬鼓组成，一只音高，一只音低，演奏时不用脚架支撑，将鼓体低音一侧朝上，用演奏木琴时使用的布头击槌击打。塔鼓的外形像一只竹筒，鼓体中间部分向外鼓出，鼓体两侧用皮革蒙住，并用木钉、象牙钉、骨钉或金属钉将皮革钉紧，一侧用脚架支撑，一侧用于击打，击打时使用一对木质鼓棒。一组塔鼓由2只鼓组成，音高的叫做"雄鼓"，音低的叫做"雌鼓"，演奏时雄鼓在演奏者的右边，雌鼓在演奏者的左边。查德里鼓的形状和击打方式与塔鼓相似，但体积比塔鼓要小一半，鼓体的两侧用皮革蒙住，一般与打拍子用的单面鼓一起使用。马来优鼓的形状与印度鼓相似，但体形较短较宽，鼓体的两侧用皮革蒙住，一侧面积较大，一侧面积较小，鼓体用皮条缠紧，鼓体的中间用皮条缠成环状套住鼓体。演奏时，将鼓面大的一侧置于演奏者的右边，并用弯曲的木质鼓棒击打，鼓面小的一侧用手掌击打。与印度鼓和塔鼓一样，马来优鼓也分音高的雄鼓和音低的雌鼓，一般用于各类殡礼演奏曲的伴奏。长尾鼓的鼓体用木材制作，头部较大，尾部细长呈喇叭状，只在鼓体头部一侧蒙上皮革，鼓体头部用彩色布料装饰并缝制成褶皱状花边，鼓体上拴一根肩带。演奏时，演奏者将肩带斜挎在身体上，用手掌击打鼓面，表演方式为边蹦跳边击打，也可以用身体的其他部位击打，通常用在游行队伍的伴奏中。蒙库鼓的形状与塔鼓相似，但比塔鼓更大，鼓体两侧用皮革蒙住，并用图钉钉紧，演奏时用木棒击打鼓体的一侧，通常用于古代皇家庆典上的伴奏，与架锣一起演奏。达蓬鼓的鼓体用硬木制作而成，鼓体内部掏空，两侧蒙上皮革，鼓体的中央部位向外鼓出，并逐渐向两侧缩小，一侧鼓面面积稍大，一般置于演奏者的右手边，另一侧鼓面面积稍小，演奏时用双手手掌击打两侧的鼓面，通常用于各类鼓曲演奏中以控制节奏。排鼓是一种与达蓬鼓或塔鼓一起交替演奏的鼓，鼓体的形状像竹筒，中间部位微微向外鼓出，整个鼓体用木材制作，两侧用皮革蒙住，缠皮条是用稻草做芯外面裹着皮革的皮条，细密地缠在两侧鼓面之间的鼓体上，鼓体上套有一根皮绳，便于在行走中演奏时能够挂在脖子上。双面鼓的形状与排鼓的形状相似，但体积更大，演奏时用右手击打，通常用在说唱表演的伴奏中。

4.吹奏乐器

泰国的吹奏乐器主要包括两类，即箫类（无簧片吹管乐器）和管子类（有簧片吹管乐器）。

泰国的箫分为5种，包括中音箫、格鲁瓦箫、低音箫、高音箫和鸟箫。

中音箫是泰国所有箫中最古老的一种，一直从古代沿用至今。中音箫的大小一般取决于天然竹节的大小，通常长约45厘米，宽约2.5厘米，用于弦乐队、管弦乐队和古典民族乐队的演奏中。演奏中音箫时，一只手的大拇指按住箫后面的撑孔，食指按住第7个音孔，中指按住第6个音孔，无名指按住第5个音孔；另一只手的大拇指捏住箫管，食指按住第4个音孔，中指按住第3个音孔，无名指按住第4个音孔，小拇指按住第1个音孔。吹奏时分别松开和捏紧这些音孔，就能发出高低不同的音。

格鲁瓦箫的体积比中音箫小，但其最低音的音位比中音箫的最低音音位还要高1个音位。低音箫的体积较大，其最低音的音位比中音箫最低音的音位要低2个音位，通常用于古典民族乐队的演奏中。高音箫的体积较小，音质尖细高昂，其最低音的音位比中音箫最低音的音位还要高3个音位，一般与中音箫和格鲁瓦箫一同演奏。高音箫可以细分为中音高音箫和格鲁瓦高音。鸟箫是一种特殊的箫，是为了模仿各种动物尤其是鸟类鸣叫而发明的，用于乐队的伴奏中，使音乐更加丰富真实，有时为了让音效更加真实自然，还使用簧片辅助。

泰国的管子类乐器包括本土管子类乐器和借鉴外国乐器而产生的管子类乐器。

泰国本土管子类乐器分为小管、中管和大管三种。小管是体积最小的管子，长约31厘米，宽约3.5厘米，声音小而尖，一直从古代沿用至今。中管体积中等，长约37厘米，宽约4厘米，声音没有小管那么尖细，也没有大管那么低沉，一般用于大型皮影戏的伴奏中。大管的体积最大，长约41～42厘米，宽约4.5厘米，声音大而低沉。

泰国通过借鉴外国乐器而发明的管子类乐器有唢呐、爪哇唢呐和孟式唢呐。唢呐由两段可以脱开的管体组成，上段管体细而长，顶端微微张开为接口，下段管体呈喇叭状为扬音管，管体用硬木或象牙制作。泰国唢呐是借鉴一种印度木质吹管乐器的样式发明的，从素可泰时期一直沿用到今天，多用于游行队伍的演奏中，一般由唢呐手领头吹奏，后面跟着鼓手敲打胜利鼓。爪哇唢呐用硬木或象牙制作而成，外形与唢呐很像，也是由两段可以脱开的管体组成，但是长度更长，因此声音与唢呐也有很大的区别，在阿瑜陀耶王朝时期就已用于行军队伍中。孟式唢呐的外形与爪哇唢呐相似，但体积更大、长度更长，也是由两段可以脱开的管体组成，上段管体用硬木制作，下段的扬音管用金属制作，用于孟式民族乐队的演奏中。

第二节 舞蹈

泰国是一个多民族的国家，各族人民都能歌善舞。他们经常在一些重要的宗教场合、民间活动和节日中载歌载舞，以表达对美好生活的热爱。泰国的舞蹈艺术汲取了印度、柬埔寨、中国等地舞蹈艺术的精髓，同时又糅合了本国各民族、地区的文化与风格，形成了泰国独有的舞蹈艺术体系与特色。泰国舞蹈可分为古典宫廷舞蹈和民间舞蹈。

一、泰国古典宫廷舞

古典宫廷舞是泰国舞蹈艺术的精华，在历史上接受了柬埔寨吴哥王朝时期的宫廷舞蹈以及印度宗教文化和舞蹈艺术的影响。泰国的古典宫廷舞蹈动作轻盈、舞姿优美、服饰华丽，有整套规范性的舞姿动作和严谨的程式，并且多有固定的乐曲和唱词。

泰国古典宫廷舞可细分为"宫内"舞和"宫外"舞。宫内舞比较严肃，没有滑稽场面；宫外舞则比较活泼自由、诙谐有趣，其特点在于取乐。泰国独特的地理环境和文化特点造就了泰国古典宫廷舞与众不同的风格与特色：舞者动中带静，静中有动，眼睛传神，蕴藏无尽的神韵；表演者在演出时完全赤脚，无论一举手或一投足，都十分缓慢而富有韵律，婀娜多姿，宛如姿态迥异的神像雕塑；舞蹈者擅长以手和手指表达意思，譬如两手交叉于胸前表示爱，左掌伸平贴于胸口表示内心的喜悦，双手摩擦颈部表示愤怒，食指指向地面表示凶恶；古典舞中演员所穿的服装以著名的泰丝制成，配上闪闪发光的金片，头上所戴的帽子顶部尖尖凸起，是寺庙风格的宝塔形金冠，充满了宗教气息。

由于历史上泰国古典宫廷舞的表演多用于讲述宗教神话故事，因此往往以舞剧的形式表现出来。泰国古典舞剧中最著名的是孔剧，该剧从印度教的典礼和舞蹈中演变而来。全剧最特别的地方，是所有男性舞者都带着不同的面具、穿着各异的服装，以显示其身份。在表演中没有一句台词，完全以程式化的手语和舞姿表现剧情。手势有接受、拒绝、呼唤、爱情、愤怒、嫉妒、端坐、敬礼等语汇。全部程式舞姿有68式。孔剧表演时，舞者戴着绚丽多彩的面具，并有乐队及歌唱者伴奏、旁白。

二、泰国民间舞蹈

泰国的民间舞蹈历史悠久，类型丰富多彩，它来自泰国人民的日常生活与劳动，并因民族和地区文化的差异而有着不同的表现形式。泰国的民间舞蹈舞步简易、舞姿优美，具有浓厚的生活气息和强烈的地方特色，具体可分为泰国南部、中部、北部和东北部的民间舞蹈。

（一）泰国南部的民间舞蹈

泰国南部的民间舞蹈欢快活跃，流行的舞蹈有诺拉舞、浪迎舞、匕首舞、色叻舞等。由于泰国南部与马来西亚接壤，因此舞蹈在服饰装扮等方面受马来西亚的影响较大。

诺拉舞是泰国南部最为流行的民间舞蹈，它是泰国舞蹈最古老的形式。最初诺拉舞只是单纯的舞蹈，后来逐渐开始演绎宗教经典、民间故事和文学作品，其中最为著名的是《帕素通—玛诺拉》。诺拉舞舞姿婀娜优雅，舞步多变且细腻，富于韵律感；造型具有雕塑性，尤其是手臂的造型可谓千姿百态。诺拉舞对泰国许多古典舞蹈的模式和舞剧的发展产生了重要的影响，例如泰国著名的孔剧和洛坤剧等都受到过诺拉舞的影响。

浪迎舞是泰国南部边境流行的民间舞蹈，舞蹈开始前先奏乐，乐器有锣、单面鼓、小提琴等。然后，女演员按乐曲歌唱，邀请周围男子入围共舞。男演员头戴黑帽，身穿长袖圆领衫、长裤，围一纱笼；女演员穿纱笼和开襟衫。舞时，男女可以眉来眼去，逗乐调情，边唱边舞。不同的歌曲有不同的舞姿。据说，该舞源自马来西亚的宫廷舞，舞者全是女子，后来从马来西亚宫廷中传出，进入泰国南部。

（二）泰国中部的民间舞蹈

泰国中部地区流行的民间舞蹈包括兰达舞、长鼓舞、丰收舞等。兰达舞采用男女边对唱边舞蹈的形式，例如在兰达舞《划桨歌》中，演员在歌唱的同时还有划桨撑篙等极为形象的舞蹈动作。长鼓舞又称特腾舞，名称源于舞蹈中的鼓声，舞蹈由木琴、锣、钹、铃等打击乐器伴奏，在宋干节等一些重要的节庆日子里，背着长鼓奏乐的男子和女子在极为欢快热烈的氛围中相对而舞。丰收舞表现的是农民丰收时的劳动场面，舞者头戴草笠，手持秧苗边歌边舞。中部地区的这些舞蹈节奏欢快、情绪热烈，表现了当地劳动人民爽朗乐观的性格和欢快愉悦的心情。

（三）泰国北部的民间舞蹈

泰国北部与缅甸交界，由于两地文化的相互影响使泰国北部的民间舞蹈兼具缅甸舞蹈的特点。泰国北部地区流行的民间舞蹈包括蜡烛舞、长甲舞、掸族舞、花环舞、丝绸姑娘舞、北方舞等。在古代，这些舞蹈大部分属于泰国北部宫廷舞蹈，现在已经流行于民间，一般在礼佛时演出，大部分的舞蹈动作轻缓柔美，前臂动作较少。

蜡烛舞和长甲舞是少女集体舞蹈。婀娜多姿的青春少女跳蜡烛舞时，身穿色彩斑斓的民族服装，头戴花束，两手各执一支点燃的蜡烛，身体动作多呈弯扭蹲状，手臂成方形屈伸，这与缅甸舞极为相似。烛光流萤的蜡烛舞对舞蹈演员技艺的要求很高，舞蹈时少女们要以烛光组成各种绚丽的图案，同时又要必须非常小心，谨防手中蜡烛的火焰熄灭。跳长甲舞的青春少女头戴尖顶金冠，发上缀满金银饰物，身着红黑相间的、接近于缅甸服饰的长袖衫和筒裙，十指带有金光闪闪的长指套，脚踩莲步，摆动纤指，在优雅的音乐中婆娑起舞。泰国北部的民间舞蹈除靠舞姿和眉目表现剧情以外，演员手指的动作也能表达丰富的涵义和复杂的心理状态。舞蹈主要的伴奏乐器有鼓、笛、锣、胡琴等。

（四）泰国东北部的民间舞蹈

泰国东北部地区流行笙舞、竹竿舞等。笙舞是泰国东北部民间舞蹈的总称，包括多个种类，例如捕鱼舞、饭篮舞、竹锣舞、椰壳舞等。笙舞为男女对舞，共19种基本舞步，但表演形式自由，舞步流畅洒脱、节奏明快，表现内容大多为东北部人民的劳动生活和风情习俗，例如农民田头送饭、河塘网鱼，以及男女青年彼此的爱情等生活情景。笙舞的演奏乐器以芦笙和打击乐器为主，男女舞者则随着伴奏边舞边唱，并随着小铙钹的节奏变化而改换动作。笙舞的服饰大同小异，男子一般穿青色长袖无领衫裤，头缠巾；女子穿黑色或棕色衣裙，头顶堆髻，插白花。竹竿舞是泰国民间常见的娱乐形式。将数根竹竿平放或呈井字形置于地面，人们以手带动竹竿，令竹竿之间频繁碰撞，竹竿碰撞的速度由缓到急，而表演者在竹竿缝隙间舞蹈的舞步也由简到繁。

泰国最具特色和流传最为广泛的民间舞蹈是南旺舞。南旺舞原是泰国东北部笙舞的一种，经政府的推广后在全国流行。南旺舞是一种民间集体舞，共10套基本动作，由于跳舞时人们会围成一个圈，故又称"圈舞"。南旺舞的乐器全是打击乐器，泰国人民一般会在宋干节、生日、婚礼等重大的节庆日子里跳南旺舞，只要场地许可，舞蹈不限人数，男女成对共舞。男子主动上前合十致意，邀请女子共舞，女子一般不回绝。男女按节拍成对共舞，女子双后翻动在前领舞，并以面颊、上身、手臂向男子做情致委婉状，男子则以双臂拱护女子，在其周围环绕而舞。

第三节　戏剧

　　泰国传统戏剧作为泰国富有浓郁民族特色的艺术形式，在广泛吸取印度和中国等其他国家文化精髓的基础上，与本国的音乐、舞蹈、文学、历史、绘画等艺术形式融为一体，具有极高的艺术欣赏价值。

一、孔剧

　　孔剧是泰国传统文化的代表，是泰国民间戏剧的精华，被看作是泰国最美丽的舞剧艺术。由于表演时演员们要戴上假面具，所以又被称为"假面舞剧"。孔剧最早见于400多年前泰国阿瑜陀耶王朝的纳莱王时期，来泰国的法国使节拉鲁贝尔在他的见闻录中曾提到泰国人演孔剧。据说孔剧源自印度南部的"卡达卡利"舞蹈，并糅合了泰国的皮影戏、古典暹罗舞蹈等艺术文化的元素，多用于宗教和民间祭祀场合。

　　泰国孔剧的剧本是由印度史诗《罗摩衍那》而改编的《拉玛坚》。《罗摩衍那》传入泰国后，由于其内容的丰富性和故事情节的曲折性、生动性，在民间广为流传，之后又受到泰国国王的重视，历任国王几乎都参与了取材于《罗摩衍那》的《拉玛坚》的创作，令它有所丰富和发展。在阿瑜陀耶王朝时期就出现了《拉玛坚》的戏剧剧本，吞武里王朝时期又出现了诗歌剧本，至曼谷王朝拉玛二世在位时（1809—1824），根据《罗摩衍那》和中国著名的古典小说《西游记》、《封神榜》等神话故事，创作了具有鲜明的泰国民族风格的戏剧剧本《拉玛坚》，在社会上很流行，影响很广。值得一提的是《拉玛坚》中的神猴哈努曼形象，就是借鉴了我国孙悟空的艺术形象，其他一些神话式的场景的描写，也与我国《西游记》、《封神榜》等小说中的一些魔幻性环境描写手法有关。

　　《拉玛坚》描述的是拉玛王子与妻子悉多之间悲欢离合的故事：拉玛王子遭后母迫害被迫流亡后，悉多又被邪恶魔王托萨堪劫走，囚禁在兰卡岛上，逼迫她和拉玛离婚后嫁给他。拉玛和兄弟普拉一起动身寻找，历尽艰辛，途中得到白猴神哈努曼的帮助。哈努曼和他的猴子军队搭建了一条通往兰卡岛的桥。经过激战，恶魔托萨堪被杀，悉多获救。

孔剧中的角色主要有男主角、女主角、魔王和猴王4个。除了男女主角外，其他角色都要戴上精美的面具，这是孔剧最大的特色。用于孔剧表演的面具分为人面具、神仙面具、魔鬼与猴子面具、各种动物面具4种，每一种面具根据角色不同而形状、色彩各不相同，代表一种特定的身份。用于孔剧表演的服装十分华丽，价格昂贵，都是手工绣制，饰以金银线，一件往往要几个月乃至半年才能完成。表演时，演员们头戴宝塔帽，身穿纱笼衣，披金挂银，很是奢华。

泰国孔剧的表演没有一句台词，只有舞蹈动作，所以又被称为哑剧。其表演动作源于印度，但经改编后变得更加缓慢，每一个舞步都有特定的步法，加上手势以表情达意。由于表演动作复杂、要求严格，演员一般从六七岁就开始学习孔剧表演，在泰国国家艺术学院学习十年后，才能登台演出。

孔剧表演时有马何里乐队（也称"五件乐"乐队）伴奏，乐器包括木琴、围锣、笛、鼓、和撞铃。木琴是孔剧中伴奏的主要伴奏乐器，泰国人认为这是唯一源自泰国本土的传统乐器。学习木琴演奏的学生住在老师家里学习木琴演奏技巧，老师通过口传心授将木琴演奏技艺传授给学生，手把手地教，不用乐谱，全靠记忆。因此一名木琴学习者需要经过很长时间的训练才能登台演出。孔剧表演时还用诗歌韵白解说剧情，这些诗歌韵白，文字优美，唱起来字正腔圆，念起来朗朗上口。

二、洛坤剧

洛坤剧是泰国古老的戏剧形式，它是一种融合了舞蹈、音乐、唱曲对白等表演形式，并且有故事情节的舞剧。洛坤剧相传最早起源于印度，后来受到泰国南部诺拉舞的影响，目前在泰国中部较为流行。与孔剧不同，洛坤剧的表演自由活泼，动作流畅，演员在表演时不戴面具，可边道白边舞蹈。其题材广泛，表现内容多为宫廷轶事、英雄传奇、神话传说等。传统的洛坤剧包括洛坤差德里、外洛坤和内洛坤等。

洛坤差德里是最早出现的洛坤剧形式，阿瑜陀耶王朝时期就已经出现，最开始流行于泰国南部民间，后来渐渐流传到泰国中部。洛坤差德里有三种角色，即男主角、女主角和丑角。最初演员全部为男性，且服饰为平民服装，十分简单，多不穿上衣，后来有女性演员加入，服饰仿宫廷服装，各种点缀和装饰物也开始增多。如男主角乃隆赤条上身，佩戴饰物，头戴金冠，有如寺庙壁画上的神仙。洛坤差德里表演的剧目较少，《玛诺拉》为最为流行的剧目，故泰南当地又称为"玛诺剧"。

洛坤差德里传入泰国中部后逐渐发展成为外洛坤，外洛坤是在宫廷外演出的戏剧，流行于民间。演员最初只有2～3名男性，轮流表演各种角色，特别重视丑角的滑稽表演，表演的都是民间的社会生活。演出一般在村寨或城镇空地举行。乐师、歌唱者坐在席子一角，席中央便是表演区。不用布景，只有一条长凳作为演员的座位，也可作为象征性的道具，但角色服饰华丽。后来演员数量逐渐增多，王室废除禁止民间女子表演洛坤剧的禁令后，女性演员也出现在外洛坤中。外洛坤表演的剧目较多，题材较广，除《玛诺拉》外，还有如《金海螺》、《卡维》、《猜亚塔》、《平沙旺》等。这一舞剧形式传到泰国中部后，进入宫廷的被称为内洛坤。

内洛坤是一种宫廷剧，于阿瑜陀耶王朝晚期的波隆阁王时期发展起来。内洛坤角色全部由女子扮演，表演者成双成对，按着音乐节拍跳舞表演。内洛坤追求舞姿的优美、唱腔的动听和情趣的高雅，对演出的各方面都十分讲究。舞步和造型要求规范，表演技艺严格精致，服饰华丽。内洛坤剧目内容以宗教故事、神话传说为主题，只表演3个剧目，即《伊瑙》、《拉玛坚》和《乌纳鲁》。

洛坤剧从民间传入宫廷又返回民间，经历了长期的艺术实践的锤炼，已发展成为泰国一门独立的舞蹈戏剧艺术。它造型丰富、舞步细腻、道白精彩、动作韵律感强。洛坤剧用泰国孔剧的"麦塔"、"麦布"作为演员基本训练的教材，其音乐伴奏与孔剧也大体相同。洛坤剧和孔剧这两个剧种在艺术表现手段、舞蹈语汇方面也有很多相似之处，不同之处主要体现在：在表现内容方面，孔剧只表演史诗《拉玛坚》这一传统剧目，洛坤剧所表现的题材却广泛得多；在表现形式方面，孔剧的人物需要戴面具表演，不用道白，洛坤剧的人物不戴面具，在适当场合可用道白；在舞蹈风格方面，洛坤剧和孔剧都属于软舞类型的舞蹈，但比较起来，孔剧更强调造型的刚健和力度，洛坤剧则更强调动作的韵味和流畅。

进入20世纪前后，特别是曼谷王朝拉玛六世王时期，泰国戏剧发展繁荣，国王本人和纳拉贴巴攀蓬亲王都大力推动泰国戏剧的发展。拉玛六世王从英国留学回来后，翻译了不少英文、法文、梵文的剧本，如《威尼斯商人》、《罗密欧与朱丽叶》、《钦差大臣》、《莎维德丽》、《沙恭达罗》、根据《奥赛罗》改编的《披耶呖差旺讪》，以及话剧《战士的心》、《帕銮》、《海洋的婚礼》、《牺牲》等。纳拉贴巴攀蓬亲王还创作了《妙令克乐发》、《帕罗》、《盖通》、《缅甸大王》等剧本。

拉玛六世王时期，泰国的传统戏剧也进行了改革，出现了一些新剧种。包括传统的洛坤剧，也进行了较大的改革，以新的艺术风貌出现在舞台上。阿瑜陀耶王朝时期，洛坤剧的表演只有3个演员：男角、女角、丑角，有如我国民间的"三小戏"。后来洛坤剧吸收了欧洲话剧艺术的表演艺术和演出方式的特点，进行了较大的改革，注重充实戏剧的社会教育内容，把它作为一种社会教育手段，而不只是消遣娱乐的工具；艺术形式上，以西方话剧为鉴，改变传统戏剧的节奏迟缓与台词唱曲冗长累赘等弊端，还有其他舞台美术的改革。在剧目题材上也有不少变化，除了反映泰国的历史和现实生活外，还从我国古典小说中选取了一些题材，如我国古典小说《三国演义》被翻译成泰文出版以后，就出现了以"献帝出游"、"吕布除董卓"、"周瑜决策取荆州"、"刘皇叔洞房续佳偶"、"卧龙吊孝"等为题材的歌剧和舞剧。因而，使传统洛坤剧从内容到形式面貌一新。同时，也涌现出一些新剧种，如：

1.洛坤隆

这是一种由我国潮剧艺术形式与传统洛坤剧相结合而产生的新剧种，演唱艺术相较于传统的洛坤剧作了大幅度的改进，丰富了表演艺术手段，完善了传统洛坤剧的缺陷和局限。

2.烹

烹，就是滑稽剧。它没有完整的戏剧故事情节，只有戏剧形式的表演。演出时，男女演员在台上分成两行，各以滑稽甚至污秽的语言互相嘲笑戏弄，以取得观众为之笑绝的戏剧效果。

3.朔

这是一种与宗教祭祀鬼神仪式关系密切的戏剧演出形式。一个戏班的演员只有4人左右，且多为女性。演出时，演员手持僧人用的扇子，诵经念文数遍，然后才演出正式的戏文。此种戏剧多在富贵人家举办丧事，哀悼死者时演出。这种戏与我国的一些"道场戏"、"打斋戏"类似。[1]

①　赖伯疆:《泰国戏剧古今谈》，载《戏剧艺术》，1998年第5期，第95—96页。

三、木偶戏与皮影戏

泰国的木偶戏与皮影戏是一种非真人表演的戏剧艺术，在古代曾是一种宫廷艺术，通常用于在宫廷的重大活动上进行表演，后来逐渐流入民间并流行开来。

泰国的木偶戏源于真人表演的戏剧。据文献记载，早在阿瑜陀耶王朝的波隆阁王在位时期便已开始有了木偶戏的表演，之后一直流行到吞武里王朝和曼谷王朝初期。在阿瑜陀耶王朝波隆阁王时期，木偶被称为"王室木偶"（后又称"大木偶"）。"大木偶"高约1米，多由木头、竹筒等材料制成，头、手、脚等部位齐全。木偶底部用一根木棍支撑，四肢由丝线连结，可活动身体的各部位。"大木偶"的服装、造型与内洛坤一样，表演的剧目大多为《拉玛坚》《乌纳鲁》等。

曼谷王朝拉玛五世王时期出现了"小木偶"。"小木偶"高约30厘米，分为泰式木偶和中式木偶两种。中式木偶类似于中国潮汕手套式木偶，通过手指运动操作木偶的各种动作，表演的剧目多为中国古典文学作品，如《三国》《岳飞传》等。泰式木偶则与"大木偶"类似，只是大小与中式木偶一样，表演的剧目大部分为《拉玛坚》。此外在拉玛五世王时期还出现了一种棍式木偶，其特点为木偶只有头和手，没有脚，下身以棍做支撑，并用大的木偶服罩住，表演时艺人通过操纵连接手的木棍进行动作表演。

泰国的皮影戏最早见于阿瑜陀耶王朝时期的《宫廷法规》上，相传皮影戏是通过爪哇由印度传入，并受到中国潮汕皮影戏的影响，进而发展成为泰国民间一种广泛流行的娱乐形式。皮影戏演出的剧目题材主要取自《拉玛坚》《伊瑠》《素瓦那洪传奇》等。皮影戏的皮片制作较为复杂，通常是将牛皮用水浸软后晾干，用刀把牛皮的两面刮成一薄片，然后用黑灰或烧过后的椰子纤维和水涂于牛皮面上，再用酸柑叶刷至发亮，之后在皮片上画上各种人物和景物，再雕刻并染色即成为皮影戏的皮片。皮影戏演出时，除了皮片外，还需要布置一块布幕，四周边缘用青、红两色的长布条点缀，中央是可以透影的较薄的白布，两侧是较厚的白布，后面则是表演者作为出场时作准备的地方。演出前，还要举行一种叫"神前揭幕"的祭拜仪式，之后才开始正式表演。

泰国的皮影戏分为"南雅"和"南达隆"两种。南雅皮影戏的皮偶较大，最高的可达两米，分为单影和故事影两种，单影为只有单个人物的剪影，例如合十影、行走影、拜师影和飞天影等；故事影指有一个或两个以上人物，并配有宫殿、花木等场景的剪影。表演时皮影师通过举起绑在皮偶上的竹棍进行表演。由于皮偶的尺寸太大，所以南雅皮影戏的皮偶没有活动结构，也就没有丰富的肢体姿势变换，主要依靠皮影师通过腰部和腿部舞蹈动作的变换来体现剧情。另外皮影师还需要为角色配音，同时还有乐队伴奏。

南达隆皮影多在泰国南部流行。皮偶在尺寸上要小于南雅皮影，由皮影师坐着来操弄这些皮偶。皮偶用单支木棍操控，细绳固定在双手及肩膀、手肘及手腕的关节处，而且它只移动皮偶胳膊、腿或下巴的一部分。一般南达隆皮影演出民间传说故事，夹杂一些讽刺社会或政治时事的幽默笑话。

四、礼该戏

礼该戏出现于曼谷王朝初期，源于泰国南部信奉伊斯兰教居民区的地方戏剧，原是用来对真主进行赞颂，后来演变成为泰国民间的一种文化娱乐活动，并随着泰国南部部分穆斯林的北迁而传入泰国中部。传入泰国中部的初期，礼该戏还是用马来语进行演唱，到拉玛五世王时期，礼该戏开始用泰语演唱，并融入了许多泰国主体民族的文化元素，更加适应了泰国人民的欣赏口味和喜好。

初期礼该戏的表演形式模仿外洛坤，演员全是男性，后来随着礼该戏的发展，加入了女性演员，但舞蹈动作几乎没有了。礼该戏表演的唱腔与其他戏剧不同，基本上是一韵到底，剧本大多数来自内洛坤和外洛坤的传统剧或历史故事，甚至还包括中国的《三国》、孟族的《拉查提腊》等作品。

礼该戏在开演前剧团内部有拜师仪式，拜师仪式结束后向观众进行剧目介绍，然后开始正式表演。表演礼该戏的演员装扮比较普通，而且男演员必须穿白色的长裤。现在礼该戏在泰国发展较快，全国各府都有礼该戏团。

第四节 绘画

泰国的绘画艺术最早可以追溯到青铜时代至早期铁器时代的班清文化时期（约公元前3600年—公元200年之间）。20世纪60—70年代，从泰国乌隆府的班清遗址出土了大量的彩陶、黑陶和白陶，这些陶制品大多都描绘有复杂的曲线和几何花纹，如圆涡纹、弧线纹等。此外，在泰国乌汶府的帕砣、北碧府的达顿洞、洛坤府占牙山洞以及乌隆府朴菩蝙蝠历史公园等地都发现了大约2000—4000年前的岩洞壁画遗址。这些早期的岩洞壁画一般都以简单的线条勾勒出人物和动物形象，例如象、鱼、牛等。颜色为黑色、红色或白色，多数反映了在该地域生活的早期人类的所见所闻和信仰文化。

泰国本土绘画艺术真正的开端是在泰人建立了自己的国家——素可泰王朝之后，并且值得一提的是，素可泰王朝建立之后，佛教也逐渐在泰国确立了宗教的主导地位，因此，泰国绘画艺术的发展实际上从一开始就已经受到了来自印度文化和佛教文化的影响，并体现出极为明显的佛教色彩。

素可泰时期留传至今的绘画作品实际上并不多，且多数损坏严重。由于佛教被确立为泰国的国教，以及受到其他佛教国家的影响，素可泰时期的绘画作品大部分体现的都是佛教题材，并且由于受到当时佛塑造型艺术的影响，绘画作品以壁画为主，形象多与佛陀造型有关，色彩上以单纯的红、黑、白等颜色构成。

现存保存较好的素可泰时期的作品如素可泰府的七排塔寺内的壁画，描绘了众天神、弟子、修行者和信徒聆听佛陀讲经的场景，场景之间用线条隔开，平行整齐排列，这是素可泰时期较为普遍采用的构图方法。另外还有13世纪末期素可泰府旧城西春寺内的以佛教为主题的绘制在石板上的色彩画或线条画，是石刻画中唯一幸存下来的作品。该作品表现了《本生经》的故事，画面构图紧凑，线条熟练流畅，人物形象、装饰及线条风格都带有浓郁的印度和斯里兰卡色彩。

阿瑜陀耶王朝初期的作品明显受到吉蔑艺术的影响，作品多采用近景图，形象多为重叠分层排列的佛陀，色彩运用上仍以单色调为主，笔法也较为生硬，形象较为呆板。这一时期的代表作品如阿瑜陀耶城拉查补纳寺的壁画，绘于拉差提剌二世时期（1424—1448）。

阿瑜陀耶王朝中期，素可泰式的艺术风格逐步取代了吉蔑式的艺术影响，除了以佛陀为主的寺院壁画外，还在一些佛教典籍中配有故事插图，并开始采用黑色、白色、黄色和红色等多种色彩混合搭配，特别是流行以红色作底，白色和黑色勾线。至阿瑜陀耶王朝末期时，绘画作品开始出现阿瑜陀耶王朝自己的风格，多色彩的运用开始普遍，画面色彩丰富，对比鲜明，有时还会在画作上贴金箔作为装饰，显得美轮美奂、富丽堂皇。泰国特有的绘画风格逐步形成，绘画技艺也逐渐成熟。

此阶段的作品不再流行重叠分层排列的佛陀，而是强调叙事功能，喜欢画佛教三界的内容，以宣扬人的转世轮回，构图上常以锯齿形线条加以分割。如《本生经》中的故事插图,《三界经》中的群佛图以及其他叙事插图等。同时人物造型上也摆脱了素可泰时期造型僵硬以及色彩以黑白红等色为主的特点。特别是由于引进中国颜料,色彩丰富明快,变化更为丰富,不仅有传统的颜色,还有绿、蓝、紫等颜色。绘画风格上则借鉴了中国山水画,使得壁画的山水带有中国山水的特色,经书中经常出现的风景和花草也大多模仿中国瓷器上的图案。

阿瑜陀耶时期现存作品最好的是佛丕亚·苏瓦那拉姆寺的《天神礼拜图》,长14米,宽5米,创作时间大约在17世纪末或18世纪初。该图描绘了成排祈祷的因陀罗神和梵天神,天神之间用锯齿形的线条分开,以花草纹填充空白空间,由暗红和黄构成基本色调,画面总体沉稳。

阿瑜陀耶王朝覆灭之后,经过吞武里王朝至曼谷王朝初期国家的重归完整和恢复,泰国的绘画艺术才得以恢复并发展。这一阶段的绘画作品既有对阿瑜陀耶风格的模仿,也有来自外部的影响,包括开始使用国外的绘画工具。

曼谷王朝初期的作品仍以建筑物、寺庙墙面上的壁画为主,多为装饰性的或是描述佛经故事,如《本生经》、《三界经》和佛陀史等,大部分风格模仿阿瑜陀耶王朝末期的作品,但色彩要更加鲜艳,且流行在壁画上用贴金装饰。内容上以佛像为中心描绘不同的内容,佛像背后的墙上描绘三界的景象,正面描绘佛陀获得正觉的过程,两侧的墙壁分为上下两层,上层是一排排前来朝拜佛陀的大神,下层描绘《本生经》的故事和佛陀的生平。

拉玛三世与四世时期,各种宫殿建筑寺庙建筑相继完工,使得泰国的绘画艺术特别是壁画艺术开始繁荣。壁画的宗教性逐步减弱,世俗性得到加强,特别是具有浓郁的泰国文化色彩。艺术家们不再限于印度古典文学典籍和佛经,而开始在画作里表现泰国本土的文化特色和平民官吏的日常生活,尤其是泰国的历史和王室生活。如玉佛寺墙壁上描绘的泰缅战争的场景、大理石寺描绘拉玛四世观看日食的壁画等。这一时期的绘画作品色彩丰富明快,人物形象活泼,表情丰富,不再有素可泰时期和阿瑜陀耶早期绘画中的庄严肃穆的气氛。构图上虽仍采用锯齿形线条分割人物和场景,但是画面连贯,不失整体性。一些绘画作品吸收中国山水画的技法,用树木、岩石或其他自然风景分割画面。

拉玛四世之后,西方的技法影响开始进入泰国,其中最为重要的是一改之前只有长宽,没有纵向深度的二维画作,改而逐渐采用西方的绘画风格。绘画手法上多为写实手法,在画作中增加了纵深维度,注重远景与近景的搭配,以及实物和阴影的运用造成的三维立体效果。之后随着西方绘画艺术的不断传入，泰国的画师所受到的影响也不断加深，开始学习西方的绘画技巧，并模仿西方的一些画作。人物肖像画、风景画，反映西方生活的各种类型画作开始流行，并且装入画框用于装饰各场所，而不再像之前一样只强调宗教色彩。

泰国第一位西方透视和阴影画法的画师是曼谷拉差布拉那寺的因孔法师，同时他也是泰国第一幅宫廷人物肖像画——四世王像的作者。之后到五世王时期，人物肖像画和国王历史叙事画得以发展和流行，如关于国王历史的故事画以及王室仪式的纪录画。因孔法师还注重对其他色彩的运用，如蓝色、绿色、褐色、粉色等。

第二次世界大战之后，更多的西方画师来到泰国，带来了西方一些流行的绘画风格，印象画风格和写实主义风格在泰国体现明显，立体画派和抽象画风格也逐渐显现。

第五节 建筑

泰国的传统建筑艺术主要体现在宫殿建筑和佛教建筑上。由于历史上深受印度、中国、缅甸以及柬埔寨等国建筑艺术的影响，泰国传统建筑体现出丰富多彩的多元文化特征。同时，泰国人民又把外来的建筑风格与自己传统民族特色相结合，在建筑中融入了本民族的审美观念，从而创造出具有不同时代特征和富有本民族特点的独特的建筑风格，成为东南亚建筑艺术的典型代表。

一、宫殿建筑

历史上泰国的宫殿建筑按照等级划分为王宫、行宫、亲王宫（前宫）、王子宫（后宫）、王府等。自阿瑜陀耶王朝到曼谷王朝以来，各王朝都城都要建三座王宫，即王宫、亲王宫、王子宫。王宫作为国王居住和办公的场所，集中体现了当时建筑的最高艺术成就，代表了泰国建筑艺术的最高水准。王宫分为内、中、外三层，各层由围墙环绕，并建有炮台。王宫内层为国王、王后及家属的住所；中层为国王办公和举行各种仪式的宫殿；外层为一些重要政府机构所在地。

泰国早期的宫殿多用木头建造，周围用泥墙护卫，后逐渐开始采用砖打地基，但直到阿瑜陀耶王朝纳莱王时期才完全用砖建造王宫。现存的阿瑜陀耶时期王宫为挽巴茵宫，由阿瑜陀耶王朝巴萨通国王（1629—1656年）于1632年开始修建。后阿瑜陀耶被邻国攻陷，都城南迁，夏宫荒废达80年之久。1881年起，拉玛四世、五世先后进行修复和大规模扩建，于1896年竣工。

挽巴茵宫内有各式风格的古代宫殿，富丽堂皇、古色古香，是泰国宫殿最多的王宫，主要有3个宫殿群落，荟萃了泰国、中国和西方的建筑风格。整个建筑群以一座建在人工湖中央的金碧辉煌的亭栅为中心，亭为典型泰式建筑"三尖顶"式，是挽巴茵宫的标志。主殿天明殿由华侨集资兴建献给拉玛五世，1889年落成，为中国南方传统建筑式样的木结构双层建筑，殿内到处是瓷器花瓶和古玩珍品以及中国古书等，繁锦满堂，琳琅满目。湖畔四周为各式建筑风格的宫宇、楼台、亭榭，包括泰国式、缅甸式、中国式、意大利文艺复兴时代型式及英国维多利亚式等。

泰国典型的宫殿建筑风格上多为分段遁落式多层屋顶，采用重檐多面式和细长的三角形尖顶，墙面装饰金碧辉煌、画栋雕梁。其中最具有代表性的建筑是曼谷的大王宫。

大王宫是泰国曼谷最重要、规模最大的宫殿建筑群，建于拉玛一世统治期间的1782年，为拉玛一世至拉玛八世的王宫。大王宫依湄南河而建，总面积约21.84万平方米，宫墙高约5米，总长1 900米。大王宫建筑群共28座，主要由玉佛寺、律实宫、却可里宫和玛哈蒙田宫等4个宫殿建筑群构成，宫殿由东向西一字排开。建筑风格以传统的泰式为主，为佛塔式或大王冠形状古建筑，建筑的墙体多为白色，绿色瓷砖屋脊、金色或红色琉璃瓦屋顶、三重屋檐，檐角处是高高翘起的"羊角"或者"鹰嘴"，以及直指苍穹的塔尖。但是也存在一些欧式的建筑和中式的亭台建筑，体现了泰国民族兼容并蓄、自由包容的文化。

律实宫是大王宫内最早的建筑，建于拉玛一世王时期。律实宫为典型的泰式建筑，有两座大门，门身与门顶塔形饰物都漆为金色。宫顶部分有4层，层层相叠。楼正中是一座高耸入云的7层尖塔，尖塔基部的四面分别饰有4个大力神，半蹲半立，双手高举。其东北侧的阿方披摩亭，是曼谷最优美的泰式建筑，由此亭往东，从北到南并列排着3座相互连接的宫殿，殿顶呈三角形，分3层相叠，由黄绿舒俊榕琉璃瓦铺成，也是典型的泰式建筑。

却克里宫（又称节基殿）是大王宫里规模最大的主殿。它是拉玛五世在1876年开始建造的。"却克里"是手握神盘的黑天神的称呼，也有帝王的意思。曼谷王朝的正称即却克里王朝。却克里宫主要是根据意大利文艺复兴时期建筑风格设计，基本结构属于英国维多利亚时代的建筑艺术，由正殿和左右偏殿组成。白色的殿身雕塑着各种西式花纹图案，顶部却采用了纯泰国建筑的屋顶，是典型的泰国3座锥形尖塔风格。

整个大王宫气势磅礴，鎏金的尖顶直插云霄。放眼望去，满眼都是一座座金碧辉煌的佛教建筑，整个建筑群还镶嵌了大量珠贝、琉璃瓦和金箔，鱼鳞状的琉璃瓦在阳光的照射下，闪闪发光。尖角高耸的庙宇、佛塔巧夺天工，散发着神圣的佛教之国的独特魅力。

二、佛教建筑

泰国的佛教建筑以佛寺为主，包括佛堂、精舍、佛塔、钟楼等建筑。作为一个佛教国家，泰国拥有3万多座佛教庙宇，其中不少佛寺堪称泰国建筑艺术的精品。

（一）著名佛寺

1.玉佛寺。玉佛寺为曼谷王朝拉玛一世于1872年所建，位于曼谷大王宫的东北角，是泰国最著名的佛寺，作为曼谷王朝的护国寺，也是王室举行宗教仪式的地方。玉佛寺内大多重要建筑的屋顶都有尖顶装饰，每个尖顶都有赛璐珞、彩瓷、金箔等装饰，璀璨夺目，使整个玉佛寺流光溢彩、金碧辉煌，表现出一种强烈的浪漫、华丽的气质，令人叹为观止。

玉佛寺内有玉佛殿、先王殿、佛骨殿、藏经阁、钟楼和金塔等建筑。玉佛殿是玉佛寺的主体建筑，外层殿壁镶嵌了彩色玻璃片，在阳光的照射下就像彩色的鳞片竞相闪耀，光彩夺目。殿顶是三层木制重檐，上面有龙首、龙鳞、龙尾等装饰，古色古香，显得十分庄严。佛殿大门用泰国传统的贴金雕漆工艺制成，正面安放着6只铜狮子，守护着玉佛寺大门。大殿正中的神龛里供奉着被泰国视为国宝的玉佛像。金塔是典型的单一金色建筑，藏经阁则雕工精细，色彩鲜明。并列的先王殿是一个多边形建筑，屋顶层层叠叠，佛殿前面的两座金塔地基部分都置有支撑金塔的20来个小神兽，姿态相同，大小一致，但颜色和表情却各不相同。寺内其他厅、廊等建筑的屋顶，是用红、绿、蓝、黄四种颜色勾勒出的华丽多彩的立体几何图案。墙面用彩色玻璃及宝石镶嵌，五颜六色，缤纷绚丽。在这些殿塔厅廊之间，分布着各种守护神，有的穿着甲胄、青面獠牙；有的昂首挺胸、人头鸡尾；还有的威武强悍、人面狮身。在玉佛寺四周长廊的墙上，共有178幅关于《拉玛坚》的壁画，绘画笔调细腻传神，颜色缤纷绚丽。[①]

2.黎明寺。黎明寺又称郑王庙，是纪念泰国第41代君王、民族英雄郑昭的寺庙。始建于阿瑜陀耶王朝，当时名皇冠寺，后改称昌寺。黎明寺位于泰国湄南河西岸的吞武里城，是泰国著名的寺庙，也是泰国王家寺庙之一。

黎明寺规模庞大，仅次于大王宫和玉佛寺。寺院人口处有巨型守护神石像，寺内有五座一模一样的佛塔，一大四小。大塔为79米高的婆罗门式尖塔——巴壤塔，建于1809年，有"泰国埃菲尔铁塔"之美称。底座和塔身均呈方表，层数很多，面积逐层递减，显得古朴而庄重。尖塔的外面装饰以复杂的雕刻，并镶嵌了各种彩色陶瓷片、玻璃和贝壳等，是泰国规模最大的一座大乘塔，周围尚有4座与之呼应的陪塔，形成一组庞大而美丽的塔群。这些实心宝塔四面凹位都塑有一层一层的佛像。从地面到塔顶，都以各色碎瓷片镶成种种花饰。宝塔的地基部分绘有巨幅图画。佛像造形生动，雕工颇为精细。此外，寺内还有佛殿、佛堂、内有佛足印的四方殿、佛塔、王冠形尖顶的门楼、佛亭、6米高的巨魔雕塑、回廊、假山以及中国石像等。

3.云石寺。云石寺位于曼谷，是曼谷王朝拉玛五世所建，因全寺用意大利大理石修建，故又名"大理石寺"。云石寺是泰国佛寺建筑中最富西方色彩风格的寺庙，佛殿富有较浓厚的西方色彩，石阶、石柱、石壁颇似古希腊、罗马的厅堂建筑，但屋顶为泰国传统的样式。主殿大门两侧有石狮子守卫，殿内供有一尊高约3米的释迦牟尼金佛。佛殿窗户仿西欧教堂建筑风格，用彩色玻璃拼组成泰国式花格图案。主佛殿中的清拉佛像，是泰国著名彭世洛佛像的复制品。该寺佛殿后回廊上陈列着泰国历代各种类型的佛像50尊，融合了中国、印度等佛教造型艺术风格，被视为19世纪佛教雕刻的典范。

4.素贴寺。素帖寺又名双龙寺，位于泰国北部清迈素贴山之上，是泰国北部最为神圣的寺庙之一，建于1386年兰那王朝时期，代表了兰那时期杰出的建筑艺术成就。

素贴寺中央为一座金碧辉煌的大金塔，寺和塔的建筑风格都受到缅甸蒲甘时期建筑艺术的影响，塔座履体内有佛像。以金塔为中心，四周围造起礼拜祈祷，

[①] 木子：《黄袍佛国，妙香建筑——品鉴曼谷泰国大皇宫》，载《西部广播电视》，2009年09期，第139–140页。

颂经说法的殿堂。大殿里释迦牟尼佛盘腿而坐，左手横放在左脚上，右手直伸不垂，双肩圆，四肢长，眉发如弓，手足似莲。绕过大殿，在另一间别殿中躺着一尊睡佛，佛像手心抵着下额侧身躺卧，闭目合唇，安然入睡的样子。

（二）佛塔

泰国佛塔众多，造型千姿百态，体现了泰国各个历史时期的建筑特点。泰国的佛塔建筑风格多源于印度文化，并受到柬埔寨、缅甸等国的影响。从历史上看，泰国佛塔建筑艺术可以分为堕罗钵底时期、室利佛逝时期、真腊（吉蔑）时期、哈利奔猜时期、素可泰时期、阿瑜陀耶时期和曼谷王朝时期。各个时期所建的塔，就其艺术风格和建筑样式来说，既有传承关系，又有明显的个性，并凸显出时代和地方色彩。

泰国的佛塔从底部的基座到顶部的塔尖可以分为塔基、塔身、覆钵和塔刹4个部分。佛塔的基座为折角亚字形平面，塔身向上逐层细收。覆钵为圆形锥状，也有的覆钵下设折角亚字或圆形须弥座。在佛塔的周边耸立着小金刚塔，从造型上来说也跟佛塔结构相似，也分4个部分组成，只是塔刹部分多为金属制的，并以金色调为主。覆体上由火焰纹包围着，塔身的四周内开设壁龛，里面摆着佛像。底座一般为方形台面，塔身为覆莲和仰莲，荷包设上面。佛塔绝大多数为砖砌实心，底座很少设地下室。

泰国现存的佛塔建筑多以吉蔑式塔和覆钵式塔为主。吉蔑式塔，又称巴朗，是真腊王国时代留下的建筑，原是吉蔑族所崇奉的婆罗门教庙宇，后泰人仿建为佛塔。这种塔为石头或砖砌实心塔，多为长柱立式形状，由塔基、主塔和塔尖构成。塔基厚实稳固，且方形居多，塔尖逐渐变细，犹如玉米的尖部，棱状的塔饰如玉米粒层层重叠，也有的建成菠萝瓣状，用彩陶或玻璃装饰。吉蔑式塔一般用于存放舍利子、佛陀骨灰等，如碧武里府、春武里府、彭世洛府、暖武里府的玛哈泰寺，在曼谷的王宫里也可以看到吉蔑式塔。

覆钵式塔是源于印度塔的一种形式，堕罗钵底时期由孟人传入泰国。该塔同样也为实心结构，但是形状为尖锥形，塔基十分宽大，覆钵形塔身，塔顶尖而平滑，呈伞状，由一圈圈的圆环套成。在泰国覆钵式塔有多种，一种为钟状塔，如堕罗钵底时期最具代表性的佛塔——佛统金塔。该塔于19世纪重建，呈褐黄色，塔高130米，整体为自上而下的倒钟形态，塔尖呈螺旋环状，塔的底座是两层巨大的圆形底座，直径57米，塔的下半部呈半圆形，在大佛塔下面还罩着3座小佛塔。另外还有如洛坤大金塔、曼谷玉佛寺、素可泰府的环象寺等。第二种为尖顶多棱状塔，一般有5个棱角以上，根据棱角的多少被称为12棱、16棱、20棱或者更多。曼谷卧佛寺内的所有佛塔基本上都是这种尖顶多棱状塔。

另外还有一种非常流行的覆钵式塔样式，该样式上半部分为缩小版的钟状塔，而下半部分塔的主体部分则是规模较大的可以安放佛骨的龛室，如清莱巴萨寺的佛塔、清迈清曼寺的象驮塔等。此外，在泰国素可泰府及其周边地区还流行一种素可泰式的覆钵式塔，该塔塔基与吉蔑式塔类似，为四方形，塔顶为芭蕉花蕾形或呈含苞待放的莲花形，如素可泰旧城中央的玛哈泰寺佛塔。

第六节　传统工艺

泰国的传统工艺是泰国民族文化一项宝贵的财富，具有鲜明的民族特色和地方特色，其民间手工艺品也以其做工精美、匠心独具而闻名遐迩。外来文化的影响和泰民族传统工艺与审美观的融合，形成了具有独特泰国风格的手工艺品艺术。这其中最为著名的就是被誉为泰国"十大工艺"的绘画、陶塑、雕刻、版刻、模塑、磨旋、漆釉、铸金、模型、泥瓦等手工技艺，并从而产生了诸如木雕、佛塑、陶器、瓷器、漆器、金银器、锡器、藤器、竹器、版画、丝绸等手工艺品。这些手工技艺与手工艺品既保持了泰国的文化传统，又与新的文化内涵相整合，从而体现出古朴与时尚并存的艺术风格。

一、丝绸

泰国丝绸是最负盛名的手工艺品，有着相当悠久的历史。据说泰国丝绸的发源地位于泰国东北部，在这个地区发现了3000多年前的蚕茧痕迹与制造丝绸的各种工具。

一般来说，泰国人在日常生活使用的丝绸不太精致漂亮，但很结实。泰国人就使用较简单的方法来制造，如撒隆布、欣布、考麻布等各种丝绸类。但是在各种重要庆典场合上使用时，如婚礼、宴会等各种典礼，这种丝绸的做法非常精致、颜色多彩，有的一些丝绸要花很多时间才做好，如莱种布、达布、优布等丝绸类。

泰国丝绸的纺织技术主要有两种方法：

1. "卡（kit）"的纺织法

"卡"是编织绸的一种方法，在布面上造出纹样，通过在织绸的过程中增加纱线的做法，使其出现比绸面布更突出的纹样。其做法是在织绸当中使用木状挑丝绸使纱线出现凸出的现象后再加更多纱线，这种增加纱线的做法能使布面呈现出纹样。

2. "纵（zong）"的纺织法

纵是制造泰丝绸最重要的做法之一，做法是通过在上下布面增加纱线，用箭猪毛或长木根插入在转动的纱线，使纱线呈现出凸状的现象，然后再增加其他纱线。这样会使纹样出现在布面上，而且可以增加更多纱线的颜色。

现在泰国丝绸产品被认为是泰国的特产，特别是它艳丽的色彩、富有特色的纹样、以及独特的织绸手艺等都非常吸引人，受到国内外广泛的欢迎。特别是在泰国王室的支持下，泰国丝绸生产发展迅速，泰国丝绸的生产则扩展到全泰国各地，产品进入了国际市场，也使泰国成为了世界上生产丝绸最重要的国家之一，仅次于中国和印度。最受欢迎的泰丝绸产品，有围巾、领带、服装、枕套、鞋子等。

二、雕刻

雕刻是泰国一门十分传统的手工技艺。无论在古代还是当今多元化的时代，泰国的雕刻艺术仍旧多以佛教题材为主，雕刻的物品也大多为佛像或者具有佛教色彩的人物雕像和动物雕像。泰国的雕刻根据材料的不同包括木雕、象牙雕、石刻、金属雕刻等，其中木雕是最具有代表性的。

木雕主要的木材和原材料包括柚木、红木、花梨木、酸枝木、芒果木、猴木等，可以雕刻上传统或现代的图案，技艺则包括圆雕、浮雕、镂雕三种。泰国早期的木雕基本上以佛寺为中心，作品多用于装饰佛殿，且都采用上好木料由工匠精心雕刻而成。近些年，木雕日益用于装饰家具如屏风、椅子、桌子、床等，另外还有木雕的雕像、挂壁等作品。

三、陶瓷

泰国陶器和瓷器的历史悠久，在泰国乌隆府发掘的班清遗址就出土了大量的彩陶、黑陶和白陶。

素可泰时期，泰国的陶瓷艺术以宋卡洛陶瓷最为出名。宋卡洛现在是泰国素可泰府的一个县，古时候是泰国重要的陶瓷产地。宋卡洛陶瓷有两个主要产地，一个是在素可泰旧城，另一个在宋卡洛。素可泰旧城的窑址称为突良窑，烧制的陶瓷质地较粗，先在陶胚上涂上一层白泥浆，再描上黑色的花纹，最后再上一层淡绿色的釉，比较常见的装饰图案有螺纹、环纹、鱼纹和花卉。特别是鱼纹图案成了素可泰时期所制陶瓷的一个象征。

宋卡洛陶瓷受中国陶瓷的影响很大，它极力模仿中国陶瓷，有的宋卡洛陶瓷底部有莲花图案，为犬牙交错的莲花瓣。在一些陶瓷容器的颈口，有莲花瓣的纹饰。容器外部也有莲花花纹，和中国元朝时期最为流行的款式很相像。

宋卡洛陶瓷按照质地来分，可以分为两类，一类是质地较软的陶，另一类是质地较硬的瓷。质地较软的陶，陶胎有毛细小孔，可以渗水。陶为橘黄色，稍翻红，外表不上釉。有的则将外表擦亮，涂一层红色的泥水，装饰的花纹大部分为绳纹，纹饰镂刻在陶胎上。质地较硬的瓷，盛了水不会渗透出来，敲击时会发出清脆的声音，烧制时用高温。瓷有上釉和不上釉两种，如果上釉，常上蓝色、绿色和棕色的釉。

宋卡洛陶瓷在素可泰时期是泰国一项重要的地方产品，给泰国带来了巨大的经济收益。宋卡洛陶瓷不仅在泰国国内销售，还销往马来西亚、印度尼西亚、印度、菲律宾、斯里兰卡等国，甚至在埃及的西奈半岛都发现了宋卡洛陶瓷的碎片。现在泰国国内有仿制的宋卡洛陶瓷，但真正的宋卡洛陶瓷精品在泰国已经很难找到，且价格十分昂贵。

四、镶嵌玻璃

泰国早在素可泰时期就在木雕制品上镶嵌玻璃，阿瑜陀耶王朝时期制造的各种艺术品更为常见，到了曼谷王朝时期，这种工艺的使用更加普遍。所用的材料有两类，一种为电光片，俗称中国玻璃，分为厚和薄两种，薄的可以用剪刀裁剪，常用来装饰王冠、金线织绣的衣服等，厚的用来装饰柜子、桌子和古式建筑屋顶的两段龙凤角、山墙人字板上的叶状饰物等。另一种材料为彩色玻璃片，用沙烧制，加药水后变为不同的颜色。先将玻璃吹成球形，再敲成碎片，使其有一定的弧形，反光性能好。还有的将玻璃背面涂上水银，制成镜片，泰北地区比较喜欢采用。彩色玻璃片常镶嵌在建筑物上、木雕或泥塑的纹隙中，使其能够反射光线，光彩夺目。

五、贝雕

贝雕是用各种颜色的天然贝壳作原料，将碎贝壳拼成图案，用于装饰门窗、柜子、桌子和床等，使其显得富丽堂皇，常用于王宫和宗教场所。贝雕的制作工艺十分复杂，先用砂纸打磨工件，刷上若干道漆胶，再将贝壳敲碎后打磨光滑待用。设计好图案用纸临摹下来、镂空、贴在工件上。然后再按照镂空的式样贴贝壳。用锅烟拌漆胶把工件刷3遍，待阴干后用砂纸和水洗磨，直到贝雕图案在漆黑的地面上显示出来。

曼谷王朝时期最有名的贝雕艺术品是贝雕门，包括拉玛一世时兴建的位于曼谷的帕希腊讪它拉佛寺的大门和北标府佛足寺的寺门、拉玛三世时兴建的位于曼谷的帕差泼伟曼卡拉佛寺的殿门、拉玛五世时兴建的位于曼谷的拉波披萨滴马哈希玛郎佛寺的佛堂大门。这些贝雕门做工精湛、构图优美，是泰国重点保护的文物。[①]

六、漆器

漆器最早起源于中国，在传入泰国之后形成了具有独特泰国风格的工艺技法和纹饰图案。漆器在泰国古代的主要品种是佛寺中用于存放佛教经文手稿的藏经柜。藏经柜做工极其精致，通常柜子的四面均用漆涂着华丽的纹饰，金色的图案用金箔贴就。图案纹样多取材于佛教故事、神话传说及自然界中的花草树木、动物等。17世纪至18世纪时，泰国漆艺创作达到顶峰，建于曼谷王朝拉玛一世时期的大王宫内的阿玛林宫的宫门是这一时期的代表作。

目前泰国的漆器主要产自泰国北部，以清迈的漆器质量和工艺最为上乘。漆器胎体可用木料、竹子、金属、纸和陶瓷制成，以竹子和木料居多，然后再加上工匠的手绘设计。装饰图案为平面构图形式，题材有人物、山水、花木，色彩上比较典型的是黑底金线或棕红底黄绿线。造型则包括花瓶、漆盘、漆盒、漆画、屏风等品种，技法包括填漆、嵌螺钿、描漆、贴金和罩明。给漆器贴金进行装饰是泰国漆艺的独到之处，已有400多年的历史。贴金工艺主要用于黑色底漆上，其具体制作过程是：首先在木板上刷3层黑漆，再画出图案的轮廓线，然后按照设计要求在将要留出黑漆的地方涂上可溶于水的黄色胶漆，接下来在整个画面

① 段立生:《泰国文化艺术史》，北京：商务印书馆，2005年版，第315页。

上再涂上一层薄薄的漆，半干时将片片金箔贴满画面，大约20小时后用水冲洗，粘着黄色胶漆的金箔脱落，呈现出一幅庄重华美的黑地金纹漆画。

七、乌银镶嵌器

乌银镶嵌器是泰国一种风格独特的手工艺品，据说最早出现于阿瑜陀耶王朝初期。乌银镶嵌器由金或银制成，工匠在金银制品表面蚀刻出美丽的花纹，然后再把用银、铅和铜按比例调合成的黑色粉末填入蚀刻好的花纹中进行装饰，从而做成美丽的乌银镶嵌器。乌银镶嵌器一般可做成盘子、盒子、花瓶和其他器具等。

第六章　传统习俗

文化习俗是制度文化的组成部分，是一个民族在长期的生产、生活过程中所养成的一种行为定式，是一个民族的物质文化、精神文化在日常生活中的自然流露。它体现了一个民族的思维方式和价值观念，有着强烈的民族性、地域性和历史传承性。文化习俗作为民族文化的积淀，一代代生生不息地流传，使得文化的精华从远古传到了现代，成为文化发展的材料和构成传统社会文化结构的基本因素。

泰国的传统习俗受宗教信仰的影响较深。在泰国社会中既有佛教、婆罗门教、伊斯兰教、基督教等宗教信仰，也不乏带有鬼神崇拜内容的万物有灵崇拜和祖先崇拜等民间原始信仰。在这些宗教信仰中，对泰国社会影响最大的是佛教，泰国大多数的传统习俗都体现了佛教文化内涵。与此同时，婆罗门教的元素常常混合在佛教信仰中，与原始鬼神信仰一道影响着泰国的传统习俗。

第一节　风俗习惯

一、风俗仪式

（一）基本社交礼仪习俗

泰国是个礼仪之邦，在日常生活中十分注重言谈举止。比如在见面时，泰国人不喜欢握手、拥抱之类有身体接触的问候方式，而是依据佛教礼节，双手合十于胸前低头问好。回礼时也是同样行合十礼，表示敬意。这一礼节并不只局限于佛教徒之中，而是举国上下，全民为之。不同之处是，受等级观念影响，其互相礼拜时手所在位置不同。倘若是平辈，双手合十指尖在鼻尖位置，腰微微弯曲即可。长辈不可对晚辈行礼，倘若对晚辈行礼，有会让晚辈折寿一说。再有若长辈或领导训话，晚辈一般是行完合十礼之后跪坐在长辈面前聆听，以示对长辈、领导或者权威、经验的膜拜和尊重。此外，在日常交往中还切忌触碰任何人包括小孩子的头部，因为头颅被视作人体的最高部分，这在泰语的字面上或比喻意义上都是如此。同样地，在泰国人的社交聚会中，年轻人都尽量使自己处于比年长者矮一截的位置，以免别人感觉他们对长者"不敬"。当然，这不是总能做到的，但重要的是他们已尽力而为了。

除头部禁忌外，泰国人还认为人的右手洁净而左手不洁，左手只能用来拿一些不干净的东西。因此，重要的东西不能用左手拿，否则会招来嫌弃。在比较正式的场合，还要双手奉上，用左手则会被认为是鄙视他人。与左手一样，脚也被认为是不净、卑下的，只能用来走路，不能干其他事情，例如用脚踢门和用脚指东西等。坐着时，不要翘起脚和把脚底对着别人，也绝对不能把脚冲向佛。妇女落座时的要求更为严格，双腿必须并拢，否则会被认为是不文明举止，缺乏教养。

在言谈方面，泰国通常称呼人名，无论男女均可在名字前加一个"坤"（Khun）字，以表示"先生"、"小姐"、"夫人"之意。在工作中，人们经常以Pee（兄或姐）和Nong（弟或妹）相称，给人一种亲切的感受。

（二）出生礼

在泰国，婴儿出生后3日为鬼孩，4日方为人孩。因此婴儿出生满3日时举行"三日礼"，以庆祝孩子脱离鬼孩危险期。"三日礼"一般只有婴儿的亲人参加，仪式较为简单。仪式前要准备吉祥饭、祭神供品、斋饭、香烛、鲜花、香粉及汤勺，盛有温水的水钵等。仪式要选在吉时进行。开始时，亲人围坐成一圈，把婴儿放在中央，先有亲属中德高望重者焚香礼拜佛、法、僧三宝，恭请诸神保佑婴儿平安，然后用法纱触摸婴儿手臂之后烧掉法纱，以避邪祛灾。再取新法纱在婴儿每只手上栓一根。有些人家专门请儿女双全的亲人为婴儿栓法纱，寓意孩子容易抚养。接着在婴儿额头上点法粉（香粉），尔后喂婴儿3汤勺温水，最后亲人及长者祝福婴儿健康成长，仪式宣布结束。这时就可以将婴儿移入摇篮。仪式结束后，要将供品拿到屋外祭祀鬼神。其余物品用布包好放在婴儿被褥旁。3日后，再将这些物品置于河中放漂，"三日礼"才算彻底完成。[①]

婴儿满月后要举行剃胎发仪式。仪式前，要先备好洒水用的海螺，待吉辰到，主持人用海螺舀水滴洒到婴儿头上，祝婴儿健康成长，接着为婴儿将部分胎发剃去，然后是为婴儿洗澡。剃下的胎发放在蕉叶做的容器上，放入江中漂走。在泰

---

① 张殿英主编：《东方风俗文化词典》，合肥：黄山书社，1991年版，第220页。

人的传统观念中，头是灵魂进出的地方，只有剃过胎发的婴儿才被看做是真正的新生命。剃下的胎发顺水漂走则意味着去除一切与另一个世界相关的联系，正式确立其人的身份。

除剃胎发仪式外，人们要请僧人、本地婆罗门来为孩子洗浴，并取名字。洗浴用的水并非普通的水，是加入特殊物质的"驱邪水"，这种水在很多礼仪活动中都会被使用，有一定的防病和治病作用。取来水后，要请僧人和本地婆罗门诵读经文和一些吉祥祝福的话，如预祝孩子健康成长、一生平安等等。这样这一盆普通的水，也就变成了一盆圣洁、吉祥、祛病除邪的水，经过这盆水沐浴的孩子，也就摆脱了各种疾病的困扰，各种邪灵鬼怪也不敢伤害孩子。最后，约在正午的时候，由僧侣和婆罗门共同为孩子取名，并拴线。随后，家中的人们轮流为孩子拴线，同时也要说一些吉祥的话语。①

婴儿剃完胎发从竹塌上放入摇篮时，还要举行入摇篮礼。事先要准备冬瓜一个、研药钵一个、带须的老公猫一只和分别盛有稻谷、绿豆、芝麻、椰子和棉花等的小布袋。放这些东西各有象征意义，如放谷物希望婴儿像稻谷一样茁壮成长；放冬瓜表示婴儿身体像冬瓜一样阴凉，泰国人认为人体阴凉不易生病；放研药钵以祝愿婴儿身体健壮结实如研药钵；猫为温顺动物，老猫不易弃家而去，将老猫放入摇篮，希望婴儿像猫一样好养爱家；放椰子是祝愿婴儿像椰子一样结实，并为人们所喜爱。举行仪式时，将上述东西放入摇篮。如果是男孩还要放入铅笔和本子，女孩则放针线。如果已经起好名字还要将写有婴儿名字的纸条一起放入摇篮。有时还要准备吉祥饭和敬神祭品。然后进行巡烛，摇晃摇篮3下，接着把猫抱出，将婴儿放入摇篮，再摇晃摇篮3下，摇晃时要为婴儿祝福，入摇篮礼即宣告结束。②

在传统观念中，对新生婴儿的洗礼等仪式，不仅是一种生理上的需要，更重要的是通过仪式正式接受孩子真正成为家庭中的成员。如果有婴儿没有接受仪式就夭折，那么尸体是不能埋入坟地的，只能抛入河中。

（三）成年礼

泰国境内各民族多信仰上座部佛教，男子普遍有在寺庙出家的经历。在现代教育制度普及之前，寺庙曾是重要的传授知识和道德传统的教育场所。古代泰国

---

① ［泰］尊拉塔·帕耶卡拉农：《泰风俗》，载《泰学期刊》，2005年，第8页。
② 张殿英主编：《东方风俗文化词典》，合肥：黄山书社，1991年版，第221页。

的男子包括国王在内，在正式成年之前都必须有出家的经历。出家之后才能真正算作成年人被社会所承认。而且当时入寺出家就如同今天上大学一样，选择进入哪所寺庙，由哪位僧人教养都是很有讲究的，这些都直接与今后的社会地位以及婚娶等相关联。因此对泰人而言，入寺出家是人生极为重要的阶段之一，可以算作是人生的成年礼，所以在出家之前都要举行隆重的剃度出家仪式。

"剃度"传统上说，就是"剃须除发、超越生死"的意思。古代印度修行求道的人弃家出走时总要剃掉头发，佛教也吸收继承了这一传统习俗。从佛教的教义教理来看，经过这种仪式的人，身份有了改变，从一个世俗人转变成为了教徒，负有随僧伽集体修行，追求最高理想——涅槃的责任。在泰国，男子成为沙弥以后，通常要经过一段时间的学习修行，才有资格接受进一步的祝圣仪式，也称作"具足戒"（Upasampadā），或称"大戒"。领受了大戒，才正式成为比丘（Bhikkhu）。Bhikkhu一词的本义是"乞食者"，意味着放弃世间一切利益权势，完全靠大众的施舍为生。理想的比丘是心笃志诚地求真修行者。一旦达到真实境界，他们便在道德和精神上都得以转换，为世间众生的利益而弘扬佛教。值得注意的是，佛教是社会中的宗教，其延续和发展都必需依赖社会中的个体。详细考察泰国社会中的佛教比丘，从其出家的动机开看，可以分为3类：以奉献宗教、出世为目的的；以逃避社会现实为目的的；贪图僧伽舒适生活为目的的。而如果从社会存在上挖掘其根本动机，则可以总结为：谋得受教育和改变社会地位的机会；顺从一般社会习俗和舆论压力；又或者是报答父母，尤其是报答母亲的养育之恩。

在泰国，男子出家成为沙弥也好，比丘也好，他在寺庙中的时间，完全取决于其出家的动机。除去一心奉献宗教、穷经皓首的僧人、禅师外，很多接受剃度仪式的人都没有要求终身留在寺庙中修行。尤其是在西方现代教育观念和制度被引入后，大部分泰国年轻人都在现代化的教育体系中接受现代教育。只有在极个别经济落后的地区，例如泰国北部的农村，其子女教育仍然选择了传统的寺庙教育方式。因此，在当今泰国，剃度出家对于很多男子来说都更像是成年礼，而不是要献身佛教。泰国社会对于离开寺庙还俗的僧人是没有歧视的。因此，无论出于何种动机，在寺庙中呆上几个月或几年然后回到社会中来，总是受欢迎的事。无论如何，在寺庙中学习到的基本读写技能和佛教的基本道德信条，对于社会和家庭都是有益的。作为在家的佛教徒，此后的一生中，那怕已经还俗，对于僧伽也是愿意护持的。

剃度出家仪式极为隆重，一般要持续一天或两天。剃度仪式分两阶段，先是收魂仪式，其次才是佛教的正式出家仪式。按照泰人的传统习惯，在出家的仪式开始以前，先有一个预备性的仪式，叫做"收魂"或者"收心"。根据古老原始的鬼神信仰，泰人相信人有32种不同的魂魄，这有点像旧时中国人相信三魂七魄一样。所有这32种魂魄平时都有着与外部世界相连的物质欲望，所以普通人才会有喜好声色犬马的倾向。为了使打算出家的年轻人不放纵声色，要把他的魂魄收回来，通常要举行一个收摄魂魄的仪式，另外还会给要受剃度的人一个护身符。这是一个用手捂住自己眼耳口鼻的猴子雕像，意味着把心猿意马给收束起来。但佩戴这个护身符并不一定就与收魂仪式有联系。

收魂仪式是在受剃度人的家中举行的，主持仪式的是其家人，但他必须是佛教居士，或有过出家经历，甚至还有通灵的经验。他平时也主持乡村中的婚礼、新房上梁或别的什么宗教仪式，因此也熟悉唱念讲说一套方法。这个仪式往往是全村寨都要参加的，因此免不了有热闹的吃吃喝喝。通过仪式，主持人将受剃度人的"魂"从以往它们对世俗的享乐中拉回来，以保证受剃度人能信守他将要在佛寺的戒堂（诵戒堂）中许下的誓言。为了引诱魂魄，还得准备一个漆碗或一个装饰得很花哨的五彩树，它象征人与神灵界的联结。简短的仪式之后，会在将受剃度人的手腕上系一根红色圣线。那意思是已经将所有魂魄召回来并拴起来固定住了。

当然，剃度准备工作还不止这些。剃度前，受剃度人还要用"圣水"进行沐浴。传统的沐浴方式是用一片芭蕉叶茎做水槽，家族亲友依序用海螺壳或银碗将"圣水"倒入槽内，让水从受剃度人的头上往下流，谓之"脱皮"，表示与俗人脱离。沐浴之后，受剃度人会被穿上白衣，这象征着他已进入了脱离凡世但还未入圣的中间地带，虽然还没有被僧伽接受，但他也不在红尘中间了。每当此时，附近的人们都会前来庆贺，大肆地宴酒欢歌。"收魂"仪式的最后环节，是前来庆祝的家人和亲友邻里前呼后拥地送受剃度人前往要出家的那个寺庙中。有的游行队伍还有吹吹打打的乐器相伴。快要到寺庙时，人们会把受剃度人打扮起来，成为悉达多王子（出家前的佛祖）的模样。人们敲锣打鼓，捧着鲜花、蜡塔，簇拥着身穿象征圣洁的雪白长袍，骑在马上的受剃度人来到佛寺。总之，一切是再现释迦牟尼的出家求道的历史。

进到寺庙后，游行队伍在将要举行剃度仪式的佛殿（通常就是僧人们聚集诵戒的地方，也是授戒的地方）绕殿堂3匝，以示礼敬。这3匝象征"三宝"——佛祖、佛谕、佛教僧侣。他们必须双手合十，手掌中夹着3样东西：一根点燃的蜡烛，象征光明转瞬即逝；一支莲苞，象征美丽不能长久；一根线香，象征纯洁生活的芳香。3匝绕完，向围观群众抛撒钱币，表示对俗物的摒弃。在进入戒堂（佛殿）以前，还要在标识授戒区域的石头前磕头。这块石头在佛教中被称为"结界石"（Sima Bandha），也就是"规定清净戒仪式范围的石头"的意思。戒堂（佛殿）四周有8块标石表示范围大小，正中还有一块石头表示戒坛核心。在认为已得佛祖悲悯，原谅了自己以往的过犯以后，受剃度人进入戒堂。进门之前，受剃度人的亲戚之一会扮演魔罗，假装阻拦他进去，这象征着悉达多王子曾经受到过的扰乱。佛殿中的佛像跟前，已经呈扇形地分坐了10名和尚。受剃度人向他的授戒师父3次磕头，并奉上香烛等礼物和僧服，然后3次表示要以佛法僧为归依，请求许可"进入世尊的教戒"。授戒师父收下礼品和僧衣，开示剃度弟子三皈依的含义，并让他静心禅定，思想人生无常，五蕴难久。接着受剃度人在另一位作为羯磨师的和尚（受剃度人的羯磨师也称戒法师）指导下听受十重戒的教训：不杀生，不偷盗、妄语、邪淫、饮酒，不非时而食、涂饰香曼、听视歌舞、坐高广大床，以及不蓄金银财宝。然后受剃度人从羯磨师那里领受巴利文的戒名，那是他出家后的法名。这位羯磨师同时会将一个乞食钵挂在受剃度人的左肩上，让受剃度人辨认自己的食钵和三衣。羯磨师还要当众问他一些仪式性的问题，如"你有否患有麻疯病或别的皮肤病？"，"你是人还是非人？"，"你出家是否得到了父母许可？是否为了躲债？"如是等等。问题一一得到澄清，羯磨师便将受剃度人引见给佛殿中的僧众，3次问大家能否接受这个新成员。如果大众3次均沉默无语，便表示僧伽同意接纳受戒者为沙弥了。于是，授戒师又再作开示，告诉受剃度人在僧团中生活的基本含义和要求。

泰国境内的佛教剃度仪式的程序大致相同，其标准法式是以斯里兰卡大寺的规范为依据的。从剃度仪式也可以看出，虽然佛教是来自印度的外来宗教，但它在进入泰国被泰人接纳吸收后又融合了本地文化的元素。例如，正式剃度前的"招魂仪式"就来自泰族人原始鬼神信仰，从而体现出了宗教信仰对传统风俗的影响。

（四）婚礼

借助青春期的成年礼，青少年被社会接纳为成年人，同时也宣布了他们应该对社会负有的责任义务。从这个意义上看，成年后的青年男女也面临着婚嫁这一巨大的人生转变，也要借助相应的婚嫁礼仪活动来完成转换，保证个人、家庭和社会的安全感。从佛教教义上讲，出世修行的佛教僧侣应该与世俗的婚礼没有关系。但是，社会生活的逻辑却将僧伽的宗教服务功能也调动起来，使得佛教能够为世俗婚姻提供某种神圣性的担保。这就包括通过相应仪式将佛教的超自然力转移到婚姻关系中来，也转移到家庭和社会中来，实现僧伽社会与世间的联结。

传统的泰式婚礼程序繁琐，一般有10个步骤，大致可分为说亲、定亲、迎亲、婚礼仪式4个阶段。

说亲和定亲主要由媒人、双方父母和命相师参与，一般是男方请媒人去女方家说亲，媒人要求社会地位较高，受人尊敬，并且最好是认识男女双方的父母。说亲的日子多是命相师给出的黄道吉日。说亲时，女方家人会询问男方的生辰八字和人品以征询命相师的意见。如果双方都满意便开始准备定亲。

定亲主要是双方父母商定聘金彩礼、确定婚期、盖新房、以及婚礼筹办等准备事宜。彩礼包括礼金和物品两类。礼金是男方为向女方父母表示尊敬而赠予的现金，但现金只是形式上的，不宜太多，因为如果给得太多，会被别人认为是在卖女儿。礼金在结婚之后还会还给新人，以作为新人组成新家庭后新起步的象征。物品多为男方赠给女方个人的东西，多为黄金饰品，如金项链、手镯、戒指等。当这一切商量妥当之后，就要开始确定结婚的良辰吉日了。

结婚的日期一般由星相师选定，且禁忌在佛教节日举行婚礼。盖新房是泰式婚礼中比较特别的部分。按泰族传统习惯，一个要结婚的泰国男子必须建造一幢自己的房屋，这幢房屋既是举行婚礼的地方，也是婚后新人的居住之地。通常这幢房子要建在女方家旁边，即结婚时要和女方的父母居住在一起。盖新房也是考验新郎的一个好机会，是检验其能否承担家庭义务的一种方式。新房盖好后就要开始准备婚礼仪式了。

婚礼通常在新娘的父母家举行。婚礼举行之前，男方要准备好装彩礼和各种吉祥之物的"槟榔盘"，其由槟榔盘、彩礼盘、香烛盘、礼布盘以及食品盘组成。结婚那天，新郎与家人及朋友组成的迎亲队伍手托"槟榔盘"，结队而行去新娘家。到达新娘家之后，新娘会安排自己的女性亲戚和朋友在门口守候，并由两人各手持金、银链子的一端形成门挡住新郎。门可有多道，古时一般有三道门即胜利门、银门和金门，新郎要正确地说出门的名称并把准备好的红包给挡门人，才能够通过并最后进入举行婚礼仪式的房间见到新娘。

当新郎及其父母和长辈顺利进入新娘家里之后，就会举行迎"槟榔盘"仪式。迎"槟榔盘"仪式由新娘家里一对结婚时间很久的长辈夫妻把"槟榔盘"迎到举行婚礼仪式房间的桌上，让新娘跪拜父母3次，之后媒人带领众人点算彩礼。新娘家要准备一大块红色或者是金色的布，用来包彩礼。新娘父母形式上清点一下彩礼的数量，之后把彩礼拿出来放到准备好的布上，双方的父母和长辈再把准备好的米、豆子、芝麻等洒在彩礼上，以祝福新人生活甜蜜美满。之后新郎给新娘戴戒指，并双手合十互拜。为了向养育自己的父母表示感恩，新人要手托香烛盘和礼布盘跪拜双方父母3次，并献上托盘。父母则向新人赠予红包或礼物并表示祝福。

婚礼仪式由专人主持，主持婚礼诸礼仪的并不是佛教僧人，但他必须熟悉佛教日常经典，能说能唱。泰人称之为Mo Riak Khwan，意思是"招魂师"，即会召唤魂灵的人，但不一定非得是巫师或是婆罗门。不过由于泰国人普遍信奉佛教，所以佛教僧侣也通常是婚礼上不可少的宗教人物。

结婚当日清晨，新娘家要并准备好供台，用于供奉佛像、鲜花、香烛、布施品等，以进行斋僧布施，并开始准备一天的酒席菜肴。亲戚朋友们陆续到齐，大家聚在主人家的客堂大屋，有时专门为办喜事而搭一个彩棚，作为客人安坐举行仪式的地方。同时，还要准备好放有佛像、圣水钵、圣纱、香烛、鲜花等的供桌。婚礼上除了有双方亲属、客人出席外，还需有僧人参加。早上10点左右，僧侣们便会来到新娘家中，一般会有五、七或九位僧侣结伴而来。进门以后，他们沿屋子前面墙边安座，正对屋内供奉的漆成金色的佛像。佛龛中的佛像用香烛鲜花等供养。从佛像上牵出一股白线，联结到一个银钵下，钵中是给新郎新娘魂魄的供物。上午11时左右，女方派一名有身份的人带着荤食到男方家通报，这时新郎就可以带着槟榔盘，在亲朋好友的陪同下一路走到女方家迎亲了。带上槟榔盘迎亲是泰式婚礼中极具特色的部分，类似中式传统婚礼中的嫁妆，槟榔盘的多少暗示着男方家庭的富裕情况。

双方人员到齐后，仪式就可以开始了。首先，那位"招魂师"领在场的众人诵念三皈五戒经，并对三宝致敬，然后请僧人们诵经。婚礼上所读诵的一般是上座部佛教中应用极广的"护咒经"（Paritta），最有名的是其中的《吉祥经》（Mangala Sutta）和《慈悲经》（Metta Sutta）也是婚礼中必诵的。

洒水仪式是泰式婚礼的重要组成部分。婚礼中，僧人一面念经祈祷，一面让新人牵起手来，并用槟榔的枝叶蘸上圣水，把圣水洒在新人头上，象征他们结成夫妇。然后新郎、新娘叠腿侧坐在主持僧前，面朝向东方或北方，新郎坐在新娘的右侧，二人双手合十，双眼微闭，倾听或者跟着僧人一起诵经。诵经之后，僧人还要主持系圣线仪式。僧人拿起联系着佛龛与银钵的圣线（也称为双喜纱圈，经过仪式祝祷，它已经具备了特殊的力量）的一端，把它拴在新郎、新娘的手腕上。在场祝贺的亲友也都依僧人的方式为新婚夫妇系线于腕上。依泰北地方的说法，这么一来，新郎新娘的魂魄就结合在一起了。从而，无论在生理还是精神上这对男女也就结合了。圣线戴好后，僧人在新郎的头额处点3点法粉，并抓住新郎的手为新娘点3点法粉，然后再将法螺水洒在新郎新娘的手上。洒法螺水要从右到左，即从新郎开始，以祝愿新婚夫妇相亲相爱，白头偕老。然后，再由父母、亲友依次往新郎、新娘的手掌中淋滴圣水祝福。圣水只能一人滴一小滴。所以，只有在客人多的时候，手掌中的圣水才越积越多，新人才会幸福。滴完圣水后，会有两个年轻女孩子在门口送给宾客一片树叶、一个花环、一朵小花或一条香手帕作为结婚纪念品。婚礼仪式的最后一项是向僧人供食和献礼，然后僧侣们便告辞离开。通过供养答谢，肯定了佛教意义上的功德转移。借助僧伽的特殊力量，神圣化了原始鬼神信仰背景下的婚姻结合的意义，也保障了新家庭和双方父母的幸福。

有泰国学者分析，泰国婚礼上的洒水仪式，是由过去新郎、新娘在正式婚礼前一日的清洁沐浴仪式（洁身仪式）发展而来的。在泰国东北部一些地区还有一种"给新郎洗脚仪式"，由一个小姑娘给新郎洗脚。新郎站在一个铺了芭蕉叶的石头上，由小姑娘给他浇上清水。因此，泰国婚俗中的洒水仪式，很有可能是产生于要"净化"身上邪气和恶灵的危险的观念。同时，在我国云南地区的傣族婚俗中也有洒水的环节，而且更为激烈。举行婚礼这天，当小伙子和陪伴自己的同伴一同来到女家时，早已等候在女家楼门口的新娘的姐妹们手持水盆和水桶，向小伙子泼水，醒悟过来的新郎忙用毯子盖住头，在伙伴们的护送下冲进新娘家，泼水也随即停止。

正式仪式一结束，欢宴也就开始了。在随后的喜宴上，新郎、新娘要为宾客敬酒，并且人们还把喝醉视为吉祥。客人们享用完中午的丰盛酒席之后，整个下午都是聊天叙旧的时间，这段时间新娘的家中有人进进出出，送往迎来，寒暄叙礼。到了傍晚时分，晚宴开始了。晚宴多了一个节目，即邀请地方上的乐队（它的乐器是铙钹鼓锣笙之类）或者泰国民间戏班子来表演，欢庆气氛也就更为浓烈。

晚宴结束之后，新婚夫妇的父母和叔伯舅娘将这对儿女领到新房去，举行铺床仪式。铺床仪式于新婚洒水仪式的当晚进行，表示把新人带入新房。要准备的东西包括研药石一块，表示情深义重；拐杖一根，表示长命百岁；冬瓜一个，表示清凉幸福；绿豆和芝麻各一袋，表示事业发达；水一份，表示和睦团结；猫一只，表示爱家，但可用玩具代替；乌鸡一只，表示勤奋；圣水盘一个，花盘一个（包括茉莉、玫瑰，以及金银币各9枚）。铺床仪式由儿女双全、有身份、德高望重的恩爱夫妻作为铺床人。他们把上述物品放入新房，把枕头和床单等铺好，把圣水盘及花盘放于床边的桌子上。铺床仪式完毕之后，新娘长辈把新娘交给新郎，并祝福一对新人，然后众人离开房间。婚礼几乎持续十几个小时，期间新婚夫妇既不能说话也不能吃喝。

（五）丧葬礼

生与死都是人类永恒的终极探求，世界各地都有着各种关于死亡的仪式。丧葬礼，它包含了很多对生命含义的揣测。对于活着的人而言，丧葬仪式提供了功德和心理慰藉；对于死去的人而言，表达了尊敬，丧葬仪式肯定了死者的最后过渡和身份转换。在东方社会，自然也包括泰国，丧葬礼也反映出了一定的社会意义。哀悼之余，丧葬之礼的目的主要在于肯定家庭与社会的团结与延续性，这是就仪式的社会功能说的。对于宗教自身，它肯定的是死者在另一世界的"新的生活"。因此丧葬礼，除了确认死，也有庆祝生的意思。在泰国人的眼里，丧葬是人类灵魂形式转换的重要过程，而且由于鬼神信仰、祖先信仰等民间信仰，使得泰国人对亡灵产生了敬畏的态度，以及希望能够得到来自祖先的保佑，所以丧葬礼在泰国人的生活中具有十分重要的地位。

据古籍记载，泰国古代的丧葬形式有火葬、水葬和鸟葬3种，且具体的细节由于不同区域文化的不同而有所不同。但是今天的泰国人死后多实行火葬，而且由于受到佛教文化的影响，火葬基本上都在寺院中进行，并且形成了一套极其复杂且具有佛教文化色彩的丧葬仪式。

泰国人的传统丧葬礼实际上开始于老人临终之前所进行的"指路"仪式。泰国人相信，人断气之时是灵魂离开身体的时刻，而灵魂最终能够前往善道还是进入恶途则取决于死者断气前最后一刻的意念。所以在老人断气之前，亲友要让其双手合十握住用芭蕉叶裹着的莲花和香烛置于胸前，并且站在老人旁边，在族长的带领下高喊"佛陀！佛陀！佛陀！"，从而为老人"指路"，使老人免去牵挂、净化心灵、一心向佛，最后能够进入天堂。老人断气之后，其遗体必须头朝西方，停放在房梁下，用布或蚊帐来遮盖遗体，同时家中门窗要关闭严实，不能让猫跳过遗体。家人则点燃长明灯，开始准备殓尸。

泰国传统丧葬礼仪中的殓尸过程包括浴尸、梳发、穿衣、缚尸、裹尸等仪式。浴尸仪式的目的是为死者净身，因为脏的身体是无法进入天堂的。具体做法是将金合欢叶、酸豆叶和艾香叶一起放入锅内煮开，然后放在三角架上备用。给死者净身时先用热水洗一遍，然后再用冷水擦拭一次。随后用切开的桔子涂抹于死者周身，并将桔皮与鲜姜混合捣碎后涂抹于死者全身，然后就可以为死者梳妆整理了。一般会将男性死者的头发都剃光，女性死者则是用梳子梳3下头发，或者将头发分成两部分往前额梳一半，往后脑梳一半。向前梳的部分代表着死者，向后梳的部分代表依然在世的亲人，前后各梳3次分别代表佛教的欲、色、无色三界。梳子梳完后需折断成两段扔掉或放在死者的棺内。

穿衣仪式是指为死者穿上寿衣。泰式葬礼中，死者一般着白衣，以示死者的身心纯洁。衣服一般包括套裙和衬衣，一共准备两套。第一套要反穿，衣扣位于后背位置，意味着"死亡"，是为死者所穿。在泰国有些地方，在穿衣后还要扯下一颗纽扣扔掉，以消除灾祸。第二套衣服要正穿，意味着"再生"和"轮回"。在为死者穿好衣之后，要捣碎一串槟榔放在死者嘴里，同时还要在嘴里放点银子，俗称"含口钱"。死者口中含物有着双重的意义，其一是为了让死者将这些吃用之物带至阴间，以希冀死者在另一世界也可享受温饱的生活；另一方面，含物的仪式同样暗示着死亡之人皆空手而去，即使口中含物，也无法将其带走。这代表了往生之人不带任何身外之物，只携善恶而去的佛教理念。泰国有的地区还会用蜂蜜或金箔盖脸或者封住口和眼，以保护死者的遗容。

穿衣仪式结束后，亲属会将死者的尸身放置在床上，头部朝向西方，并将其右手摆成伸出的状态。随后死者的亲友们逐一将清水洒向死者伸出的右手手掌，以表示对死者的哀悼和敬意。洒水仪式在泰国丧葬仪式中非常重要，经常会邀请有名望的人来参加。参加这一仪式的人多着白衣，佩戴白花和黑纱。

缚尸仪式是指用棉线搓成手指般粗的绳子缚扎遗体。缚尸通常使用粗纱，要在死者尸身上缠绕三道。第一道要缠扎在死者的颈部，意为牵挂子女；第二道绳子要首先将死者双手的大拇指缠绕在一起成合十状，然后缚于胸前，意为牵挂自己生前的财物；第三道要缠扎在死者的双脚脚踝处，意为牵挂尚在人世的妻子或丈夫。缠扎三道纱线的意义在于象征着世人在世俗世界中都会被子女、妻子或丈夫以及财物所牵绊，仿佛被绳索捆绑，不得挣脱。在缚尸仪式之后，死者的亲属会准备一块白布，以从脚部向头部的方向将死者的尸身包裹起来。然后使用粗纱线或法线捻成大约拇指粗，从死者的脚步开始向上，在白布外缠绕五圈。这五道纱线象征着佛教的五盖，即贪欲盖、瞋恚盖、睡眠盖、掉悔盖以及疑法盖。佛教中认为，此五盖均为产生罪孽的来源，使用纱线缠绕的五道线与缠扎尸体仪式中的三道纱线异曲同工，象征着人类尚在人世时无法摆脱的种种罪孽、想法和情绪。

　　殓尸完成之后就要入殓，把遗体装入灵柩以供祭奠。入棺之前最重要的是由法师进行的开棺仪式，简单来说就是法师作法念咒驱邪，用柏树枝沾法水洒在棺材和死者尸体上。民间认为棺木里有鬼，这样做是为了让鬼知道这副棺木已经有住主了，让它不要与主人争。开棺仪式的最后一项是在棺内铺入芭蕉叶，撒入干蟹，有时候还会在棺内放入茶叶、姜粉、草纸、石灰粉等。开棺仪式结束后还要举行祭棺仪式，法师从棺头到棺尾均点燃蜡烛，口念咒语，以辟邪驱恶。靠近蜡烛放着用芭蕉叶制成的8只碗和水灯，里面盛有肉食甜品等，祭拜八方神灵。祭棺仪式结束便可以抱尸入棺。尸体入棺之后，如死者是男性就在棺内放入烟草、刀之类，如是女性就放入针线、菜篮之类。①

　　在泰国传统的丧葬礼仪中，停柩祭奠的时间差异较大，少则3天，多的则长达一年之久。停柩祭奠期，死者头上应放置这些物品：死者的魂魄要用的食物和饮水；一盏照亮死者往冥界道路的灯；一面尾端分三岔的旗帜，它象征三宝的力量；香花放到死者手中，通常香花是供奉佛像用的；最后，还要在死者口中放上一枚金属硬币或者在尸体周围放上一组金银制的小旗，那是用来收买鬼怪的，希望它们不要阻挠死者的魂魄上天。灵柩前的长明灯必须昼夜不熄灭，以为死者指引走向光明的道路。在此期间要一日三餐供奉饭食，并会有僧人为死者举行功德法事，诵经超度。

　　做功德即为死者举行超度仪式。超度仪式的主角是佛教僧人，一般会邀请4位僧人念诵经文，同时还需准备好供品、佛像、斋僧的食物、法纱等。僧人们所

---

① 李倩：《泰国泰族丧葬习俗的文化内涵》，载《思茅师范高等专科学校学报》，2009年第2期，第45—46页。

唱诵的佛经包括阿毗达摩一类的经文。在丧葬仪式诵经说法的过程中，僧人们一边布道，一边会强调人生无常，善恶报应就在眼前的思想。同时，他们也会劝人加紧积累功德，为将来什么时候总要实现的涅槃目标努力。僧人念诵完经文后，死者家人就要呈上食物，用斋完毕后僧人为死者取下裹尸布，带回寺中缝制"百衲衣"，夜间再次诵念经文。

泰国丧葬礼中出殡的讲究和禁忌较多。如出殡前要准备3口土锅，代表人出生、成长和死亡的3个阶段，锅中装满清水及3根木棍，待棺木抬出房后，用木棍把土锅敲碎，然后把木棍折断。出殡前还要在门的两侧绑上叶子带刺的新鲜树枝。当棺木抬出房屋后，要立即将这些树枝扔掉或放在灵柩上。出殡时，棺木不得穿越屋门和房梁，而要从窗户或从挖开的墙洞踏3层梯过墙抬出。楼梯上还要铺上香蕉叶，又或者另用芭蕉做一架小梯子，抬棺之人踩过梯子后，要将其折断，这样鬼怪就不能重返家门了。抬棺出殡时，要求棺头朝前，棺尾朝后，和尚手持灵线在前指路。在出殡途中，棺木不可落地，不可穿越他人田地。因为泰人相信棺木若落地或经过他人田地，则会给他人带来灾祸。在送到火葬地点之前，出殡的队伍要抬着棺木到村外乱转几圈或是蛇行前进，绕路前往目的地，让死者的魂魄晕头转向从而迷路无法返回家中，免得他不肯离去，又摸回家中来了。在棺木到达火化处后，抬棺用的木头杠子必须要折断，不可再用，因为泰人认为再用的话会带来不幸。

到达火葬地点后，死者的棺木会被抬着自左向右绕行火葬台3圈，然后停放在火葬台上。在摆放死者时，要注意将死者头部的方向朝向西方，将死者脚部的方向朝向东方，呈俯卧姿势。此外还要准备一些铜板撒在火葬台四周。在此之后要准备一个椰子，将之打碎之后将椰汁涂抹在死者面部。因为泰人认为，椰汁被若干层皮包裹在椰壳内，是纯洁干净的水。用这样的水为死者洁面，希望可以洗去死者生前所有的罪孽，以洁净之躯离去。火化之前，在庙里或火葬地点还要由和尚诵经，然后讲法，再次向信众晓谕佛教基本的伦理与生死大事的关系，结束后才可以正式点火进行火葬。点火之前，和尚们还会在棺前诵经，随后将人们为谋功德而布施的僧衣从棺盖上拿开，一面用巴利文念诵经偈："世法因缘，生灭为性，生灭灭已，寂静为乐。"

在火葬过程中，要将覆盖棺木使用的白布在火堆上方来回抛掷3次，以示通过火焰将附着其上的种种不洁之物消除。在火葬结束之后，仪式主持人要将火葬台下焚烧过的木柴取出3段，然后死者的亲属才可以离开火葬台。回到家中后，亲属们要洗脸或洗澡，以清除火葬中所沾染的不洁之物。火葬后的第7天，为了保佑居住在房屋里的人的幸福，要在屋里举行一次特殊的早祭祀。请和尚来念经，在整个屋里洒上"圣水"。

有时，死者的子女或晚辈为了给死者修善积德，会选择在死者火葬时举行剃度仪式，出家成为沙弥或僧人。出家的时间长短不一，一般情况下为3日，也有人就此进入佛门。泰国人认为，在进行火葬仪式时为死者而剃度，是表现对死者尊敬和尽孝的最好方式，同时也更能彰显对佛祖的诚心。[①]

从上文对泰国的四个人生最重要仪式的描述中可以清晰地看出，宗教信仰对文化风俗习惯的重要影响。首先，佛教思想尤其是上座部佛教在各类风俗习惯中都具有举足轻重的作用。无论是出生礼、成人礼、婚礼还是葬礼都会有僧人诵经，而且仪式的主持人也多是佛教僧人。此外，在婚礼上由僧人主持仪式给新人洒水是为了借助佛教使婚姻神圣化、正式化，帮助新人进入下一段未知的人生。而在葬礼中的缚尸和超度等也是为了帮助死者的家人积极地认识和对待死亡，克服对未知的恐怖。其次，原始信仰在泰国文化和风俗习惯中是不可或缺的。在泰国人的原始信仰中，认为世间万物，包括山川草木都是有灵魂的。这些具有自我意识的"灵魂"也是泰国鬼神信仰的重要组成部分。在泰国各地，也依然保存着很多古人建造于山崖峭壁、大树下以及丛林路口处的神龛、庙宇，依然有村民会向这些庙宇神龛供奉香火。而且，在各种风俗仪式中，原始信仰尤其是鬼神信仰总是各种禁忌重要来源。最后，风俗习惯和仪式总是各种宗教信仰的融合表现。分析任何一种泰国的风俗习惯或仪式时，往往很难只用某一种特定的宗教信仰就能得到完满的解释，就譬如火葬是佛教的重要仪式之一，但泰国的丧葬仪式，在宗教人类学者看来，包含了很多原始鬼神信仰的内容，往往还有驱除恶鬼邪灵的功能。

第二节　传统节会

泰国是个节日众多的国家，几乎每个月都有节日庆祝。最为传统并且最为盛

---

① 闫敏：《泰国传统丧葬仪式研究——复杂的通过仪式与文化内涵》，北京：北京大学外国语学院东南亚系，2009年，第8–10页。

大的节日有两个，一个是宋干节，一个是水灯节。这两大节日都有着美丽的传说和独特的庆祝方式。

一、宋干节

宋干节是泰国的传统新年，这一节日在我国的云南地区也被称作"泼水节"，性质类似于中国的春节。不过，有趣的是中国的春节选在了一年中最冷的时节，因为在寒冷的冬天里人们无法下地劳作，因此就聚在一起庆祝一年的收获。而泰国的宋干节则选在了4月13至15日这一年中最热的日子，节日里人们用纯净的清水相互泼洒，消除暑热的同时也祈求能洗去过去一年的不顺，期盼在新的一年中能够吉祥如意。泰语中的"宋干"一词源于梵语，意为"移动、迁移"，在此代指太阳的运行进入白羊座，同时也表示新的一年开始了。因为印度古老的天文学认为，太阳是沿着黄道十二宫周而复始地运行，在公历的3月走完黄道的第十二星座双鱼之后，于公历4月进入黄道的第一星座白羊。因此4月的宋干节便是走完一周年而更始的意思。[①] 因此，最初宋干节的日期是以泰历来定的，但泰国政府为方便计，将节日的时间定在了每年公历的4月13至15日，并规定为国家法定休假日。

泰国的宋干节也和中国的春节一样是一个家人团聚的日子。人们聚在一起帮忙打扫、清理、准备献给僧侣的物品、入寺祈福以及泼水狂欢。宋干节的庆典活动主要围绕着辞旧迎新进行，大致安排有清扫、祈福和庆祝。清晨，人们手拿鲜花提着斋饭食物，三五成群地到寺院斋僧，听僧人诵经。僧人们则用桃枝蘸水为人们洒水祝福。打扫和沐浴净身同样是辞旧迎新的重要环节。而且，当天晚些时候人们还会虔诚地用干净的水清洗佛像。传统的浴佛仪式十分隆重，人们会来到寺院与寺中僧侣一同举行恭请佛像下佛台接受洗浴的仪式。一般流程是先把佛像请出佛台，安放在寺内空地上的浴佛亭中，再由僧侣诵经祝颂。颂毕，人们把事先准备好的鲜花、香烛献给佛像，请求允许浴佛，以祈求来年风调雨顺、安居乐业、幸福吉祥。然后就开始用加入了香料的清水泼洒在佛像上。浴过佛的水被认为是圣水，被人们收集起来带回家中洒在家人、房屋或是家畜上，祈求能够趋吉避凶。

---

① 维基百科: สงกรานต์. (2014-04-03)[2014-05-15].http://th.wikipedia.org/wiki/สงกรานต์.

除浴佛仪式外，堆沙塔也是宋干节的另一个重要活动。堆沙塔前，人们先要把沙搬到寺庙里，然后在寺内的空旷处模仿佛塔堆砌沙塔。一般是居中堆一个大的塔，旁边再堆许多小的，然后在佛塔上装饰上彩旗和花朵，并恭请僧人诵经。节后这些沙塔往往被用于寺院的修缮。这一习俗的目的也是做功德以祈求佛祖的庇护。因为，当人们离开寺庙时，鞋底或多或少总会带走寺庙地面上的一些沙，而在佛寺里堆沙塔就成为了弥补被带走的沙的有效方法，也即人们祈求祝福庇佑的积德行为。

除浴佛和堆沙塔外，传统上人们还会在宋干节时多积些功德，多做些善事，比如向僧侣供奉物品，谛听僧人宣讲佛法，洒圣水到僧侣身上，向长者泼水并接受到他们的祝福。其中，向长者泼水是一种类似于中国春节向长辈磕头鞠躬的拜年活动。长者一般指德高智博、年长、位尊之人。晚辈们在这天里用浸泡有香料或鲜花的水泼洒他们，表达了对长者的祝福，并请求他们原谅自己一年来的无知和过失。具体的过程是先请长者坐好，晚辈谦恭地致辞祝福并请求宽恕，然后手捧装着香水的钵盂，用花枝蘸水，轻轻抖洒在长者的肩背部，并聆听长者的教诲。①

有观点认为宋干节的泼水活动起源于印度，曾经是婆罗门教的一种宗教仪式。婆罗门教徒每年有一个宗教节日，要到河边沐浴，以洗去身上的一切罪恶。但是年近古稀、步履艰难的老人却无法到河边参加洗澡。因此，好心的子女和亲友便想到挑水回去，为他们泼水洗罪。此外，婆罗门教中还有一种说法，认为宋干节是帝释天神降临人间考察凡人善恶的日子。通常宋干节为4天，第1天是迎接日，第2天是下降日，第3天是巡察日，第4天是回驾升天日。传说帝释天神下凡骑的动物和手里拿的东西，每年都不一样。骑的动物有妙翅鸟、良驹、壮牛、罗刹龙等。手里拿的东西有武器、火把、水壶等。人们根据这些来预测当年农业收成的丰歉，如骑牛拿水壶，就预示雨水充足、五谷丰收；如果是拿着火把，则预示干旱。婆罗门信徒在宣布农业年成的预测后，就互相泼水，有助天降雨、祈求丰收之意。②

不过，在泰国关于宋干节的来历却有一个更为广为人知的传说，这个传说被刻在曼谷卧佛寺的一块石碑上，内容大意为：从前有一个富翁，没有儿女，邻居

---

① อานนท์ อาภาภิรม, *สังคม วัฒนธรรมและประเพณี ไทย.* กรุงเทพฯ: สำนักพิมพ์โอเดียนสโตร์, 1982. 35–40.
② 翁琳：《宋干节的由来》，载《东南亚》，1984年 第3期，第10页。

的酒徒虽然穷，却有两个儿子。有一天酒徒醉后失言，对富翁骄傲地说："你家虽然巨富，却没有儿女，将来死了财产便是别人的。我有两个儿子，不是金钱买得来的，我比你幸福得多。"富翁听了感到很不愉快，因此向太阳神和太阴神祈祷求子，但时间过了3年，他虽然诚心祈求但仍一无所得。一次宋干节的清晨，富翁和其侍从走到河边飞鸟群集的大榕树下，仰望群鸟飞鸣，其乐无比，又触动了富翁的心病。他便用淘洗7次的白米煮成白饭，伴奏音乐，拜祀榕树神，祈求赐子。树神感动，升天向帝释天祈求，天神便令仙童下凡，投胎于富翁妻子，出生后命名为"探马班"（意为法护，是十大论师之一）。富翁便在河边的榕树下，建筑7层房屋给探马班居住。探马班逐渐长大，无意中学会了鸟语。他天资聪慧七岁便能熟读婆罗门三部经，为人解说吉祥经，且能预言未来之事。那时人们信奉婆罗门神，而仙师摩诃婆罗贺摩和迦毗婆罗贺摩即以能预言未来之事而受人尊敬。他们指责探马班多事，迦毗婆罗贺摩遂下凡来向探马班提出3个问题：祥光早晨出现在哪？中午又到了哪里？等到了晚上又出现在哪？并以头颅相赌，输者要割下头来，探马班答应在7天内回答问题。但过了6日，探马班仍然想不出答案，只好躲进林中两棵棕榈树下假睡，企图晚上自杀，以免被割去首级。到了黄昏，碰巧有一对大鹏鸟飞到树上栖息，正在隅隅细语。雌鸟问"明天要到哪里寻食"，雄鸟回答："明天可以吃探马班的尸体，因为他不能解答难题，明天便将如约被杀"。雌鸟又问"如何解答难题"，雄鸟说"早起祥光在脸，因此人类用水洗脸；正午祥光在胸，因此人类用香水喷洒胸部；晚上祥光在脚，因此人类用水洗脚"。探马班听了方才领悟。到了日期，迦毗婆罗贺摩果然如约而来。探马班应对自如地解答了难题，迦毗婆罗贺摩因事出意外，大感惊异懊丧，只得召下他的7位女儿下凡，告诉他们说："我必须割下头来以实现诺言，但是我的首级一旦落地，则地上一定起火；如抛上天空，则必天旱不雨；如丢进大海，则海水就要干涸。你们要负责轮流捧托我的首级，以免造成灾祸。"7位仙女无奈，后来只得含悲用盘子盛下父亲首级，此后每届365天，便算为一周年，那7位仙女即按次序轮流捧托首级，每年的这一天，都要举行一次神明大集会。①

　　这7位女神便是宋干节女神，他们的父亲迦毗婆罗贺摩就是太阳神（迦毗意为太阳）。每年泰国北部的清迈府的宋干节庆祝活动就会选出一位宋干小姐，打

---

① 维基百科：*สงกรานต์.*（2014-04-03）[2014-05-15].http:/th.wikipedia.org/wiki/สงกรานต์.

扮成宋干节女神的摸样，乘着一辆绘有云彩和珍奇异兽的花车参加游行。

二、水灯节

　　水灯节是泰国另一个重要的传统节日。水灯节在佛教僧伽雨季安居结束之后的一个月，即每年泰历的十二月十五日（公历11月1日—11月5日）夜晚举行。在这雨季过后的时节，泰国正是凉爽宜人、河水高涨，月儿清辉放水灯的美好季节。每逢水灯节夜晚，无论是城市还是乡村，只要是频临河流或湖边的地方，水面上都会飘满水灯，闪亮着一片烛光，辉映着青年男女们双双的幸福靓影，这一片花香和轻快抑扬的"放水灯"歌声构成了一个欢乐的水灯节之夜。

　　水灯节有点类似于中国正月十五的"上元灯会"，都是在晚上举行，最热衷参与的都是青年男女。他们穿上美丽的衣裳，捧着各式各样造型精致的水灯，或船型、或塔形、或莲花型。水灯一般由芭蕉叶折叠而成，中间插着香烛、鲜花、彩旗还有一支火药捻制的"烟花捻"。点燃后，这支"烟花捻"火花四溅，煞是好看。放水灯前要点燃小蜡烛，用以表示导向光明，心灵明澈的向往，然后闭眼默默祷告，祈求平安幸福永远。水灯节的夜晚总是热闹非凡，除漂水灯外，有时还会有灯船展览、花车游行、水灯小姐比赛、歌唱表演和传统戏剧表演等。放孔明灯也是水灯节的重要内容之一。每年曼谷的水灯节之夜，站在湄南河边看着水面和天空中的灯光点点，宛如人间仙境，美不胜收。高约两米的孔明灯一般由薄薄的白纸或红纸糊纸而成，放起来需得小心翼翼，放手后望着它渐行渐远，就想象着把这一年的晦气、不如意和厄运都带到了九霄云外。

　　相传水灯节已有700年的历史。它诞生于泰国中部的素可泰。"素可泰"在泰语中是"幸福的黎明"的意思。关于素可泰与水灯节的关系，当地流传着几个传说。

　　有个传说说是在两千多年前，释迦牟尼在菩提树下修行时，有位少女给他送来一金盘食物。当时释迦牟尼暗中许了个愿：如能得道成佛，把金盘放到河里就漂浮在水面上。他接过金盘放到河面上，果然四平八稳地浮着。不久释迦牟尼就成了佛祖。还有一个将水灯节与佛教相联系的传说。据说佛祖生前到过泰国，并在纳年达河边留下脚印。河中龙王为供养佛脚迹而放漂灯船。又说，因为龙王曾打败过要拆毁阿育王所造八万四千塔的魔罗，人们为感激龙王而向水中放漂灯船。

　　还有一个传说较为离奇。传说在远古时，一对白乌鸦在河边树上筑巢，生下5个蛋。忽然有一天风暴袭来，鸦巢被吹落到河里。白乌鸦淹死了，5个鸦蛋却被河水冲走。后来这五个鸦蛋被孵化成人，他们立志要找到母亲。当他们的母亲——白乌鸦在天上得知此事后，就化作原形，飞到人间，告诉她的孩子们在每年十二月的月圆的夜里，把香烛插在形如雀巢的盘中，浮在河上来表示对母亲的怀念。①

不过，在泰国流传最广的还是王妃诺帕玛的故事。相传13世纪，素可泰王朝兰甘亨国王的王妃诺帕玛，天生丽质，博学多才。她为了表示对佛的虔诚，特地用芭蕉叶做了一只莲花形状的小船，上面还放些水果做成的小鸟和鲜花，中间插上香烛，奉献给国王在月圆之夜祭奠水神。国王看到她的莲花小船，龙颜大悦，称赞她制作精美，下令全国效仿，并规定这个月满之夜为全国水灯节。因此，漂水灯就成为了一种习俗被传承下来。以前泰国的漂水灯分为王家和民间两种。王家的漂水灯一般要连续举行3天，而且是乘船进行，由国王亲自主持，王公贵族参加，还要举行相应的宗教仪式。民间的漂水灯相对要简单些，不过水灯的样式也颇为多样，有凤、莲花、高山、佛塔等。王家的漂水灯活动一直持续到曼谷五世王时期，其后王室取消了这项活动。因此，如今的水灯节只剩下了民间的漂水灯活动，也没有了以往的宗教仪式。而且随着人们环保意识的增强，还出现了用面包做成的可被鱼食用的水灯，这样就大大减少了对河流的污染，同时给鱼喂食也是一种积功德的行为。

宗教学家们认为，从表现形式上看，放漂水灯同原始宗教的万物有灵崇拜和祖先崇拜有关；从文化形式上看，它又与印度婆罗门教的灯节（Dipavali）有关；从宗教观念的渊源上看，也同中国人的混合了佛道文化内涵的放荷花灯相关。无论如何，放漂水灯的庆祝活动与信奉佛教的泰人生活在观念和感情上都是非常融合的。

在水灯节的这天夜里，穿着节日服饰的人们，手持五彩缤纷的水灯和鲜艳的花束，从四面八方云集到大大小小的江河两岸，漂放和观看水灯，并祈祷祝福。人们除了庆祝丰收、感谢河神之外，也祈祷神佛能保佑自己找到伴侣过神仙眷侣的生活。在现代曼谷的湄南河上，除了漂荡有形态各异的水灯之外，还会燃放五光十色的烟花，映照着河面上穿梭往来的船只，以及船上喜气洋洋的人们。

三、供衣节

在现实生活中，人们往往会为了克服现实的困惑或者困难，逃避不愿意面对

---

① 赵朕：《泰国的水灯节》.（2007-06-26）［2014-07-05］. http://www.8dou.net/html/article_cpml_36070.shtml.

的打击而向宗教信仰求助。为了达到这个目的，可以参拜圣迹，朝山进香，向据称有佛舍利的佛塔或佛像作供奉，在这些地方修行、坐禅默想等。此外，逢重大节日进行庆祝也是求功德的方式之一。因此，泰国的不少节日都导源于宗教信仰。例如与佛教相关的供衣节、佛诞节、万佛节、守夏节等。

泰历十月十五是泰国守夏正式结束的日子。依照传统习俗，信奉佛教的人民要向僧伽供献三衣。献僧衣的仪式十五日是僧伽作诵戒忏悔的日子。按律藏中《大品》的说法，从七月十五到十月十五的三个月中间，僧伽要安居在寺庙中，一为修行，二为不出门便不至践踏伤害生命。在此期间，没有特别理由僧众都不能外出。守夏在巴利文中称作"伐沙"（Vassa）。到十月的月圆之日，信徒们便有集会仪式活动，在这一天，信徒们在寺院内进行隆重的施斋并听僧人诵讲佛经。他们将佛像从佛殿里搬出，安放在可以移动的小亭子内。佛像前放着僧钵，众僧手捧僧钵相随佛像之后，列队而坐的信男善女将施舍的饭食放入僧钵内。施舍的斋饭主要有米饭、菜肴、粉蕉糯米粽和亚塔椰叶粽等。在曼谷金山寺举行施斋时，还要将佛像从金山寺搬到山脚进行施斋。此外，在解夏节时，人们还要进行奉施僧衣、守夏僧衣及施放黄布等布施活动。

1世纪左右，斯里兰卡就有了守夏后向僧团供献僧人三衣的习俗。之后，随佛教传入缅甸、泰国、老挝和柬埔寨等东南亚国家，成为了当地的社会习俗。今天，供衣的仪式已经被视为泰国的重大节日。即使在城市化潮流席卷全球不断发展扩大的今天，佛教一直都是泰国社会生活中的大事。综观泰国历史，历朝历代每到供衣节，都有王家或贵族们主持的隆重奉献仪式。在泰国各地，地方官员也把献僧衣视为行政工作的一部分。

通常供衣节仪式活动要持续一至三天。一般说来，向僧侣奉献僧衣的信徒都是平时与具体某寺庙有关的，一般都是同一佛教社区的群众。但随着现代化的影响，城市中寺庙僧人的生活舒适方便得多了，守夏安居期间也就不再会觉得与日常的生活有多大的区别。于是，人们也就产生另一种观念：应该向生活艰苦一些的乡村寺庙奉献僧衣，因为后者更需要，所以功德会更大一些。再有，人们习惯认为，布施不留名，风格更高，施主所得功德更大。因此，今天泰国城市中的布施者更乐意到农村来供献僧衣，也常有某个佛教社区的信徒往另一个佛教社区中去布施。

实际上，供衣节并不仅仅是献僧衣，它随佛教社区的富裕程度和城乡差别有不同的内容。供衣节通常会有游行队伍，农村中的游行者会有一个传统的乐队，敲锣打鼓和击钹吹喇叭；城市中的还可以采用铜管乐演奏，这就愈发新奇而热闹了。游行的人们抬着纸扎的或锡箔等材质的金色宫殿模型，除了僧衣，同时有意地显示出供奉的现金或其他礼品。这里就显示出了僧俗之间的交换关系：僧伽收到的是信众的物质奉献，而信众得到的是功德福报，例如将来往生天宫，就有资格住在如模型显示的那样富丽堂皇的宫殿中。

供衣节的游行行列在往佛寺献礼之前，总要走过城里或村里的街道，等到达佛寺，就会将盛着僧衣和生活用品，甚至香烟、罐头食品的礼盒都抬进寺庙内，放在主要的殿堂上。宗教仪式通常在大殿或佛堂中举行，这取决于寺庙本身的规模大小。一般先是行三皈礼仪；随后，和尚们用巴利文诵唱五戒，重申不犯杀人、偷盗、妄语等五种过失。然后是佛教社区内有威信的社会贤达出面主持供献僧衣等礼品的仪式，通常是寺庙住持代表僧伽受供。而出钱最多的施主第一个向寺中僧众献三衣。依象征的原则，按风俗这套三衣是直接贡献到佛像跟前的，由佛祖代表僧伽受供。再之后才是寺中僧人由比丘到沙弥，由上往下一一接受施主们献上的衣服等物。与此同时，僧人会唱诵表示感谢。

随仪式进行，僧伽还报给信众以祝福，佛教社区的全体居民也会各自得到一份在将来会兑现的功德。在宗教学家看来，这种仪式交换之所以重要，是因为信徒们的精神需要通过这种方式来满足。反过来，僧人及僧团组织所拥有的特殊力量也需要通过这种方式转移到信众的生活中来。这种力量必然是世俗生活不会自行产生的，只有出家弃家的僧人通过他们的艰苦修行，才能从佛祖或佛教经典中取得。这种力量的来源，不但与僧人们修行所得的菩提觉悟有联系，更关系到修禅所得的超自然神通。由于僧人们刚经历了3个月的艰苦修行，它的道德纯洁性是无庸置疑的。这种刚更新了的清净，使僧人对信徒的祝福更可靠，令其获益更大，因此，供衣节的宗教仪式更有功德，为信众所重视。它表明僧团和佛教社区都进入了一个特殊的时期，一个世俗的平凡生活中的神圣期。无论僧人还是信徒都因此而享有特别的力量。

四、佛诞节

佛诞节即供佛节，是为了纪念释迦牟尼佛的生平和他创立的佛教。因此，佛诞节在所有佛教节日中最为隆重。依据佛教传统，佛的出生、成道、涅槃都发生在同一个吠舍佉月（公历4~5月之间）的那个月圆之日（泰历十五）。例行的宗教活动是礼敬供养佛祖，听僧人讲经，绕佛塔作礼拜等。在泰国，这个节日庆祝活动通常持续3天，国家宣布的法定节日为一天。至于具体庆祝方式，随国家不同而稍有异。斯里兰卡的佛诞节游行通宵达旦，人们手持红笼。而在泰国一般没有节日游行，但在佛寺中的活动也会持续到深夜，信众们手中所持的则是点燃的香烛。在泰国，这天晚上要讲诵的经文是《初成正觉经》。该经详尽地讲述了佛陀生平，强烈突出了上座部佛教信仰中特别重视的出世、成道和涅槃三个重大事件。

在泰国，佛诞节的庆祝有时会超出3天。特别是地方上有新建佛寺落成时，就会添加许多通常没有的节目，如像热气球比赛、象脚鼓表演等。在现代社会中，传统节日同社区文化生活在许多场合是混合起来的。佛教信徒举行各种仪式庆祝佛诞节，是因为人们相信已经在2 000多年前涅槃成道的佛陀具有超自然的力量。通过宗教仪式，包括重新叙述其历史故事，不仅肯定了这种超出世间的存在意义，而且激发并获得佛陀的力量的保护、支持。佛陀的语言同佛陀的身体都同样向世俗的世界散发着能量。所谓语言，指《初成正觉经》这样的经典；而所谓身体，指的就是像舍利或保存并象征佛陀色身的佛塔。

五、万佛节

泰国的传统佛教节日，在每年泰历三月十五日举行。如逢闰年，改为泰历四月十五日。万佛节在泰文中称为"乍笃隆迦讪尼巴"节。

相传佛教创始人释迦牟尼，于泰历三月十五日在摩揭陀国王舍城竹林园大殿，向自动前来集会的1 250名罗汉首次宣传教义，故称其为四方具备的集会。笃信上座部佛教的泰国佛教徒视该次集会为佛教创建之日，进行隆重纪念。泰国的佛教徒早在阿育陀耶王朝时期就开始纪念万佛节，至曼谷王朝五世王时，官方开始举行庆祝仪式，并于1913年将这一天定为节假日并成为泰国人民传统的佛教节。政府也举行庆祝万佛节仪式，国王亲自参加。万佛节的早晨，泰国男女老少带著鲜花、香烛和施舍物品前往附近寺院，进行施斋、焚香、拜佛活动。在万佛节，有些善男信女还持受五戒或八戒以表示对佛教的虔诚。

泰国巴吞他尼府的法身寺每年都会举行盛大点灯仪式，庆祝万佛节。每当农历正月十五日来临，法身寺都会有信众从美洲、欧洲、亚洲各国来参加一年一度的万佛节平安灯法会。大家一起来修盛钵、静坐、斋僧等等各种功德，一同净化内心。然后，大众在傍晚时分齐聚在大法身舍利塔，点亮上十万盏灯一起供佛。除了为自己或替亲友修波罗蜜外，也共同祈愿世界和平。

六、守夏节

守夏节在泰文中称做"考攀萨"。该词来自梵巴文，"考"意为"进入"，"攀萨"意为"雨季"、"雨期"。守夏节又称作安居节、入夏节、夏安居、雨安居、坐夏、夏坐、结夏、九旬禁足、结制安居等。守夏节是泰国极为重要的传统佛教节日，每年泰历八月十六日举行。守夏节源于古印度僧侣雨期禁足安居的习俗。由于印度每年的夏季受喜马拉雅山的自然环境的影响，恒河平原的降雨量大增。河水上涨，对云游行脚的出家沙门的生活构成了严重影响。加之雨季外出乞食行脚，容易踩杀虫类及草树的新枝，故此，印度的婆罗门教及耆那教等宗教均有雨季安居的习俗。佛教亦沿用了雨季安居的宗教行事。因此，泰国规定在泰历八月十六日至十一月十五日三个月内，僧侣们应在寺内坐禅修学，接受供养。

泰国政府规定守夏节全国放假一天，以便人民参加守夏节活动。守夏节前，僧侣要清扫寺院和僧舍。守夏节之日，全寺僧人举行入夏安居仪式，礼佛诵经并诵念"贫僧将在此寺守夏安居3个月"3遍。然后一般僧人向高僧忏悔过失。之后，各寺院和僧人互送鲜花、香烛互致敬意和忏悔。仪式后，僧人开始安居修学。守夏节早晨，平民百姓普遍到寺院施斋，所施斋饭除新鲜饭食菜肴外，还有传统糕点蕉叶糍粑。同时奉献蜡烛丛及甘蔗水、糖、牙刷、牙膏、肥皂、浴巾等日用品。并且制作可燃3个月之久而不熄的巨大蜡烛，敲锣打鼓送到寺庙，供僧人在守夏节诵经时使用。傍晚，人们手持鲜花和点燃的蜡烛，在寺院举行隆重的巡烛仪式，守夏节活动达到高潮。在守夏节期间，不少人会严格持戒，一些在家居士坚持在安居期内的每个佛日听僧人说法，做早晚功课并持守佛教戒律。进入安居期也是社会净化活动的开始，许多善男信女会选择出家3个月，或天天聆听僧侣诵经，或在家中持守佛律八戒，以示对佛教的虔诚。

关于佛教中的安居记载，最早出现的是释迦牟尼成道后，以摩竭陀国、脾舒离、摩伽陀、舍卫城的瞿树给孤独园、迦维罗卫、罗阅城等作为结夏的场所。其中，舍卫城的夏坐连续19年。同时，入夏安居也逐渐改变了比丘的生活形态，原始佛教的雨季安居，使僧团的住处从头陀行脚向固定居住方面转化。同时，固定居住也对扩大早期佛教的影响及建立固定的佛教中心地，无疑都产生了深远的影响。事实上，佛陀与比丘弟子经常安居的场所，如舍卫城、灵鹫山、王舍城等地，均为印度佛教史的著名圣地与佛陀的传法大本营。

七、秋日节

秋日节是泰国的传统节日，在每年泰历十月三十日举行。秋日节泰文称为"萨节"。其中，"萨"一词是梵巴文借词，寓意为"秋季"。秋日节源自于古印度婆罗门教。据传，在古印度，人们每年泰历十月用田中刚抽穗的麦子做成一种叫"玛突巴亚"的甜食，以已过世祖先的名义奉献给婆罗门诸神，祈求保佑五谷丰登。泰国人将此习俗加以改造，使其具有浓厚的佛教色彩。秋日节的重要活动之一是用糯米、糖、芝麻熬制传统的秋日节甜食"甲亚萨"和营养甜米食。

这一天上午，人们带着甜食和供品来到寺院，供奉甜食，布施斋饭，然后礼佛。接着听僧侣诵讲佛经。秋日节活动在泰国格斯有所不同。泰国东北地区的秋日节是在泰历十一月十五日，民众在寺院斋僧后，还将甜食、香烟等供品摆在大树下或佛殿旁，以祭祀先人和供鬼魂食用。在泰南宋卡府，泰历十月十六日和十月三十日两日是秋日节。据说十月十六日阎王放小鬼出来领取供品，十月三十日返回阴间。祭奠亡魂后，人们还要分食供品，可以使得身体健壮。泰国人十分重视做甜食，如不以甜食祭奠亲属亡魂，将受到先人的诅咒。

秋日节除了熬制甜食"甲亚萨"外，还要施舍蜂蜜、油、甘蔗汁或冰糖。后因蜂蜜价格昂贵，改为布施大米。节日期间，人们还祈祷先人保佑个人吉祥平安，邻里之间还要互相赠送"甲亚萨"，以增进友谊与和睦。

八、春耕节

泰国社会的节日主要有两类，一种与佛教相关，例如供衣节、佛诞节、万佛节、守夏节等；另一种则是时令节气性质的，与耕种稼墙的传统农业活动相联系，例如春耕节、火箭节、赛牛节等。

春耕节，也被称为春耕仪式，是泰国人的传统节日之一，也是重要的宫廷大典之一。春耕仪式起源于印度婆罗门教，从13世纪的素可泰王朝起，这一仪式就出现在了泰国。仪式由国王亲自主持，主要目的是祭祀天神，祈求保佑风调雨顺，五谷丰登。1944年后曾一度被废止，直到1950年现任泰国国王普密蓬·阿杜德登基后得以恢复。春耕节的日期并不固定，每年雨季开始后，有王宫办公室宣布具体举行日期，一般会在5月份进行。仪式举行的地点是曼谷大王宫外的王家田广场。

泰国自古以来都是一个农业国家，人口中的大多数都是从事农业，因此春耕节得到了极大的重视。仪式当天会有成千上万的人前往观看，许多人都是专程从外府赶来参观庆典。举行仪式当天清晨，由国王任命的春耕大臣头戴白色尖顶礼帽，身着白色长袍，装饰华贵，有500名身着古典服饰、手持旗帜和华盖的仪典队伍簇拥着，来到王家田广场。在一片古典乐声中，由身着白色衣袍的婆罗门祭司陪伴着，向国王叩首谢恩，继而到佛陀和婆罗门诸天神仙前焚香礼拜。婆罗门祭司将法水洒在春耕大臣的掌心中，大臣将其抹在额头上。尔后，婆罗门祭司端一个铜盆，里面放3块长短不一的布幔，让春耕大臣挑选一块。若挑中长布幔，便预示当年缺雨干旱。若挑中短布幔，即有大雨和水灾之兆。若挑中的布幔长短适中，则预示着当年风调雨顺，五谷丰登。当春耕大臣挑出预示丰收的布幔时，观礼的百姓们就会欢呼雀跃，感谢神佛的恩泽。此时，在广场中央草地上的高大华盖下有一对耕牛，装饰华丽，套犁待耕。在素可泰王朝时期，一般有金、银、铜3套耕犁参加春耕仪式。现代只用一套耕犁。婆罗门祭司将耕牛、犁和系着红绸布的驱牛棍交给春耕大臣，5名婆罗门吹着海螺走在前面，婆罗门祭司及举着幢幡宝盖、身着红色古代服装的卫士相随左右，春耕大臣手扶犁柄驱牛，象征性地耕田3圈。这时，4位装扮成神女的少女担着盛满谷种的金竹萝和银竹萝，加入耕田队伍。春耕大臣将竹萝中的谷种撒播在田中，祭司将法水洒在土地上，随即在犁地一圈，表示掩埋谷种。然后，卸下犁套，让耕牛选吃事先备好的稻谷、玉米、豆子、芝麻、酒、水和青草等7种食物。耕牛如选吃稻谷、玉米、豆子或芝麻则预示当年该作物的丰收；如选吃水和青草，则象征雨水充足，风调雨顺；如选吃酒，则象征交通便利，经济繁荣。春耕节仪式完后，国王还会向去年各府稻谷产量最高的农民及最佳农业合作社颁发奖品，春耕节大典仪式也就此结束。

大典结束后，在王家田围观的千千万万群众，一齐拥入广场，捡取播种的稻种，有的儿童将捡来的稻谷以高价出售给从边远地区前来捡稻谷种的农民，他们将这些稻谷带回家乡播种在自己田里，以期吉祥和丰收[1]。

① 张殿英主编：《东方风俗文化词典》，合肥：黄山书社，1991年版，第405页。

九、火箭节

火箭节，亦称作祈雨节、高升节，是流行于泰国东北部地区传统节日，也是东北地区农村的一种求雨风俗仪式。每年雨季快要到来的时候，大约在泰历五月十四日至十五日这两天里，东北地区的人们都要举行隆重的节日庆典。节日里，人民竞相向天空发射自制的简易火箭，通报天神，祈求神灵保佑风调雨顺、五谷丰登。在这个时候，当地的人们还会一起涌向寺庙，向僧人们供奉食物和其他物品。

每逢这个时候，当地的农民就会以村子为单位，用塑料管、竹子或木头等简易材料做成火箭进行发射火箭的比赛，以此来祈求天空降雨，使他们获得庄稼的丰收和生活的幸福。以前燃放的火箭外壳多用竹筒制成，而现在则以铁皮制作为主。现在火箭节中的火箭主要分为大中小3种规格，大型的火箭在300至800公斤，中型的在100公斤以上，小型的则是50公斤以下。火箭内部填满用桑木炭和火硝混合成的火药，比例约为3∶1。火箭外壁大多饰有神话动物那迦的彩画模型。那迦的形象与中国的龙形象十分相似，威武高大，昂首怒目。在火箭壁上绑着许多竹哨，发射时可以发出悦耳的声响。为了发射这种将近10米长的火箭，村民们用木头搭建起了简易的倾斜发射架。在点火之后，装载着满腹火药的火箭便腾空而起，飞向天空。各村寺院是制作火箭的中心，制作时相互之间保密，以确保在比赛中出奇制胜，压制对手。

比赛时，各村百姓簇拥着装有巨大火箭的彩车，有节奏地敲击长脚鼓，跳起欢快的民间舞蹈，形成浩浩荡荡的求雨队伍，环绕着村庄载歌载舞地游行，然后向比赛场地汇集。比赛火箭的场地大多远离村庄，以避免火箭爆裂或火星溅落到民房上引起火灾。火箭场中央搭起专门燃放火箭的井式架子，架子高过树梢，人们将火箭放置在架顶，点燃长长的引捻，巨大的火箭就拖着长长的尾巴，在人们的欢呼声中，呼啸着直冲云霄。尽管是手工制作的火箭，升空的场面却蔚为壮观，很具观赏性。评比委员会根据参赛火箭发射的高度、时间的长短、上升垂直角度和美观程度等裁决胜负。优胜者不仅光彩荣耀，还将获得奖励，奖金是由村民和寺院共同捐献的。

按照民间的说法，如果"火箭"被点燃之后飞得很高，就预示着农作物将获得丰收。其实，且不论"火箭节"能否给带来风调雨顺，单是"火箭节"每年吸引的大量外国游客，就能给当地带来十分可观的经济效益，也许就是火箭节给当地带来的另外一种丰收。

十、赛牛节

自古以来，泰国人把牛的作用看得十分重要，尤其是农民更是惜牛如命，对牛有一种特殊的情感。在广大的农村地区，牛除了被用作耕种工具外，还被用作载运货物等的交通工具。时至今日，在一些穷乡僻壤的乡村，人们仍骑着牛代步探亲访友。许多泰国人是不吃牛肉的。

在泰国春武里府，每年收获完毕，人们在享受劳动果实的时候，自然而然地想到一年到头为他们辛勤劳动的牛，感激之情油然而生。为了表示对牛的赞赏，在泰历十一月十五日那天举行一次隆重的赛牛仪式。后来这一仪式逐渐演变便成了春武里府特有的传统节日。

赛牛节那天清晨，人们先是带上食物、用品等前往寺庙施斋礼佛。然后回来给牛洗澡，并装饰上五光十色的珠子，在牛角和牛身上披挂红色或粉红色丝绸彩布，把牛打扮得漂漂亮亮，并给牛拴上铃铛，使牛奔跑走动时发出悦耳的响声。比赛内容主要包括牛的健壮程度、打扮装饰及奔跑速度。比赛开始之前，农民和牛共饮丰收酒，意在感谢牛的劳作。然后将牛放出，让它在市场或街道上自由行动，任何人不得阻拦。最后，人们将参赛的牛赶到比赛广场，参加由府尹主持的奔牛比赛。赛牛是在一个宽敞的大广场中进行，参加赛跑的牛列队在起跑线上，跑的路线是绕着草场按所定的时间赛出先后名次。获名次的牛主人将得到奖赏。除了赛牛环节外，赛牛节还加入了选美活动的内容。按规定，参加赛牛节的人，还要选送一名姑娘参加选美。选美活动不仅为传统的赛牛节增添了现代色彩，也为其抹上了温柔妩媚的色彩。

现在，赛牛节已被泰国旅游部门列为泰国的民俗节日，一直流传到现在。每年这一天，春武里府都吸引着众多的国内外游客前去参观游览。

第七章　物质文化

　　物质文化是人类在满足自我生存并改造自然、战胜自然过程中创造的文化形态，包括动物的畜养和植物的种植以及加工工具的形态、衣饰的材料及其加工和制作、居室的建造及其可以感知的形态和内容、交通工具等。[①]可以说，物质文化是人类创造的最原始的文化形态，它包括了人类的衣、食、住、行等各个方面。除了民族的因素外，地理环境和气候条件对人们的衣、食、住、行都有着巨大的影响，人们不得不依据这些条件决定自身的生产和生活方式，同时物质文化又处于不断创新发展的过程中。一个民族的物质文化涵盖了很多方面，囿于篇幅，本章仅对泰国物质文化中最基本的饮食、服饰和民居建筑进行简要介绍。

第一节　饮食

一、泰国饮食特点

　　泰国地处热带，气候湿热，雨量充沛，土地肥沃，自古以来泰国人民就以种植水稻为生，所以米饭成了泰国人民的主食。并且由于泰国河流众多，濒临大海，各种水生动物例如鱼、虾、蟹等水产品也成为了泰国人民日常生活饮食的最爱。在泰语里，"米鱼"就是食物的代名词，而"吃米饭吃鱼"就代表着吃饭的意思，从而表明了米和鱼在泰国饮食中的重要地位。

　　泰国的饮食是在融合了各地饮食文化的基础上，而衍生出的一种全新的饮食风格。历史上泰国与中国、印度、中东以及欧洲国家之间的文化与经济往来，使得泰国饮食文化受到了极大的影响。例如泰国菜的调味来自印度南洋菜系，炒菜等烹调手法学自中国。但是泰国饮食又不是简单的照抄照搬，一些外来的饮食特点被本民族的习惯所代替，如印度饮食中使用的酥油被椰油取代，椰汁代替了其

---

① 陈华文：《文化学概论新编》，北京：首都经济贸易大学出版社，2009年版，第21页。

他乳制品，食材中增加了新鲜的草药等等。所以，泰国饮食实际上是在自身的饮食文化基础上，把东方和西方的饮食特点有机地结合在一起，并将这些外来的饮食概念融合在一起，从而在长时间的发展演变中成为一种极具特色的当地美食，形成了独特的泰国饮食文化。

（一）口味偏重酸辣

泰国菜的味道浓烈，口味通常以酸、辣、咸为主，尤其以酸、辣为重，基本上是无辣不欢。泰国地处热带和亚热带，气候炎热、潮湿，这种特殊的气候条件造成了泰国人民对酸味和辣味的依赖，以此来增加食欲和去除体内的湿气。外国人首次品尝泰国菜通常是入口时酸酸甜甜，咽下时辛辣爽口，过后细细品味，回味悠长香浓。但是，泰国饮食的味道又十分注重调和，无论其味道是辛辣或者温和，都遵循了互相融合、互相包容的中庸之道。

（二）善于运用调料

善于运用调料是泰国菜肴的一大特色，泰国人能够用纯天然的食材调出他们需要的口味。如用鱼露、虾酱、椰奶等提鲜，用柠檬、香茅等调酸味，用小辣椒、咖喱等增加辣味，用大蒜、红葱头、南姜等加入辛味，用九层塔、芫荽等提取香味等等。而且为了能够调出多种复合型的味道，泰国人往往把各种素材放到石臼中研细，再加入一些其他的调味酱汁一同调制。

泰国菜的调料很独特，许多调料是东南亚甚至是泰国特有的。泰国最常用的几种调料有：

1.泰国柠檬：泰国菜的酸味主要来自泰国柠檬，凡是与饮食有关的几乎都离不开柠檬。泰国柠檬个小、味酸、香味浓郁，让人一闻难忘。它可以用来做柠檬汁饮品、啤酒香剂，最主要是用来做泰国菜的调料。泰国人几乎在每一道菜里都会挤上柠檬汁，使其散发出浓郁的水果清香，带有典型的东南亚味道。在做冬荫功汤时，挤下浓酸略呈绿色的柠檬汁，能让汤头更清香，还能衬托海鲜的鲜甜。再有就是青木瓜沙拉，是泰国东北部有名的凉拌菜，由生木瓜丝、小虾干、小蟹干、泰国柠檬、泰国辣椒等拌制而成，酸辣兼备。

2.泰国辣椒：泰国人也叫它为"老鼠屎辣椒"，这是一种虽小但极辣的辣椒。据说，泰国辣椒是世界上最辣的辣椒。做泰餐要是不撒上几颗切碎的泰国辣椒，就像川菜里少了辣味一样。

3.咖喱：说到泰餐，便不能不说咖喱。咖喱是用各种调料调和而成的一种酱料，由温和到极辣，口味各异。多数非泰国的咖喱由粉状物或干香料构成，然而泰国咖喱是膏状的，主要成分是新鲜的草药。简单的咖喱酱包括干辣椒、葱和虾酱。较为复杂的咖喱包括大蒜、高良姜、胡荽根、柠檬草、酸橙皮和胡椒。绿咖喱是以咖喱为主料，然后加入新鲜辣椒、肉桂、豆蔻、丁香等制成；黄咖喱用干辣椒制成，口味最清淡。多数泰式的咖喱里都会加上椰浆调味，既降低了咖喱的浓稠感，又添加了椰子的香气。

4.鱼露和虾酱：鱼露和虾酱是典型的泰国南部调料，是像酱油一样的调味品，用一些小鱼、小虾捣碎发酵而成，主要用来提取咸味。

（三）草药味道浓重

泰国菜肴中的草药味重，几乎所有的菜肴都放入新鲜的草药一起烹调，主要的草药如香茅草、柠檬叶、苦橙叶、九层塔、新鲜香菜叶、薄荷叶、豆蔻、冬葱、南姜等都是泰国菜常用的配料，这些草药香料混合在一起做成烹调菜肴的调料，形成独特的泰国味道。从营养学上来看，泰国菜肴由于运用了世代相传下来的各种草药和调味品，具有很高的营养价值，有利于身体健康。

（四）菜式讲究精致

泰国人还特别注重菜式的外观，菜肴精雕细琢，十分精致讲究，他们喜欢把水果蔬菜雕刻成各种花样，装饰在菜肴的周围，或者作为容器用来盛放菜肴，这样让泰国菜看起来色彩瑰丽，精美绝伦，色香味俱全。

雕刻用的水果蔬菜一般选用纯天然的材料，都是在当地当季容易找到且价格便宜的食材。常用的有以下几种：蔬菜，如小黄瓜、辣椒、茄子、姜、垂花山奈、地瓜、芋头、葫芦、冬瓜、南瓜、葱头、萝卜、竹笋等；水果，如芒果、菠萝、木瓜、红毛丹、枣、番石榴、西瓜等；树叶，如芭蕉叶、柠檬叶等。其中，最为有名的是果雕，它是一种独特的艺术创作。果雕选用时令水果，以切、削、刻、旋、戳、压等多种技巧雕刻，构图力求生动，动作精准娴熟。各色水果在果雕师的手中活灵活现，以不同的瓜果组合呈现和谐生动的画面，与美味佳肴相映成趣，达到形意统一的艺术境界。

（五）烹饪手法多样

泰国菜的烹饪方法博采众长，充分吸收融合了东南亚、中国、印度和欧洲的烹饪技巧，做法多种多样。

1.烤：把食物放在文火上烤，并不断地翻转，直到食物里面熟透，表面酥软或者干脆。需要花费较长时间，才能烤出外形美观、味道鲜美的食物。泰国传统的烹饪方法是蒸煮、烘焙或烧烤，其中堪称泰国烹饪技术代表的是烧烤食品，并且烧烤食品在泰国也广受欢迎，如烤肉、烤鸡翅、烤鱼、烤虾、烤蟹，还有烤香蕉、烤山芋、烤鸡蛋等等。

2.凉拌：泰语叫 Yam，其做法有点像做汤与做凉拌菜的综合，把各种蔬菜、肉、调味汁倒在一起并轻轻搅拌，使各种食材的味道充分混合，一般在食用前才再浇上一些调味汁，以保证其原汁原味。泰式凉拌主要的味道是酸、甜和咸。甜的凉拌菜由椰浆、干煸椰子等拌制而成，比如凉拌四棱豆、凉拌芭蕉蕾等；酸的凉拌菜包括由多种蔬菜和配料做成的凉拌菜以及用肉和蔬菜做成的凉拌菜。凉拌菜也可以根据口味加入辣椒，材料的质地和食用的场合不同，辛辣的程度也不同。

3.舂：这是泰国特有的一种烹饪手法。它是把一种或多种食材放在小型的石臼里充分捣碎，使食材的味道充分释放出来。这种方法既可以做调料，也可以做菜肴，如碎鱼、碎虾、生辣椒、干辣椒、辣椒膏、青木瓜沙拉等。

4.炖：这主要是汤水类菜肴的做法。把烹调佐料舂碎，放入水或者椰汁中化开，加入肉和蔬菜一起炖成汤。泰国气候炎热，孕育了丰富的汤文化，泰国的汤的种类非常多，如闻名世界的冬荫功汤（酸辣虾汤）、椰汁嫩鸡汤（鸡汁加柠檬加椰奶炖），还有各种清汤、酸汤、辣汤、酸辣汤等等。泰国的冬荫功汤口味独特，汤味酸辣，而且其中又放有大量的咖喱，尝起来辛辣爽口。

5.熬：这种做法是将食物加入浓椰浆中煮熟，有酸、咸、甜三种味道，其特点是水少、浓稠，一般作为蘸酱与生蔬菜一起食用，如熬豆酱、熬腌鱼辣酱、熬豆腐乳等。

6.炒：炒锅大火快炒是一种近似广东菜的做法，选取新鲜的蔬菜，佐以泰国的特色调料，可以炒出一道道口感极其新鲜美味的菜。主要代表菜肴例如泰式炒米粉或河粉（用虾、猪肉、鸡蛋及甜酸咖喱酱合炒的米粉或河粉）、泰国咖喱鸡、九层塔辣炒蛤蜊和黑椒蒜香炒虾等等。

7.蒸：是把经过调味后的食品原料放在器皿中，再置入蒸笼，盖上盖子，利用水蒸汽把食物蒸熟，如咸梅蒸鱼、清蒸鱼等。

泰国菜肴的味道和形式可以根据不同的厨师、食客、时间、场合乃至烹饪地点来决定，每一道菜都可以根据食客的口味和饮食习惯进行制作。

二、泰国人的饮食结构

理想的泰餐是辣、甜、酸的和谐混合，同时色、香、味俱佳。典型的泰餐通常以香米或糯米做成的米饭为主食，菜肴可以分为两大类：菜品和甜点。菜品应该包括汤、炒菜、凉拌菜，以及用来蘸食物的各种各样的蘸酱以及配菜。用餐顺序没有讲究，随个人喜好。吃饭的过程中还要搭配饮料。餐后是甜点或新鲜水果，或二者兼有，比如西米椰汁糕、糯米芒果、椰浆蛋羹、芒果、榴莲、木菠萝、番木瓜等。此外，泰国人还喜欢吃一些小吃。

（一）菜品

1.汤：基本上一顿饭每人都要有一份汤。传统的泰式汤很独特，它比其他食物有更多的口味和材料，可以分为辣汤、清酸汤、清汤、酸辣汤、咸鱼辣汤和酸汤等。根据不同的汤的特点，可以在制作时加入肉和蔬菜。

2.炒菜：分为清炒和辣炒两种。清炒是用蔬菜和各种肉与鱼露或者白酱油一起炒制。辣炒就是各种肉加入一些生辣椒或者干辣椒，再倒入一些辣汤佐料，比如鸡肉辣汤、鲇鱼辣汤等，然后炒干。泰国菜中的肉类，通常会用香菜、大蒜、胡椒和盐来调味、去腥，然后再油炸、烧或烤，比如炸鱼、烧虾、烤鸡等等。

3.凉拌菜：泰国的凉拌菜类似于西方的沙拉，凉拌菜的味道浓烈，重要的是各种味道的协调和草药口味的搭配。泰国地处热带，因此孕育了许多有名的凉拌菜沙拉。一种是凉拌蔬菜，如水含羞草沙拉、四棱豆咸蛋沙拉、莲雾花蕊沙拉等等；另一种是凉拌肉类，如泰式香烤牛肉沙拉、东北香肠沙拉、腌酸肉沙拉等等。其中比较著名的有一种叫做"Som Tam"的青木瓜沙拉，这种沙拉以青木瓜丝、虾米、柠檬汁为主，再拌以鱼酱、大蒜和切碎的泰国辣椒，口感辛辣。

4.蘸酱：泰国人非常喜欢吃蘸酱，几乎是无蘸酱不欢。蘸酱拌上蔬菜和肉，也可以作为一顿饭的主菜。简单的蘸酱由红辣椒、大蒜、干虾、酸橙汁、鱼露、糖和虾酱做成的。常吃的蘸酱有虾辣酱、芒果辣酱、干煸虾、熬腌鱼、熬豆酱以及甜鱼露等等。这些蘸酱搭配生熟蔬菜皆宜。生吃的蔬菜主要有茄子、小黄瓜、空心菜、姜黄，这时候搭配的蘸酱比较稀，可以把它当作沙拉；熟吃的蔬菜主要包括焯竹笋、烧长茄子或者是裹着鸡蛋油炸茄子、炸合欢，这时选用的蘸酱比较浓稠。如果想要更加美味一点的话，可以将蘸酱和肉类搭配。比如，辣椒酱配蔬菜和炸鲭鱼，或者甜鱼露配印度苦楝叶尖和烤虾或烤鲇鱼等等。

5.配菜：配菜的主要作用是提味，使菜肴的味道更鲜美。比如，辣汤要和咸的配菜一起吃，如咸蛋、咸鱼或者咸肉。部分菜肴要和酸菜一起吃，如醋泡黄瓜、酸姜、酸蒜头等等。厨师要根据各种菜肴的特点为客人选择不同的配菜搭配食用。

（二）饮料

泰国人喜欢的饮料有冰水、可乐、冰冻绿茶、冰咖啡、冰奶茶果汁、柠檬茶等。由于气候炎热，泰国人在日常生活中饮用最多的饮料是冰水，除此之外，在喝饮料时都喜欢加冰块，不管什么饮料，如汽水、可乐、各种酒都加冰块，习惯一边吃热腾腾、酸酸辣辣的饭菜一边喝加冰的饮料。

泰国的城市居民喜欢喝酒，他们喝酒的时候甚至可以不用下酒菜。青年人喜欢喝啤酒，泰国人喝得最多的啤酒是狮牌、象牌和LEO。狮牌啤酒被认为是泰国啤酒第一品牌，是泰国啤酒的精髓，曾获多个世界级啤酒大奖，占领泰国大约一半的国内市场，成为泰式啤酒的代名词。1933年，泰国的第一座啤酒厂在湄南河岸边创立，至今仍坚持精选100%高品质纯麦，加水煮沸、过滤，以萃取出的麦汁再加入啤酒花创造出啤酒特有的芳香及苦味，经过发酵、清除杂质，层层把关，酝酿出正宗具黄金气泡的泰国啤酒。由于狮牌啤酒的气泡绵密细致，口感滑顺清爽，再加上迷人蜂蜜香气等特色，连泰国国王也为之倾倒，因此成为泰国王室的御用品牌。

在泰国，水果酒也广受人们喜爱，但是葡萄酒却乏人问津。泰国盛产水果，品种丰富，这就造就了泰国的水果酒跟其水果一样种类繁多，有山竹酒、蒲桃酒、菠萝酒和玫瑰茄酒等等。其中最具特色的是山竹酒，入口时酒的涩味夹带着淡淡的水果酸味，让人回味无穷，特别受到当地青年人的喜爱。

（三）甜点

泰国的甜点更是独具特色，不但品种繁多，而且色、香、味俱佳。据统计，泰国各地甜点有200多种，除了新鲜水果外，其常用的食材有：鸡蛋、用大米磨成的米粉、糯米、莲子、棕榈糖、椰子、香蕉、木薯粉等等，以此制作各种各样的甜点，如椰衣黑方糕、椰蓉馅糍粑、黏糕等。另一特色是喜欢用各种芳香的花为原料制成糖浆，煮制液态的甜品，比如椰浆甜粉蕉汤等。早在阿瑜陀耶王朝纳莱大帝时期（1656—1688年），欧洲人就把用鸡蛋制作甜点的方法传入泰国。因此，泰国的甜点中很大一部分是以鸡蛋为主要材料做成的，如蛋黄花、蛋黄球、甜蛋丝、椰浆甜蛋羹和椰蛋葱油糕等。

泰国的甜点分为带汤的和不带汤两种。不带汤的甜点可以在任何时间吃。泰国各个地区习惯在不同的仪式上制作不同的甜点，如斋僧行善时用的是鸡蛋做的甜点，并且一般可以从甜点的名称和外形看出其制作方法和诀窍。在各种庆典活动上，如婚礼、寿宴、乔迁新居等，通常都会宴请僧人以及前来祝贺道喜的客人。宴请常用的点心有：甜蛋丝，希望能够一起白头偕老、长命百岁；千层糕，寓意是月薪月月涨；碗蒸发糕，祈求繁荣昌盛；一等黄金糕，希望事事得第一等等。不同的甜点蕴含着不同的象征意义，体现了泰国人的饮食文化和信仰。比较常见的泰式甜点还有以下几种：

糯米芒果或糯米榴莲：在芒果或榴莲季节里，这是非常令人垂涎的甜品。它是将糯米与椰子浓汁混在一起煮熟，然后配上成熟的芒果或榴莲一起食用，可以说是泰国人最喜爱的一种甜食。

椰浆蛋羹：这是一种非常甜的乳蛋糕，用椰奶、鸡蛋、糖制成。

椰蓉馅糍粑：用芭蕉叶包着碎椰肉、棕榈糖、黑糯米粉、粳米粉等一起蒸熟，小巧玲珑，吃时将芭蕉叶打开，一口一个，回味无穷。

荸荠糕：是一种椰子布丁，由糯米、木薯粉、荸荠、莲子、椰奶和糖做成。

蛋黄球：色金黄，圆球状，其成分为蛋黄、糖浆和面粉。

石榴椰浆汤：将煮熟的荸荠与椰奶、菠萝蜜糖浆混在一起，有时加入几片椰肉，加入红色素制成红色石榴样的甜品。

椰浆甜粉蕉汤：这是一种将芭蕉混合椰奶煮熟制成的甜品。

花糕：圆状的外形，中间凹进去一个小洞，用粳米粉、木薯粉、白砂糖、糖浆、茉莉花水和从植物中提取的天然色素制成。

泰式甜点是泰国人每餐必备的食物，如果没有泰式甜点，这顿饭是不完整的。一般饭后甜点都很甜，在吃完具有强烈的香料和草药味道的饭菜后，这些泰式甜点特别受人们欢迎。

泰国的甜点以精致、细腻、美观、美味闻名。它是泰国民族饮食文化的一个重要特征，反映了泰国人在制作甜点时的心灵手巧。从选材到制作到对甜点味道、颜色、香味、外观的讲究，甚至根据不同甜点的特点规定采用不同的吃法，无一不体现出泰国人民在饮食烹饪过程中的精致、细腻和考究。

（四）水果

泰国人还非常喜欢吃水果。泰国素有"水果王国"之称，由于气候炎热、湿润，适宜植物的生长，因此这里常年水果不断，品种繁多，应有尽有。季节性的水果有4月上市的芒果和莲雾，5月成熟的榴莲和山竹，随雨季而来的红毛丹、荔枝、龙眼、林檎、沙童、木仔、玛邦果等，以及随后的葡萄、柚子、椰色果、菠萝蜜、柑橙和枇杷，再加上全年性的水果如香蕉、木瓜、西瓜、菠萝和椰子等等。其中最有名的是泰国的"水果之王"榴莲和"水果之后"山竹，以及被称为"水果公主"的红毛丹。

榴莲在泰国最负盛名，被称为"水果之王"。泰国流行有"典纱笼，买榴莲，榴莲红，衣箱空"以及"当了老婆吃榴莲"的俗语，这些都说明泰国人喜爱榴莲的程度。泰国榴莲有200个品种，目前普遍种植的有60至80种。其中最著名的有3种：轻型种有伊銮、胶伦通、春富诗、金枕头和差尼，四五年后结果；中型种有长柄和谷，6至8年结果；重型种有甘邦和伊纳，8年结果。它们每年结实一次，成熟时间先后相差一二个月。①

其中人们比较熟悉的有：（1）"金枕头"，是目前最受欢迎的一种，肉多且甜，果肉呈金黄色，经常其中有一瓣比较大，称为"主肉"，因为气味不太浓，很适合初尝者"入门"吃这种又臭又香的水果。现在金枕头一年四季都可吃到，可是随季节价格不一，旺季时价格最便宜，也是最好吃的时候。（2）"差尼"，以其中叶子小、个头小、肉多、核小的较受欢迎，价格上比金枕头要便宜，果肉以深黄色为佳。（3）"长柄"：因为此种榴莲的果柄比其他品种要长而得名，此品种柄长且圆，整颗榴莲也以圆形为主，果肉、果核也呈圆状，皮青绿色，刺多而密，果核大，果肉少但细腻而味浓。（4）"谷"：果肉特别细腻，其甜如密，核尖小，深受消费者欢迎，为价格最高的一种榴莲。泰国榴莲的产地广阔，从中部暖武里府至东部罗勇府都有种植，其中巴真武里府的榴莲曾获得冠军。泰国南部榴莲较中部和东部的逊色，核大肉小，但因成熟较迟，在其他榴莲盛季过后，便"物稀为贵"。

"水果之后"山竹与榴莲在同季节上市，榴莲属热性水果，人们在吃榴莲时常配上凉性的水果之后——山竹，两相搭配，一种食味浓郁，一种清甜润口，正好阴阳调和。②

红毛丹，马来语称"蓝毛丹"，马来西亚华侨根据其果皮有红色茸毛的特点意译为"红毛丹"。进入7月，红毛丹树满枝泛红，人们形容它是热带果园国里的

---

① 叶同：《微笑的国度——泰国风情之旅》，昆明：云南人民出版社，2005年版，第94页。
② 叶同：《微笑的国度——泰国风情之旅》，昆明：云南人民出版社，2005年版，第95页。

佳丽。红毛丹是荔枝的亲兄弟，壳比荔枝稍厚，果肉与荔枝、龙眼相似，但味道偏酸甜。

（五）小吃

此外，在三餐正餐之余，泰国人还喜欢吃一些小吃。比如在喝下午茶、喝咖啡或者喝其他饮料时，都习惯吃一些小吃。这些小吃可以是一些荤食，比如猪肉馅西谷米丸子等；也可以是一些甜点，如椰蓉馅糍粑、泰式春卷、炸香蕉等。

泰国街头小吃种类繁多，每到傍晚时分，小贩们就开始行动，担上小摊或推着小推车沿着马路两侧摆放。各式小吃包括：海南鸡饭、炸香蕉、煎蠔饼、炸蟋蟀、炸蝗虫等，品种之多，数之不尽，而且价格便宜。

三、泰国人的用餐习惯

古时，泰国人习惯在地上铺上干净的布或者席子，然后席地而坐，全家人围坐成一圈，把全套的饭菜摆放在中间，每人面前有一盘子，用公用的勺子把饭菜盛放到自己的盘子里，然后用右手抓起捏成小团后才送入口中，有些家庭还专门备有舀水器盛水洗手，并且有痰盂用来接洗手水。用手抓饭吃这种习惯一直保留到近代。随着社会的发展，现在大部分泰国人已经摒弃了用手抓饭吃的习惯，但是在部分偏远的贫困地区，尤其是在东北部地区，人们仍习惯用手抓饭吃，成为一种特有的习俗。

曼谷王朝四世王时期，泰国与西方国家的交往越来越频繁，西方的饮食文化也逐渐在泰国传播扩散，导致了泰国的用餐习惯发生了改变。泰国人吸收了西方用餐习惯，并且加以改造使之更加适合泰餐。比如，用叉和勺代替西方人习惯用的刀和叉，与西方餐饮文化不同的是，把右手的刀换用为勺。用餐时席地而坐的习惯也逐渐被抛弃，取而代之的是坐在饭桌周围用餐。但是把所有的饭菜放在桌子中间，并使用公用的勺子将饭菜盛放到自己的盘子里这种习惯依然被保留至今。如今，左手拿叉、右手拿勺的用餐方法已非常普遍，公用叉、勺在聚餐和宴请时更是必不可少。另外，受佛教文化的影响，泰国的烹饪避免使用大块的肉，所以即使只有一道菜，比如鸡肉炒饭或烤鸭饭等，大块的肉都会被切碎，这就避免使用餐刀。

泰国是古代海上丝绸之路的重要站点，自古以来，泰国便和中国有着密切的来往。9—10世纪，我国广东、福建、云南等地的居民大批移居东南亚，其中很多人在泰国定居，中国的饮食文化对泰国的影响非常大，至今泰国仍保留着中国餐桌文化的大部分习惯。

中国传统的宴饮礼仪是客人到齐后导客入席，以左为上，视为首席，相对首座为二座，首座之下为三座，二座之下为四座。客人坐定，由主人敬酒让菜，客人以礼相谢。泰国人全家一起吃饭时，也会按照中国传统的座位方式，但是参考西方宴会以右为上的原则，第一主宾就坐于主人右侧，第二主宾在主人左侧或第一主宾右侧，变通处理。斟酒上菜由宾客右侧进行，先主宾，后主人，先女宾，后男宾。泰国人与中国人一样，热情好客，他们也会像中国人宴请朋友一样有敬酒让菜的习惯。

可以说，泰国人的用餐习惯融合了东西方饮食文化的特点。在传承中国餐桌文化的同时，泰国也把西方文化的餐桌礼仪吸纳淋漓尽致。比如说：应等全体客人面前都上了菜，女主人拿起她的刀子和叉子示意后才可以用餐。在就座用餐之时，也会采用餐布平铺在膝盖上，可用餐布一角擦去嘴上或手指上的油渍，但绝不可揩拭餐具。在每次喝酒水之前都要拿餐布来擦一下嘴巴，避免弄脏杯子，喝完了以后再擦一次嘴巴。进餐时身体要坐正，不要两臂横放在桌上。泰餐大多数使用叉、勺，应左手用叉，右手用勺。一般用放置于餐桌中央的公用筷子、勺子来盛食物或夹菜，而不应拿自己的餐具去取餐桌中央的食物。中途放下叉、勺，应呈"八"字型分放在盘子上。如果叉、勺平行放在一起，则表示用餐完毕。

在庆典或者大型的招待会上，泰国人也讲究敬酒和干杯，但是他们只需要轻轻示意一下即可，表示对敬酒者的回应，并不会一饮而尽。通常情况下，和长者、尊者同桌喝酒，与中国传统饮酒文化一样，斟酒从长辈开始，但是没有一定要敬酒、碰杯等礼仪，可以各自根据自己的酒量适量饮酒。劝酒反而会让他们觉得很不自在，给人一种不太礼貌的表现。

四、泰国各地区的饮食习惯差异

所谓"靠山吃山，靠海吃海"，由于地理环境、气候条件和各地物产的不同，泰国中部、北部、东北部和南部的饮食习惯也各有不同。泰国中部和南部地区人民的主食一般以大米为主，而且由于受到中国西南和潮汕饮食文化的影响，各种大米制品也受到人们的欢迎，例如河粉、米粉、米线等。而泰国北部和东北部人民则更加喜欢吃糯米和米浆制成的米糕，他们吃糯米的习惯是把糯米饭用手揉成小饭团，再蘸各种酱汁吃。

泰国各地人民善于因地制宜，就地取材，做出来的菜肴风格各异，各有其特色。泰国菜按地区划分可以分为四大菜系：泰中菜、泰北菜、泰东北菜与泰南菜。

（一）中部

中部饮食综合了泰国各个地区的饮食特点，是典型泰国菜的代表，同时也成就了世界各地的泰餐厅。中部菜肴味道香醇适口，偏甜。烹饪手法比较复杂，菜肴精雕细琢，十分精致讲究，喜欢在菜肴周围放上精心雕刻的瓜果蔬菜作为装饰。中部人民的主食是米饭，米饭和各种辣椒酱和汤一起吃，如冬荫功汤。晚餐一般有3～5道菜，包括清汤（或者酸汤或者辣汤）、酸辣汤、炒菜（清炒或者辣炒）、凉拌菜等。中部人民常吃的菜肴有：蔬菜、辣椒酱、鲭鱼，或者再加上煎蛋、炸肉或者烤猪等，注重饮食的营养搭配。通常，中部的菜肴放很多调料和香料。泰国有名的调味品，鱼露和虾酱，是中部地区的特色。

泰中菜的味道很容易为人们所接受，比如椰汁嫩鸡汤、泰式炒粉、泰式辣椒米线。尤其是冬荫功汤，有"泰国国汤"之称，伴随着泰餐馆在全世界各地的开张而闻名世界，已经成为国外每个泰餐馆菜单上必备的菜肴。中部地区是河流冲积平原，物产丰富，在中部地区常见的食材有肉类、海鲜以及各种新鲜的水果、蔬菜等，这些食材可以烹调出各种味道的菜肴，如烤虾、焯印度苦楝、水煮虾、酸辣汤、酸汤、鱼肉炸饼等等。

（二）北部

北部的菜肴味道适中偏咸，酸味和甜味很少，甚至基本不吃酸、甜。北方人常吃的肉类是猪肉，因为猪肉便宜、容易买到，特色的菜肴如腌生猪肉。其他的依次是牛肉、鸡肉、鸭肉以及其他鸟类等。由于北部地区深居内陆，离海较远，海鲜少且价格贵，所以北方人很少吃海鲜。北方人的饮食一般包括糯米饭，各种辣椒酱以及各种汤。泰北居民喜欢吃糯米饭，他们习惯将糯米饭用手揉成小团，再搭配各种酱汁的菜吃。常吃的菜肴有炖菜、腊肠、炸猪皮、米粉拌猪肉等，这些北部的特色菜肴如今已经广为流传了。

在泰国北部的清迈，还有令人难忘的"康笃"晚餐。晚会上的主人和客人都必须穿靛青色的无领上衣，男的腰间还要系一条布料围巾。进入餐厅时，每人还必须脱去鞋子。餐厅里没有凳子，只有一张小圆桌，称之为"康笃"。主人进入餐厅后，每五六人围成一圈，席地盘膝而坐，餐具摆在地面上。宴会开始时先喝清凉饮料，然后上饭菜，菜肴都属名菜，饭是糯米饭，放在竹篓中，用手抓捏成团吃。一边吃，一边欣赏民间音乐和民族舞蹈。

北方人喜欢吃的小吃主要是各种昆虫，最有名的是一种名为"门曼"的蚂蚁，这种蚂蚁生活在地下，有翅膀会飞。通常情况下，这种蚂蚁生活在地洞里，到了雨季大雨过后的两三天，"门曼"就从洞里爬出来，人们在这个时候纷纷到野外抓"门曼"，拿回家加入少许糖炒干、炒脆，然后再放入少许盐，就成为一道美食。抓"门曼"每年只有一次机会，因此价格非常贵。另一种常吃的昆虫叫"季拱"，外形像蟋蟀，表面呈红棕色，直接用油炸或者裹上鸡蛋油炸，可做成一道美味的菜肴。

北部地区有很多本地特有的蔬菜，如无根萍（中部人叫做"水蛋"）它的外形像鱼卵似的一小粒一小粒，飘在水中，类似于浮萍。这种菜的做法是先将无根萍用水煮熟，放入良姜、香茅、苦橙叶、葱、蒜和虾酱合炒，还可以加入一些碎猪肉或者碎虾肉，然后和粳米饭或者糯米饭一起吃。此外还有水柳子，把新鲜的水柳子切成丝，然后放入各种调料凉拌，清新爽口，等等。

（三）东北部

东北部的菜肴辣、咸和酸，口味比较浓郁和辛辣。泰国东北人和北方人一样以糯米饭为主食，喜欢蘸各种酱汁吃。常吃的菜肴有青木瓜沙拉、鲜虾沙拉、凉拌酸辣鸡肉、猪肉或者凉拌猪血、酸辣汤、烤鱼、烤鸡、腌鱼辣酱和各种蔬菜等。东北人们喜欢烧烤类的菜肴，一般不习惯油炸，而且在做菜时喜欢放很多香料和草药来调味。东北人常吃的肉类主要是当地容易找到的，如田鸡、浮蛙、蜡皮蜥、蛇、田鼠、红蚂蚁以及各种昆虫，而猪肉、牛肉、鸡肉以及其他动物的肉也很受欢迎。东北部由于距离海边较远，海产少而且价格昂贵，所以菜肴中很少用海鲜作为食材，常见的水产品主要是淡水虾和淡水鱼。

（四）南部

泰南菜以特辣而出名，菜肴中需要放大量的辣椒，此外也习惯运用大量的咖喱、椰奶、椰糖及椰肉来烹调。泰国南部的地理特征是一个延伸至海里的半岛，邻泰国湾和安达曼海，所以大部分的居民都以打渔为生，海产品十分丰富，因此这一地区的特色菜式多以咖喱烹海鲜为主，包括海洋鱼类、龙虾、螃蟹、乌贼、贝类、蛤蜊及贻贝等。菜肴中也广泛使用椰子，用椰奶来中和辣汤、咖喱、油炸的热度，而椰肉则用来当作佐料。南部人喜欢喝汤，当地常见的且比较出名的汤有黄酸汤、鱼肚汤，几乎每餐必吃。南部人喜欢吃的蘸酱是杂鱼酱，他们喜欢把杂鱼酱和米饭拌在一起吃，叫做"杂烩饭"，味道比较咸。一般来说，南部的菜肴中很少有肉类，尤其是南部居民以穆斯林为主，不吃猪肉。

此外，南部人还喜欢吃各种蔬菜，这也是南部的一大特点。例如巴克豆，外形像豇豆，绿色；剥皮取出豆仁，与肉类一起炒或者用来炖汤，还可以加入椰浆、其他蔬菜一起煮，或者连皮一起烤熟，蘸着辣椒酱吃。如果需要长期保存，可以用醋腌制。

此外，由于长期受华人饮食尤其是潮州菜影响，泰国也有不少接近中餐的菜式，例如鸡油饭、猪脚饭、粿条、酿豆腐、粥等。除了各个地区的特色食物外，这些中餐菜式一般都是单点快餐，味道好，价格便宜，随处都可买到，深受人们的喜爱。

五、泰国特色美食

世人称泰国为"膏腴之邦"，曼谷为"美食之都"。泰国菜中有名的有：冬荫功（酸辣海鲜汤）、椰汁嫩鸡汤、咖喱鱼饼、绿咖喱鸡肉、炭烧蟹、炭烧虾、咖喱蟹、芒果香饭等，都是到泰国不可不尝的美味。而泰国的甜品更加诱人，榴莲糯米糕、椰汁糯米糕、千层甜糕、油炸香蕉（将裹上糖衣的去皮香蕉，放入油锅里炸成咖啡色）、炒玉米、地瓜羹、椰壳冰激凌等，都富有地方风味，广受欢迎。

冬荫功汤：最具代表性的泰式海鲜汤品，人们甚至流传着"不吃冬荫功未曾到过泰国"的俗语。这道汤口感酸辣，名字中的"冬荫"是酸辣汤的意思，"功"是虾的意思，翻译过来其实就是酸辣虾汤。这道汤的辣味来自辣椒，酸味是来自柠檬与番茄。汤中的主料常采用明虾或墨斗鱼等海鲜。冬荫功汤味道极辣，其中还放有大量咖喱，不过习惯了之后不少人倒是会贪恋上它。

烤鱿鱼：烤熟的鱿鱼香脆可口，越嚼越香。有的还加些甜辣佐料，更是可口。类似的烤食有很多，如烤墨斗鱼、烤玉米、烤芭蕉等。

地瓜羹：将地瓜切成条状，用糖腌上，蒸熟后过油，勾上椰子粉，撒上白糖、椰丝、香料，再经冰冻即是一道色香味俱佳的小吃。

香竹饭：新糯米用水泡透，选取青竹，按实际所需大小将青竹按节截成段，把浸泡过的糯米装入竹筒，用火烤熟。吃时，用刀剖开竹筒，竹香米香四溢。

燕窝汤：泰国的燕窝汤随处可见，在小食铺花费50～100泰铢便可买到一碗甜爽的燕窝汤。泰国的燕窝主要产于南部的素叻他尼府一个叫"万伦"的地方。

绿咖喱：又称青咖喱，是泰国咖喱中较辣的一种。主要成分包括椰奶、绿咖喱酱、茄子、鱼露、青柠檬等。可以和各种肉类搭配做菜，比如绿咖喱牛肉、绿咖喱椰子鸡。也可以与面条和饭互相搭配。

咖喱炒蟹：极受欢迎的泰国名菜，切块的红蟹加上配菜与咖喱和各式香料共炒，突出蟹肉的鲜味与弹性，风味独特。

青木瓜沙拉：或称为凉拌木瓜，主料为泰国的青木瓜，将其切丝，配料有青豆角、蒜头、虾米、番茄、椰糖、辣椒等，再加入酸子汁及柠檬汁，整道菜香辣而带酸，口感爽脆，十分开胃。

泰式炒河粉或米粉：泰国河粉加上香料、鸡肉、蔬菜、鸡蛋等材料同炒而成。通常会附上一碟辣椒醋，作为酱料配食。

泰式椰汁嫩鸡汤：曼谷名汤，已有数百年的历史。因为椰奶带甜味，比较腻，所以一般泰国菜中，椰奶多用作咖喱菜肴之调味或调色，极少作烹汤用。但此菜利用椰奶代水煮汤，风味别具一格。汤中放入南姜，香茅，芫荽，朝天椒，鱼露，青柠檬汁，砂糖。汤煮沸后，再放入鸡块和已撕碎的柠檬叶，煮沸后倒入椰奶，加入调味料及朝天椒，略滚即可。

第二节 服饰

一、泰国传统服装的发展

泰国传统服装在每个时期都有不同的特点，通过不断吸收东西方服饰文化的特点并充分结合本国特色，经过几百年的发展改良，逐渐演变成今天的泰国传统服装。其具体发展过程可以分为以下几个时期：

（一）素可泰时期

女士：上身不穿衣服，下身穿长筒裙，筒裙下沿长及脚踝。

男士：上身穿圆领衣服，但大多时候不穿。下身穿半长裤，裤脚长度只到小腿肚，在裤子外面再套上一件纱笼，并将纱笼的边撩起，别在腰际。

（二）阿瑜陀耶时期

1.第一阶段（1350—1488年）

女士：上身着直筒袖、圆领、前开襟、紧身齐臀衣服，衣服下摆缀有花边。下身穿前折叠筒裙。

男士：上身穿V领长袖衣服，V领滚边，前开襟，左襟压右襟，双襟褶边。下身穿齐膝短裤，裤筒收窄，在裤子外面再套上一件纱笼，并将纱笼的边撩起，别在腰际，以布条缠腰。

2.第二阶段（1491—1682年）

女士：平民女子上身穿圆领、前开襟、直筒袖上衣，不习惯披围胸；而上层阶级的女子喜欢穿V领上衣，用一块长布从前至后盖住双肩。下身穿裤子或者绊尾幔。

男士：不穿上衣，胸前搭一块长布，布的两头从前向后搭在两肩上，胸前部分自然下垂。下身穿绊尾幔。

3.第三阶段（1630—1732年）

女士：宫廷女子下身穿筒裙，上身穿V领前开襟上衣，直筒长袖。平民女子披披巾，披巾有三种样式：一种是围胸布，另一种是披斜披肩，还有一种是"达班幔"（用长布条从背后围至胸前再将两端交叉系在颈背上），这样的装束便于劳作、穿越丛林和参加战斗。

男士：穿绊尾幔，用一块浴布围着脖子，布的两头搭在双肩上垂于背后，穿圆领、前开襟、长袖上衣。在仪式上穿及膝长衫，衣服的前襟缀有8到10颗扣子，袖子宽大，长度不到肘部，喜欢戴各种样式的帽子，官吏戴尖顶帽子；参加各种仪式时，脚上穿非洲摩尔人式的尖跟拖鞋。

4.第四阶段（1732—1767年）

女士：上层阶级女性穿前折叠纱笼，围织锦胸布，衣服滚金边（衣服的材料是丝绸，缀有铜丝线），披披巾；平民女性上身围胸布或者披披巾，下身穿绊尾幔或者筒裙。

男士：穿圆领、半长袖上衣，胸前围一块布，布的两头搭在双肩上垂于背后，下身穿绊尾幔。

（三）曼谷王朝时期

1.拉玛一世到拉玛三世时期（1782—1850年）

女士：受阿瑜陀耶时期服饰的影响，女性一般穿纱笼或绊尾幔，上身穿紧身直筒袖上衣，披"达班幔"，或者穿裹胸，披斜披肩。

男士：下身穿带色丝绸纱笼，上身穿长袖、开领上衣，前开襟、有5颗纽扣，平民一般不穿上衣或者在肩上搭一块布。

王室成员和平民百姓的穿着差别不大，区别只在于制作服装的布料。王室成员、官吏、上层人士的服装用纺织细密、缀金银丝线的布料，或者上好的丝绸；而平民百姓的服装用的是本地生产的布料，如单色棉布或者朴素的擦光印花布。

2.拉玛四世时期（1851—1868年）

曼谷王朝四世王时期，泰国与欧洲国家的接触和往来日益频繁，欧洲的服饰文化开始影响泰国，四世王认为泰国人光着膀子与外国人站在一起显得很不文明。于是，规定官吏凡前来上朝觐见国王和在外交场合一律要着上装。女子则改穿无领紧身齐腰上衣，但平时在家还是习惯围胸布。但是这个规定还仅限于官吏，普通老百姓不穿上衣的习惯仍然普遍存在。

女士：下身穿印花布绊尾幔，上衣开襟、低立领、长袖、袖口收紧，上衣长度刚好及腰，这种衣服叫做"开襟衫"，然后在衣服外面再斜披一条绸缎披肩。

男士：下身穿带色丝绸纱笼，上身穿开襟翻领上衣或者长袖开衫。

3.拉玛五世时期（1868—1910年）

拉玛五世时期是泰国服饰变化最明显的时期，拉玛五世出访欧洲之后，就把欧洲的服饰文化引进泰国，而这种变化最先体现在王室成员和上层社会，平民百姓阶层服饰的变化则相对比较缓慢。1873年，拉玛五世规定，女子一律穿长袖上衣，外面披披巾，下身统一改穿绊尾幔。规定所有官吏凡前来上朝勤见国王必须穿鞋袜。以前，士兵下身习惯穿过膝短裤，国王规定必须改穿长裤，并且穿鞋袜。1898年，拉玛五世下令不准成人在王宫和佛寺周围赤裸上身，违者逮捕或罚款，此后这项禁令的范围又扩大到其他公共场所并包括儿童。直到20世纪初，泰国民众不穿上衣的习惯才被改变。

拉玛五世时期，泰国的服装样式变化最大，可以分为前中后三个时期：

（1）前期

女士：下身穿印花布绊尾幔，上身穿长袖开襟衫，在衣服外面用绸缎横向裹一圈然后再斜披在肩上。如果在家则只披披肩，不穿上衣，如果出席仪式则穿织锦。

男士：下身穿带色丝绸纱笼，上身穿"王家装"（出现在拉玛五世统治时期中的1872年，由当时法国的外套改良而成，它有5颗扣子，扣领，不用穿内衬和打领带），戴孔雀尾羽帽子，手持手杖，出席仪式还要穿鞋袜。或者穿绸缎衫，按照各部固定的颜色穿着，依次是：国王穿黄褐色，内务部官员穿深绿色，国防部官员穿紫红色，财务部官员穿蓝色，侍卫穿铁灰色，文官穿下摆不长的扣领蝙蝠衫，外面扎腰带。

（2）中期

女士：下身穿荷叶边纱笼，腹部留纱笼头，参加仪式时还是习惯穿绊尾幔，上身喜欢穿西式的高领上衣，长袖，肩部和上臂鼓起，袖口收缩，类似于"灯笼袖"，衣服外面视情况披斜披巾。王室女子斜披粉色绸缎金线刺绣披巾，披巾的花纹根据爵位的不同而不同，穿长筒袜和长筒靴。

男士：文官的穿着改为全礼服，蓝色扣领绸缎衫，衣领和袖口绣有金线，深蓝色丝绸绊尾幔，白色袜子，黑色皮鞋，戴黑色绒毛头盔。

（3）后期

女士：下身穿绊尾幔，上身穿仿自西式服装的丝绸衫，左肩别一朵丝绸花，高立领，泡泡长袖，腰部收紧或者扎腰带，外面斜披绸缎披肩，穿彩色刺绣袜子，穿高跟鞋。

男士：穿西式长裤代替原来的绊尾幔，戴硬壳太阳帽；官员开始穿制服。

4.拉玛六世时期（1910年至1925年）

女士：初期喜欢穿带色丝绸纱笼，上衣开襟、深领、半长袖，外面斜搭轻薄的绸缎披肩；后来跟随王宫的潮流开始穿筒裙，上身穿轻薄丝绸上衣或者印花丝绸衫，宽领，短袖，不披披肩。这个时期的一个突出特点是，女士开始流行穿筒裙。

男士：仍然穿带色丝绸绊尾幔，上身穿王家装，在外面披上学士袍，长袖及腕，下摆盖过膝盖；后来开始穿西式的裤子。普通老百姓通常穿中式的绸裤，穿薄白布圆领衫。

5.拉玛七世时期（1925—1935年）

这个时期，女士的服饰越来越倾向西式，不再穿绊尾幔，筒裙的长度变短，只到膝盖；女士上衣的特点是衣服呈筒状，下摆长度盖过臀部，无袖。男士喜欢穿各种颜色的裤子。官员穿蓝色丝裙，上身穿王家装，穿鞋袜，戴硬壳遮阳帽或者带檐毛呢帽；平民男子下身仍然穿绊尾幔，上身穿普通的上衣，不穿鞋。

1932年政变之后，泰国的政体变为君主立宪制，开始了宪政民主制度的发展。

泰国人民越来越多地接触和接受西方文化，其中服饰装扮也喜欢模仿西方，政府规定官员必须着长裤以代替带色丝裙，女士的下装改着筒裙。当然，西方式的装扮还只是在泰国部分群体尤其是王室和上层社会中流行，普通民众仍然保留着传统的装扮。

6. 拉玛八世时期（1935—1946年）

披汶·颂堪政府时期实行"大泰族主义"政策，规定泰国人的服饰分为3种：集会服饰、工作服饰和待定服饰。政府规定女士穿着的上衣样式可以不限，但是必须盖住肩膀，下身穿素筒裙，后来改穿裙子或者套裙，穿鞋子，戴帽子。年纪稍大的妇女不习惯穿素筒裙，但是又不能违反政府规定，于是仍旧穿绊尾幔，只是在绊尾幔外面套上素筒裙。男士上衣有袖子，扣领或者翻领皆可。农村男子穿立领长袖筒状上衣，有5颗纽扣，有口袋，下身穿西裤，穿鞋子，带帽；部分年纪大的男子仍习惯穿绊尾幔。此后，绊尾幔逐渐地淡出了泰国城市居民的视线。总的来说，这个时期泰国的服饰已经比较现代了。

7. 拉玛九世时期（1946至今）

曼谷王朝拉玛九世登基以来，泰国人的服装可以分为两个阶段：1957年以前和1957年以后。

1957年以前，城市女子多穿时尚的裙子，最流行的是及脚长裙，坐下时，裙摆在身体周围散开成一圈；男子则普遍穿长裤，着衬衫。

1957年以后，泰国服饰经历了几次重大的改良，如1960年，诗丽吉王后下令让设计师设计了9套女式服装，作为泰国女士的民族服装。1968年以后，泰国女子开始流行穿短裙和超短裙，搭配厚底鞋。后来喜欢穿比较文雅的长及腿肚子的半长裙和拖至脚踝的长裙，用于出席晚宴或者比较隆重的集会，在流行了5、6年之后，女士们又改穿直筒的裙子。这个时期的男士服装流行紧身牛仔裤、膝盖以下逐渐变大的喇叭裤以及整体都宽松的水手裤，这3种裤子一直流行到1975年左右才逐渐消失，后来泰国男子改穿普通的直筒裤。1979年，时任国防部长炳·廷素拉暖上将在出访东盟各国后，发现大部分的东南亚国家都有自己的男式民族服装，而唯独泰国没有，于是他奏请诗丽吉王后赐予一套普密蓬国王的服装以及设计图，由此诞生了泰国男士的"御赐服"。炳上将把这套"御赐服"向全国推广，受到了全国男士的欢迎，此后泰国才有了男式的民族服装。

二、泰国传统服装的特点

泰国人的服装总的来说比较朴素，在乡村多以民族服装为主。泰国地处热带，气候炎热，古时的泰族男子上身多不习惯穿衣。从曼谷王朝四世王时期开始直至20世纪初，由于与西方的交往增多，受到西方服装文化的进一步影响，男子不穿上衣的习惯才逐渐被摒弃。至于女子，上身围一块齐腰的胸布，外出时披上披巾。披巾是泰国妇女的重要服饰，质地和花色多种多样，宽约50厘米或30厘米，长1米。披挂时由右腰斜搭向左肩，再从背后自然垂下。

泰国有一句俗语，叫"男套纱笼，女围筒裙。"这句俗语描述了泰国古代社会男女的着装特点。纱笼、筒裙和绊尾幔是泰国传统民族服装。其中，纱笼是一种下装，男女都可以穿着。它实际上是一块两头对缝、筒状似的布。穿纱笼时，先将其套在身上，用两手把它的两端拉开，再将两端从左右往中间包缠，在肚脐下方处打成一个结。筒裙是泰国女子下装，曼谷王朝拉玛六世时期开始流行。筒裙和纱笼相似，是一块长约2米的布，布的两端宽边缝合成圆筒状，但是比纱笼要窄短一些。穿时先把身子套进布筒里，然后用右手把布拉向右侧，左手按住腰右侧的布，右手再把它折回左腰，在左腰处相叠并塞紧，也可以用左手以同样动作向相反方向完成。

绊尾幔，男女都可以穿。它是一块长约3米的布，两端不对缝。穿着时将布围住身子，包缠腰和双腿，然后从两腿之间将前后片往前拉起呈倒"V"状，再把布的两端卷在一起，穿过两腿之间，塞到后腰背处，从背后看像带有一根尾巴，因而称"绊尾幔"。由于绊尾幔下摆较宽，穿着舒适凉爽，男女穿着后便于劳动。因此它是泰国百姓中流传最长久的传统服装之一，现在部分发展相对比较落后的地区仍有一些老年妇女穿着，并且在古典戏剧和电影里也还能见到。

泰国的服饰也处于不断的改变过程中，古代的服饰大多已经退出人们的视野，而现在的服饰已经越来越具有世界性、同一化的趋势。

三、泰国饰品的特点

人们佩戴饰品是为了增加个人魅力，或显示佩戴者的经济状况、社会地位，或者表达自己的宗教信仰。泰国的饰品经历了3个发展阶段：素可泰时期、阿瑜陀耶时期和曼谷王朝时期。

（一）素可泰时期

素可泰时期的饰品融合了素可泰当地、罗斛国、堕罗钵底时期的孟族、古印度、扶南、室利佛逝时期的饰品的特点。

男性国王及贵族头戴王冠或尖顶冠，前额佩戴额饰，额饰下方悬垂有带花纹的鬓角饰物并挂在耳朵后面。女性贵族戴冕状头饰，分为两种：一种为锥形头饰，一种为火舌状头饰。另外，女性身上佩戴的饰品有项链、臂镯、耳坠、手镯、戒指，其中手镯通常由3到4圈光滑的圆环组成，佩戴在手腕上。

普通民众佩戴的饰品比较简单，种类相对较少，一般只有耳环、耳坠。

（二）阿瑜陀耶时期

阿瑜陀耶时期，受印度婆罗门教的影响，国王被尊为至高无上的天神，理应与凡人区别开来，因此，国王、王后和王亲贵戚的饰品显得特别华丽。阿瑜陀耶王朝中后期，由于与波斯以及西方国家的贸易联系日益加强，开始引进外国饰品的制作材料和制作工艺，并与本国饰品特点相融合，使得这个时期的饰品与以前相比有了很大的变化。

国王、王后、王亲贵戚和官吏的饰品主要有：王冠、尖顶冠、顶髻环、耳环和耳坠、斜挂于肩膀的链子、项链、手镯、脚镯、戒指。

普通老百姓习惯在双手的中指、无名指和小指上都戴上戒指；女性喜欢戴耳环，男性一般不戴。这个时期的耳环主要由金、银或者银镀金做成。家境好的孩子习惯戴手镯、臂镯和脚镯一直到六七岁，而官吏家庭的女儿在结婚时喜欢戴冕状黄金头饰。

（三）曼谷王朝时期

吞武里时期和曼谷王朝前期（三世王以前），泰国人的饰品仍然延续阿瑜陀耶时期的风格特点。四世王时期，泰国与西方国家的联系逐渐增多。受到西方服饰文化的影响，泰国的饰品文化也发生了变化，开始出现了"御赐勋章"。它由国王赐予有突出贡献的王室成员、官吏或者平民，以示表彰。"御赐勋章"既是荣誉的象征，也是一种全新的饰品文化形式。

高级别的勋章授予仪式十分隆重，国王会亲自出席，日期都是指定的，如拉玛九世时期勋章的颁发时间都是在每年的12月5日（即国王的生日）。近些年，由于普密蓬国王的身体欠佳，所以也就改由相应官员代为颁发，届时国王的画像也一定会摆放在现场中间位置"观礼"，被授勋者都被要求穿着正装出席仪式，获得者的姓名将会随后公布在政府公报上。

勋章的佩戴受法律保护，只有获得书面授权者（即勋章的获得者）才能佩戴该勋章，如果未经授权而擅自佩戴者将会受到法律的追究。

泰国的御赐勋章中级别较高的主要有3种：白象勋章、皇冠勋章和钦赞勋章。

1.白象勋章

白象勋章，全称是"至高无上白象勋章"，1861年由拉玛四世创始，为外籍人士可获得的最高荣誉。白象勋章包括6个勋章级别和2个奖章级别。6个勋章级别依次：特级大授骑士章、大十字骑士章、骑士指挥官章、指挥者章、侍从章、成员章；2个奖章级别为金质章和银质章。

特级大绶骑士章由大绶带、主章、副章和略章组成。主章大体呈八角星形，勋章中央为一只象征吉祥如意的白象立于盛开的莲花之上，花瓣为粉红色，花蕊为银色；四向为鎏金底绿色珐琅花边，四周交错放射出银色光芒，形成八角星形；背面刻有拉玛四世名号的泰文缩写，字母颜色为红色；勋章上方有银色纹章和鎏金大皇冠。正面的白色大象、花瓣、花蕊、花边和背面的红色字母均为珐琅工艺。副章比主章稍小，在银色光芒上镶嵌四瓣星角状宝石，四瓣金色光芒交错其间。大绶带宽10厘米，以红色为主，两边各配搭绿色、黄色和蓝色的3条细边。特级大绶骑士章的佩戴方式为从左肩斜跨至右髋，副章佩戴于左胸大绶带之下。

一级大十字骑士章由大绶带、主章、副章和略章组成。主章为十六星形，勋章中央为一只珐琅质白象立于盛开的莲花之上，红色珐琅花瓣，银色花蕊，外围是16道银色光芒；背面刻有拉玛四世名号的泰文缩写，字母为红色珐琅质；勋章上方为鎏金大皇冠。副章的16道光芒较长，背面为金色。大绶带宽10厘米，以红色为主，两边各搭配绿色、黄色和蓝色的3条宽边。一级大十字骑士章的佩戴方式为从右肩斜跨至左髋，副章佩戴于左胸大绶带之上。

二级骑士指挥官章的形状与一级大十字骑士章一样，型号稍小，皇冠没有光芒，背面没有字母；中绶带，宽四厘米。二级骑士指挥官章和三级指挥者章的佩戴方法为男士挂脖佩带，女士应佩戴在左肩略下的位置。

四级侍从章小于三级指挥者章，小绶带，绶带上饰有花节。五级成员章小于四级侍从章，绶带上饰没有花节。四级到七级勋章，男士均佩戴于左胸偏上位置，女士应佩戴在左肩略下的位置。

各级白象勋章都有男式和女式，女式的主章和副章一般比男士略小一些。

2.皇冠勋章

皇冠勋章，全称为"泰国至尊皇冠勋章"，由拉玛五世（朱拉隆功大帝）在1869年12月29日设立，并颁布法令加以规范。皇冠勋章与白象勋章一样分为8个级别，并列为泰王国勋章体系中级别最多的勋章。

皇冠勋章主体大致呈八角形，勋章中央都有一顶金色皇冠，象征着泰国王室；皇冠内外分别用蓝色和红色的珐琅作底用以衬托；皇冠之上有一座大佛塔（一说是大皇冠），象征朱拉隆功大帝的父亲拉玛四世。特级勋章诞生得最晚，构图也最为复杂，中央为一蓝色珐琅底的圆盘，刻有大绶骑士皇冠勋章的泰文缩写，在圆盘周围有交叉的金刚杵和莲花，勋章外侧配有金银色的八角星芒。

特级大绶骑士章和一级大十字骑士章都由大绶带、正章（皇冠吊坠）、副章（皇冠之星）、略章和旋钮组成。特级大绶骑士章是由拉玛六世国王设立的，大绶带以深蓝色为主，两边各配搭红色和白色的双线条；特级大绶骑士章的佩戴方式为从左肩斜跨至右髋，皇冠之星佩戴于左胸大绶带之下。一级大十字骑士章的大绶带以蓝色为主，两边各搭配绿色、红色和黄色的3条线；一级大十字骑士章的佩戴方式为从右肩斜跨至左髋，副章佩戴于左胸大绶带之上。

二级骑士指挥官章和三级指挥者章，由中绶带、正章（颈授）、略章（皇冠之星）和旋钮组成；四级侍从章和五级成员章由小绶带、正章、略章和旋钮组成，不同的是，四级侍从章的绶带上饰有花节；六级金质奖章和七级银质奖章由小绶带、正章、略章组成。绶带统一为以蓝色为主，两边各搭配绿色、红色和黄色的3条线。

各级的皇冠勋章都有男式和女式，女式的正章和副章一般比男式略小一些，除了大授只有领结式；男式则有大授、领绶和襟绶。佩戴的位置也略有区别：男式的二级骑士指挥官章和三级指挥者章挂脖佩戴，四级侍从章、五级成员章、六级金质奖章和七级银质奖章都佩戴于左胸偏上位置；而女式勋章一律应佩戴在左肩略下的位置。

皇冠勋章的级别低于白象勋章，高于钦赞勋章，所以佩戴时同等级别的皇冠勋章需置于白象勋章之下或之后。

皇冠勋章的授予对象可以是本国或外国的皇室成员和政府官员，也包括一些外国商人以及泰国本国的公民。

此外，拉玛五世在多次出访欧洲之后，将西方的饰品文化引入泰国，比如在衣服上别胸针，以彰显自己的美好身材或身份地位；佩戴单位或者团体的徽章以表明自己身份；在衣服外面加上腰带起装饰作用等等。

四、泰国民族服装

在漫长的历史发展过程中，泰国的服饰文化在外来文化的影响下，始终保持本民族特有的风格。虽然当今的泰国人在日常生活中以时髦的服装代替了传统的服装，但是在一些重要的正式场合或仪式上，泰国传统的服饰仍然焕发着绚丽的光彩。泰国的民族服装是在泰国传统服装的基础上改良设计而成，既保持了泰国传统的民族特色，加入现代元素后又充分展示泰国服装的魅力。

（一）泰式女服

为了弘扬和发展民族传统服饰文化，体现泰国女子的优雅与端庄，泰国当今王后诗丽吉对泰国女子的传统服饰进行了规范，确定了9种女子传统服饰类型，供女性在不同场合穿着，深受泰国女性青睐，分别是：

兰顿服：上装为圆领、半长筒袖、前开襟、5颗扣，多与横纹筒裙配穿，筒裙长及脚面。一般用棉织花布或丝织品制作。适于出席一般的场合或不是非常正式的典礼、宴会等。

吉叻达服：上装为圆立领、长筒袖，多与横纹筒裙配穿，筒裙长及脚面。服装用类似提花丝织布制作，颜色较艳丽。适于出席较隆重的集会、典礼、宗教仪式或正式场合的迎宾式等。

阿玛林服：上装为圆立领、长袖，多与横纹筒裙配穿，筒裙长及脚面。布料要织金丝花边，衣服色泽及装饰品要求华丽。适于出席隆重的晚宴、集会以及王室的庆典等活动。

布笼皮曼服：上装紧身、立领、长筒袖、前开襟或后开襟均可，下装是折叠筒裙，并有一条明显的折叠层悬垂在前面，有腰带。服装用提花丝织布或提花金丝线布制作。适于出席王室庆典或要求佩戴勋章或绶带的隆重活动。

却克里服：上装为无袖无领内搭，外挂长披巾，从背后自然垂下拖地，露出一肩和两臂，下装是折叠筒裙，有腰带。服装用提花丝织布或提花金丝线布制作。适于出席婚礼、晚宴等活动。

却克里帕服：与却克里服类似，区别在披巾刺绣，多采用金线刺绣，悬垂在背后不拖地，披巾内有绸布围胸。古时为女子高贵的服装，现多作为豪华晚装，穿着的场合与却克里服相近。

杜锡服：上装为大开圆领、后开襟、无袖、紧身，下装同却克里帕服。衣服花纹上有赛璐珞、珍珠等饰品，有腰带。适于出席晚宴或较隆重的集会。

悉瓦莱服：上装为无袖无领内搭，后开襟，外挂长披巾，从背后自然垂下不拖地，露出一肩和两臂，下装是折叠筒裙，有腰带，样式与布笼皮曼服相似。它穿着的场合与却克里服相同。

布拉育服：改自却克里服，上装无袖，圆领或尖领、大开领，下装同布笼皮曼服。它是穿着于婚礼、一般集会或晚宴上的服装。

（二）泰式男服

泰式男服是一种叫做"帕叻差他服"的男装，译为"御赐服"，这是被公认的具有民族特色的男服。它是用泰国本国产的布料制作，衣领高约3.5到4厘米，腰身稍微收窄，前开襟，钮门布宽约3.5厘米，衣领和袖口镶边，5颗扣子，扣子为与衣服颜色一致或相近的布料做成的圆布扣，左胸的口袋可有可无，衣服下方左右各有一个口袋，袋口稍高于最下方一颗纽扣，口袋镶边；裤子仍然穿西裤。"御赐服"一共有3种样式：短袖款、长袖束腰款和长袖不束腰款。其中，长袖束腰款是以一条长布条束住腰部，在左腰前方打结，它是最正式的一套礼服。

泰国的民族服装多选用本国产的丝绸——"泰丝"。泰丝手工制作工艺独特、品质出众、质地轻柔、色彩艳丽、富有特殊光泽，图案设计也富于变化，极具东方特色，制作的服装非常高贵华丽。因此，泰丝被用来制作高贵的服饰、手帕、领带、围巾等各种高级用品。

五、泰国现代服饰

随着社会的发展和外来文化的影响，当代泰国人的着装也发生了很大变化，泰国的服装样式已经渐渐西化。

（一）日常服装

现在的泰国人非常重视着装礼仪。城市里的泰国男子习惯穿制服、西装，农村青年人中穿西裤和衬衣的已相当普遍。正式场合男士一般穿西装，打领带；普通场合男式服饰较为简单，下身穿长裤，上身可穿衬衣或者T恤衫。

当今泰国女士服饰式样繁多，杂而不奇，花色千种，艳而不俗。城市里的女士喜欢穿裙子，多穿套装，一般较讲究的女子天天换装。受女式传统服装筒裙的影响，裙子剪裁十分合体。泰国人喜爱红、黄色，禁忌褐色，日常生活着装颜色常常较为鲜艳。

人们在日常的生活中虽然多以西装、套裙打扮为主，但在节日庆典、宗教仪式、国家典礼和其他正式的场合中，则会以民族服饰打扮出现。

（二）制服和校服

泰国人对制服非常重视，泰国的制服分为文官制服、军人制服、警察制服、中小学生校服、大学校服等，一些公司、银行、饭店、娱乐场所等都有统一的制服。制服的样式和花色很多，男士喜欢穿西装，女士多穿套裙。一般在制服上都有工作单位的标志或名称，起到整齐、易辨认和广告宣传作用。不同单位或企业通常要求员工在工作或集体活动时，服装样式及颜色整齐划一。

泰国的大中小学校都有自己的校服，校服样式朴素大方。中小学生校服上身是短袖衬衣，男生穿短裤，女生穿过膝短裙。大学校服，女校服是短袖衬衣和及膝短裙，裁剪修身合体；男校服是长袖衬衣，打领带，下身穿长西裤。校服的颜色大多是单色，一般是上身白色，下身黑色或者蓝色。校服上也都有学校的校徽或者校名。

六、泰国少数民族的服饰

随着社会经济的发展，各民族人民在日常生活中的服饰大部分已经西化，穿着打扮与中部城市居民相差不大，只有在部分偏远地区或者在一些特殊场合、特殊时间，人们才会穿着自己民族的传统服饰。不同的民族拥有不同的服饰和纺织工艺品，即使同一民族的不同支系的服饰和纺织工艺品也有许多不同。各民族的服饰从内容到形式都与本民族、本区域的自然环境、生产、生活方式和历史文化背景紧密相联，具有丰富的历史、文化和艺术价值。民族服饰不仅仅是现实存在的、简单的服装饰品本身，更重要的是这些服饰所表现的民族传统文化。在民族服饰发展的历史过程中，祖先们的服饰原型多已消失，而如今应该保护的，除了现有的服饰之外，还有制作服饰的技艺。这些技艺都是经过数代人长期模仿、连续传承、不断改进而慢慢沿袭下来的独特艺术。

在泰国的东北部、北部、西部的山区生活着许多少数民族，每个民族都有各自独特的风俗、礼仪和服饰文化。由于本书的篇幅及手上掌握的资料有限，这里着重介绍居住在泰国北部山地的6个主要少数民族：克伦族、苗族、拉祜族、傈傈族、阿卡族和瑶族。

（一）克伦族

克伦族自17世纪开始迁入泰国，集中分布在泰国的西北部，是泰国人口最多的少数民族。以白克伦为主，分为"斯卡"和"颇"两个分支。克伦族的衣服都是用手织布，以红白色为主色，附以蓝色或棕色的竖条纹，针脚清晰且具有装饰作用。男装的纹饰较简单，女装的较复杂。未婚女性的服装为长筒裙，白布底，绣有美丽的图案；已婚女性的衣服和短裙分开，绣的图案和颜色丰富多彩，缀有多种饰物。男性多穿长及臀部的衣服，衣服以色带装饰。无论男女都喜欢用五彩小串珠装饰。斯卡克伦族的未婚女子着纯白色衬衫，颇克伦族的服装上纹饰较多。

（二）苗族/赫孟族

泰国的苗族主要分蓝苗和白苗两支。蓝苗的村寨分布在泰缅边境北面的高山区，是居住区距清迈最近的一个民族，在多普国家公园附近也有他们的村落。蓝苗族的妇女大都擅长刺绣，她们的上衣为长袖黑色带刺绣花边，下身穿着麻制蓝白蜡染的及膝百褶裙，头发盘成面包卷，因此很好辨别。白苗族的妇女穿白色大麻布裙，黑色头饰。男人穿宽松的黑色长裤，衣服为黑色长袖对襟带刺绣花纹。苗族喜欢戴银饰，银器在苗族中既是装饰也是财富的象征。

（三）拉祜族

拉祜人集中在泰缅边境的西北部。泰国的拉祜族可分为黑拉祜和黄拉祜两个分支，其中占总数75%的黑拉祜又分为拉祜那、红拉祜和舍勒拉祜三个子系。拉祜人的传统服饰为黑色衬底，衣服绣上花边，衣袖和口袋上一般都有不同颜色的花饰，不同的颜色标志着不同的分支。现在，拉祜族人平日只穿一些普通的衣服，而把传统服装留到参加各种仪式时穿。

（四）傈僳族

傈僳族源于云南，有6个支系，其中只有几支住在泰国清佬附近的村落里。傈僳族"花支"的妇女服饰很有特色，及膝的蓝绿色长袍，红色的衣袖上有许多颜色鲜艳的条纹，头上缠着布留着流苏。男性的裤子也是蓝绿色的宽松裤子，上衣为黑色。傈僳人擅长银器制作并给阿卡族人和拉祜族人制作珠宝饰品。

（五）阿卡族

阿卡族起源于中国云南，19世纪中叶迁移到缅甸，直到20世纪初期才移居泰国，他们大规模的移民是在近现代缅甸动乱以后。阿卡族主要分布在泰缅边境的北部，清迈府的一部分和清莱府的大部分。泰国的阿卡族主要分武罗阿卡、罗密阿卡、帕密阿卡等支系。

阿卡人的民族服装色彩艳丽，配饰丰富。阿卡族的衣服都是用黑蓝色的家纺棉布制成。妇女的上衣都是长衣长袖，宽松款式，有刺绣和彩条装饰，袖口镶花边，下身穿深色长裙，重大节庆活动的时候，宽松的上衣用腰带束紧。男人穿宽松的黑布长衫，配以条形纹饰。而阿卡人服饰的最明显特征同时也是区别阿卡人各支系的主要特征就是妇女的头饰。武罗阿卡人的头饰底部是一个束发带，由银币、银球、银珠和纽扣镶嵌而成，顶端有个锥形的竹子用土布包着，外边用流苏等饰品妆点；罗密阿卡人的头饰在帽子后面有一个不规则的四边形托盘，长长的流苏和银珠从头饰后面垂下来，银珠和银球都比较大；帕密阿卡人的帽子形状似头盔，全部用银币、银球、银链及各种饰物镶嵌。[①]在阿卡人妇女的头饰上，银饰品多采用动植物与几何图案；色彩的使用也很讲究，喜欢明丽而对比鲜明的色彩，具有鲜明的民族风格和地方特色。

（六）瑶族/缅因族

这个民族起源于中国，但在泰国北部的瑶族大部分是在越老冲突期间从老挝迁入的，主要分布在清莱府，也有部分在清迈府。瑶族的妇女穿黑色夹克，带红色丝絮领子和大红大蓝的头巾，下着纹饰复杂的黑色裤子，她们的背包和服装都有很细密而精致的刺绣。男人穿宽松的黑色衣裤，裤子上的纹饰较简单。

第三节　民居

一、泰国民居的发展历程

泰国人的民居住宅经历了几个世纪的演变，在保持传统的泰式建筑特色的基础上，既吸收了中国南方建筑的风格，又引入了西方建筑的特点，形成了独具特色的泰式民居。

因为泰国地处热带和亚热带地区，气候炎热多雨，因而决定了木架的高脚屋是民居建筑最基本、最实用的样式。随着时代的发展和文化的融合，泰国民居的

---

① 孔建勋、余海秋：《泰国阿卡人传统知识保护初探》，载《东南亚纵横》，2009年第8期，第33-36页。

建筑风格也在不断地发生变化。

（一）素可泰时期

素可泰时期，泰国人的房屋建筑比较简陋，多为竹木结构，由数根竹子或木桩支撑楼板，楼底约一人高，即高脚屋。楼底可以饲养家禽、放置农具或供孩子玩耍，楼上住人。屋顶为高耸的人字形，以利于雨水的快速流泻和起到散热快、通风好的作用。多用茅草盖顶，以竹片或木板当墙，用木板铺成楼板。

（二）阿瑜陀耶王朝和吞武里王朝时期[①]

阿瑜陀耶王朝时期，除了王宫、寺庙是砖木结构外，普通民众居住的房屋大体上沿袭素可泰王朝时期的传统样式，几乎都是木架的高脚屋，上层住人，下面畜养牲畜或放置杂物。遇上山洪暴发河水泛滥，人们住在楼上，可以躲避水患灾害。这个时期的高脚屋比素可泰时期的宽敞坚固，通常建成三开间，一间较小有窗，木榫结构，墙壁用木板制成。屋外有一条走廊，其长短刚好跟房子一般齐，一般用茅草、椰树叶或木板来盖屋顶，屋檐把走廊顶遮住。阳台紧挨着厨房。有的屋子有会客厅，但家具很少，只有必要的几件。

阿瑜陀耶王朝时期由于商品交易日趋发达，所以出现了临河而建的商店。这种商店的前面用来售货，后面用来住人。商店与商店之间有木桥相连。各家店前有一个小码头，供上下货物及顾客乘船来购物时使用，水上交通比陆路发达。交易常在早上和中午进行，出售的货物有水果、蔬菜、大米、肉类和衣服等。

还有一种水上商店是建在竹筏上，可以随着河流漂移，成为"舟屋"或者"船屋"。店主一家亦在上面生活，店主食宿部分和售货的商店之间用竹篾屏风隔开，店前有一条走道与水相接。店主可随心所欲地用竹篙撑着竹筏商店四处漂流去参加各地的农贸集市。

吞武里王朝统治时间较短，民居的建筑特点基本沿袭了阿瑜陀耶王朝时期的风格。

（三）曼谷王朝时期

曼谷王朝时期，泰国历史经历了由近代向现代的转变。随着社会生产的发展和物质文明的进步，民居建筑作为一种时代发展的标志，也同样经历了由传统样式向现代化的转变，由原始、古朴、自然的乡间模式逐渐向较为规整、精致的城

---

① 段立生：《泰国文化艺术史》，北京：商务印书馆，2005年版，第235-237页。

乡共用的民居模式演变。

曼谷王朝初期，普通的民居仍按照传统的方式，用木板建造高脚屋。

拉玛三世（1824—1850年在位）以后，出现了砖砌的民居，分为泰式和中式。中式房屋是大批华人移民泰国后出现的，按照中国南方城镇民宅和店铺的样式来建造，一般分为两层楼，下面是店铺，楼上是居室。

拉玛四世时期（1850—1868年在位），西方文化开始进入泰国，民居发生了变化，出现了西式建筑。民居由原来的单纯木结构变为砖木混合架构，下层基座为砖砌墙柱，上层仍为木结构，但四周增加了宽敞的阳台，阳台既是一家人活动的主要场地，也是接待客人的地方。这种建筑风格最先体现在国王的行宫和王公贵戚的官邸，后来富裕人家也逐渐流行盖西式别墅。

拉玛五世时期（1868—1910年在位），朱拉隆功进行政治体制改革后，西方文化涌入泰国，出现曼谷、清迈这样现代化的都市，城市里的民居建筑跟传统样式相比发生了质的变化。泰国城市里的民居出现了泰西结合式建筑，即房子由原来的一层增加到两层，下部仍为架空的干栏或升高的砖石台基，但高度比原来的高脚屋低些，屋顶为坡度较陡的两坡悬山顶或四坡歇山顶。[①]但在广大农村地区，仍然到处可以看到用木板和茅草搭成的高脚屋。

拉玛七世时期（1925—1935年在位）的泰国，政治不稳定，经济开始衰退，这个时期新建的民居回复到简单的泰式房屋形状，屋顶多为高耸三角墙式。

拉玛八世时期（1935—1946年在位）至今，泰国民居虽然大量地吸收西方文化风格，但却始终没有丢掉本民族的传统，只是在屋顶的造型上有所变化和用材的演变，即多重屋顶，强调了屋顶构图的层次感，使用彩釉鱼鳞瓦，使屋顶的民族风格更加突出，从而形成了泰国建筑的基本特征。[②]

二、泰国民居的特点

泰国地处热带和亚热带地区，气候湿热，没有四季寒暑的变化。每年从5月至10月为雨季，雨量大，气温高。每当雨季来临之时，常是连日暴雨，洪水泛滥，淹没田野和庄稼。泰国的地形既有平原、高原，又有山地地形；国内河渠纵横，湖沼遍布，濒临大海。多样的地理条件和特定的气候条件，使得泰国人民根据自

---

① 段立生：《泰国文化艺术史》，北京：商务印书馆，2005年版，第297–298页。
② 林秀梅：《泰国社会与文化》，广州：广东经济出版社，2006年版，第174–175页。

己所生活的环境形成了不同的居住风格。当地的居民为了适应这种地理环境和气候特点，把房屋的底层架空使楼板高出地面数米，以利通风散热和防洪，房屋的屋顶、墙面和地面等用竹子或木材建成，屋顶高耸，带有高翘的飞檐，这种民居建筑就是典型的干栏式建筑，或称高脚屋。居住在高脚屋中的民众，通常可借此躲避水患；到了旱季，楼底可以饲养家畜，楼上住人，清凉爽快。干栏式建筑既适合泰国高温潮湿的气候，又适应泰国山地平原等各种地理环境，还可就地利用境内丰富的木材资源。今天，泰国乡村这种房子仍然比比皆是，而城市几乎所有房屋都已西化（地基牢固）。

泰国广大的河谷平原地区河渠纵横，湖沼遍布。人们的日常生活、交通运输、耕地种田、捕鱼养畜等都离不开水，傍水而居无疑会给人们的生活带来许多方便。因此，泰国人常沿着河岸构筑房屋，并形成村寨、城市。这种临河溪而居所形成的村寨呈长形，在泰语中称为"邦"，而沿湖泊而建的村落称为"班"。临水而建的房屋，楼梯多架向河畔，形成各家的小码头，人们出门以舟代步，生产的农产品装载在小舟里，在河面上交易，从而形成了热闹非凡的水上市场。但也有小部分泰国人的家园零星散落在自家田地的附近，他们分群居住，彼此相隔较远。

伴随着村寨的形成必然要出现市场和寺庙。市场是进行商品交换的地方，寺庙则是一村政治和文化教育的中心。村寨不断发展，人口增多，房屋增加，最后便形成了城市。这种有一条河流从市中心穿过的城市，在泰国比较多见，彭世洛、曼谷等大城市都是这样。

泰国的民居房屋，无论其大小或者式样各有不同，都由几个相同部分组成[①]：

1. 楼梯和栓狗柱

楼梯一般藏在左边屋檐下，所以必须有一根柱子支撑延伸出来的屋顶，这根柱子就叫栓狗柱。村民常把看家狗栓在这里，故名。

2. 阳台

从楼梯上去，有一平台，长宽各占两根柱子之间的距离，可以用来乘凉、会客、吃饭、做佛事和举行各种仪式等。如果家里有成年的少女，亦可作为傍晚小伙子与姑娘的幽会之地。阳台是一块空旷的地方，不堆放任何东西，即用一个木托架固定在墙上，将佛像置于上面。同时，还供有镇宅的符箓。

---

① 段立生：《泰国文化艺术史》，北京：商务印书馆，2005年版，第172–176页。

3. 放置水缸的地方（水店）

屋檐下有一个角落，是放置水缸的地方。水缸的支架高出地面约89～100厘米，挂有一个水瓢。为了避免缸里的饮用水被太阳晒热，主人还在水缸上面搭一个凉棚。这种放置水缸的地方，在兰那泰当地的方言里称为"水店"。缸里的饮用水不但供给房屋的主人，也无偿提供给来往的行人。这是古兰那泰人在建造房屋时专门设计的，表现了他们不但利己，而且利人的淳朴民风。

4. 卧室

从楼上的平台进去，便是卧室。卧室的门上挂着布门帘，门的上端有精美的木雕，根据当地人的信仰，门上端刻有精美木雕的木板是神圣的，它可以挡住邪恶的鬼魂精怪，不让其进屋。

与平台紧接的那间卧室是最大的卧室，占地面积为边长3根柱子之间的距离，小型建筑的面积为边长两根柱子之间的距离。家庭的所有成员都睡在一间卧室里，并按照柱子之间的距离来分配每人所占的面积。最后一根柱子旁是男女主人睡觉的地方，依次下来是孩子们睡觉的地方，如果某个孩子结婚成家，其余的孩子依次往靠近父母的地方挪，大家睡觉的时候都是头朝东，脚朝西，相互之间扯起布幔遮拦。卧室西边的空地用来摆放各人的生活用具，卧室有两道门，一道与平台相连，另一道通往厨房。

5. 厨房

厨房位置在卧室的西边，卧室的屋檐与厨房的屋檐相交，形成一个走廊。厨房后置有许多大水缸，用来储存雨水。

三、泰国人盖房的习俗与仪式

古时，泰国人盖房有很多讲究，形成了一套比较完整的仪式，其中贯穿有许多民间信仰成分，不能有半点差错或不符合仪式、信仰的做法，否则会给房主的家庭带来不幸和灾祸。

1. 选宅基

宅基的选择原则是要方便日常生活，比如交通运输、耕种劳作、捕鱼养殖等，一般选择靠近河道或者邻近道路，方便出行。宅基的地面要平坦，地形为矩形、圆形或半圆形，应去除树根、白蚁窝、不祥物等可能会妨碍盖房的东西，否则会不吉利。还要仔细分辨宅基的土质，土壤的香臭、酸味、咸淡等都要经过仔细地口尝和鼻闻，因为泰国人认为这关系到今后房主家庭的幸福。

2. 选材料

泰国人认为，树林里有树神，不同的树林有不同的树神，树神掌管着林子里的每一颗树木。盖房的木材要来自同一片林子，否则树神不一样，会产生矛盾，给房主带来不安。伐木的时间要选在每年的 1 月到 4 月，这段时间选材砍伐，将来会财源滚滚、驱灾祛病、平安幸福。木材的选择也有很多讲究，如树干的形状应该是上下大小一致或者下大上小，树木上的木瘤要小且数量为奇数，这样的树木质地才好。伐木时，还要注意树木倒地的方向，它与今后的祸福有关，只有倒向东北方或者西南方的树木才能用来盖房，倒向其他方向的不能使用。盖房用的树木必须质地好，坚硬、耐用、耐腐蚀，便于施工且当地容易找到的，中部和北部人喜欢用柚木，南部人喜欢用印茄木等硬质木材。

3. 选吉时

盖房破土动工的日子和立奠基柱（盖房时最先立的一根柱子）的时辰必须选择黄道吉日、良辰吉时。泰国人相信星相会影响到房屋的修建，禁止在泰历的第三、五、七、八、十和十一个月份以及在星期天、星期一、星期五和星期六建造房屋，认为在这些日子开工会不吉利。古时选吉时是指选择开工建造的日子，这主要是因为古时泰国农民在农忙季节有帮工互助的传统，并且一般在一天之内建好房屋。现在选择吉日良辰仅仅是指选择立奠基柱的日子。

4. 选定方向

选择房屋的方向既要考虑人们的风俗信仰，也要考虑当地的气候和风向。比如，泰国人认为头是高贵神圣的部位，不允许别人越过头部，睡觉时也不许别人从自己的头的上方经过。另外，泰国人认为，佛祖在顿悟时是面朝东方的，因此，在建造寺庙、佛殿时都要面朝东方。基于上述的考虑，泰国中部地区的人们在建造房屋时，把房屋的宽边，即横墙，建成东西走向；房屋的长边为南北走向，房屋正面朝南或朝北。这种布局便于睡觉时头朝东、脚朝西，且有利于房屋的通风。

5. 选定大小比例

房屋的大小比例要方便居住和日常生活，要让房主住得舒心，不感到压抑。房屋的大小和比例通常要考虑房主的身高比例，比如中部地区的人民在建造房屋时门的宽度要是房主脚掌长度的三倍，房屋的宽和高也要适合居住的人。

6. 立奠基柱仪式[①]

奠基柱也称吉祥柱。立柱前要为柱子做招魂仪式，否则盖房会不顺利。到了立柱的黄道吉日，房主要备齐各种祭神贡品，盖起一座简易的祭祀席棚，祭供土地神、地母等有关各路神仙。供品有香烛、鲜花、香蕉、椰子。

房主取出准备好的、与柱子大小相当的红白两套四方布（红布中间开口），交给仪式主持人。主持人把红布套在奠基柱的柱头上，再用白布对角盖在红布上。每块布上都画有符箓，它有驱邪、镇邪的作用。奠基柱除了盖布外，还要在柱脚上捆上5张芭蕉叶、5张腊肠树叶、一根芭蕉苗和一截甘蔗。在东北部地区，人们还用丝布、棉布、香蕉叶等捆在奠基柱和魂柱上。有的还用首饰、金银腰带装饰或者悬挂在这两个柱子上。然后为每个柱子写上树神的名字。招魂仪式开始，由主持人给奠基柱挂上花环，为每根柱子上香明烛，颂扬树神的美德，延请树魂（叫魂）至席棚，祈求树神保佑房主。叫魂后，为奠基柱点粉、洒圣水、贴符箓。

今天随着社会的发展，这些盖房的习俗与仪式多数已经消失了，但是部分做法、仪式仍保留，如立奠基柱仪式和楼房落成仪式等，现在仍然可以见到。

四、各地区的民居及特点

传统民居的建筑风格依地区而不同。比如，在曼谷北部的中央平原上，开敞的回廊是人们生活的中心，是户外活动场所。越往北，天气愈凉，卧室保暖和通风设计尤为重要。在中部地区大部分传统民居中，最里面的房间是卧室和用来摆放祖宗牌位的。各地区的民居建筑根据当地的地理环境、气候特点和生活习惯不同而呈现出各自的特点。

（一）中部地区

泰国的中部是泰国最大的冲积平原，大部分的河流都聚集于此。人们普遍以种田捕鱼为生，而且出行交通以船只为主，河流是主要的交通线路，因此中部的泰国人喜欢傍水而居，房屋多建于河边。其特点是房屋顺着河岸依次而建，房屋的正面朝向河流，楼梯及走廊架向河畔，房屋后面是园子，园子后则是田地。

泰国中部房屋为泰国民居建筑中最为流行的样式，也被称为泰式房屋。其结构为双层高脚屋，上层用于住人，下层由多根木桩支起，大概一人高，用于储藏

① 戚盛中:《泰国》, 北京. 世界知识出版社, 1995年版, 第84页。

物品、饲养牲口、防止野兽蛇虫，另外还可以通风散热，防潮防水等。屋顶为高耸的马尼拉三角墙式（直泻式屋顶），大面积，大倾斜角，屋面陡峭。四周出檐，屋檐较长，利于排雨、遮阳和散热。古时屋顶多铺以象草、香蒲、白茅或者大芭蕉叶，一些富裕些的家庭则大部分用陶瓦片代替。

房屋由木材拼接楔合而成，内部用木板或者竹篾编织当墙，把房屋划分为几个房间。比较大的房间，作为卧室，占地面积为边长三根柱子之间的距离。家庭的所有成员都睡在一间卧室里，并按照柱子之间的距离来分配每人的所占面积。卧室西边的空地用来摆放各人的生活用具。而比较小的房间，则是用来祈祷祭拜的地方，外人和客人是不能进去的。如果外人跨越其门槛，便是对主人的祖宗神灵的亵渎，必须赔礼道歉。

最初由于家庭规模较小，每户的房屋只为独栋式建筑，内部包括卧室、走廊、阳台、厨房和楼梯。后来随着家庭成员数量的增多或者家庭经济条件的改善，人们会在现有的房屋周围加盖房屋，并用各栋房屋的阳台进行连接，从而形成一个小的家庭民居建筑群。由于中部处于河流冲积平原，地势低，水患频繁，所以"泰式房屋"下层的支柱一般都比较高，以利于躲避洪水。房屋各个组成部分的地板标高按照私密性层次，逐级抬高。从楼梯上来即是阳台，走廊比阳台高40厘米，卧室又比走廊高40厘米，卧室处于最高位置，以此强调划分空间的层次感，表示人逐步进入最私密的空间。楼梯和厨房置于室外。各层地板之间以椽子相连并留有一定的空隙，这样设计的好处是便于通风散热，居住在上层可以观察底层的情况，而且层与层之间形成台阶，方便坐人。阳台是会客、做佛事、举办仪式以及家庭成员活动的主要场所，因此面积较大，约占到房屋总面积的百分之四十。

（二）北部地区

泰国北部多为高原和山地地形，所以这里的房屋多数是依山顺坡而建的，仍然采用高脚屋的基本框架，靠山的一面只需垒起地基，然后把墙面搭起来，地势较低的一侧用柱子撑起来。房屋的框架、墙、地板都用硬木建成，屋顶用茅草覆盖，但是屋顶两三年就需要重新更换一次。房屋的形状是长方形的，长的两边屋檐都向外延伸，这样可以提供地方遮阳避雨、堆放东西。每家的房屋布局都是下层用来做厨房、储藏间或者关牲畜，上层用作住所。

兰那国时期，一般居民的房屋建筑都比较简陋，茅草盖屋顶，用竹片垫楼板，梁柱则用质地坚硬的树木。现在泰国北部的房屋多为古时兰那国的房屋样式，分为一般的"村屋"和"嘎莱屋"。

1. 村屋

"村屋"是一种小型的房屋，也较为原始，多为贫穷的百姓所造。房屋的建造方法十分古老，房屋的屋顶、地面和地面托梁都用竹子，房梁和柱子则用木头，房间的隔板用竹子编成，屋顶铺以白茅或者大芭蕉叶，用竹篾或藤来连接各个结构。现在村屋已经较为少见，有少部分人临时搭建村屋也只是用于特定的用途，如建在地里用于晚上守夜之用。

2. 嘎莱屋

还有一种被称为"嘎莱屋"，为双栋连体式建筑，多为经济条件较好或者有一定地位的家庭所建，如村长等。"嘎莱"这个称呼是现代的建筑学家命名的，为了跟普通的民居相区别。此房屋完全用优质木材建造，包括屋顶的瓦片也为木制。嘎莱屋最显著的特点是特别讲究对"嘎莱"的雕刻装饰，选用上等木材，并请名工巧匠雕刻出美丽的花纹，交叉装饰在三角墙式屋顶的顶端，形成一个"V"形，被称为"嘎莱"，嘎莱屋也由此得名。这种房屋的建筑结构、装饰布局，充分反映了以清迈为中心的兰那泰的生活习俗及文化特点。

（三）东北部地区

泰国东北民居也为高脚屋式，其特点为窗户较少，特别是屋后一般没有窗户，或者只开一个很小的洞。屋檐较短，且房屋周围不建有栅栏。一般为独栋式建筑，内部布局包括卧室、走廊、阳台、厨房和水店，有些家庭还有一个大厅，室内是开放式的，并没有隔成一间一间的小房间。

东北部地区的房屋按照其建筑外观特点可以分为两种："泰呵叻屋"和"伊桑屋"。这两种样式的房屋与老挝式的房屋建筑有很大的关系。"泰呵叻屋"与中部地区的泰式房屋相似，悬山式屋顶，人字板的倾斜角较小，不似泰式房屋的顶部那样高耸，山墙的墙体有独特的花纹。而"伊桑屋"根据房屋内部布局的不同，可以分为3类：

1. 连体三角墙式房屋

这是东北部地区最古老的一种样式，现存数量很少，房主的社会地位较高。它的特点是：三角墙式屋顶比普通的房屋要高得多；连体式三角墙，卧室和大厅的屋檐连在一起，形状似"ΛΛ"，连体屋檐下有水槽用于排水；没有走廊；古时屋顶铺木制瓦片；房屋为木结构，大部分的墙体是木头，只有很少一部分用竹子或藤条编织墙；前后各有一座楼梯。

2. 厅堂式房屋

这种样式的房屋出现的时间比连体三角墙式房屋稍晚，房主的社会地位处于中等。厅堂式房屋的三角墙比厅堂式房屋低一半，现在屋顶铺镀锌铁皮代替以前的木制瓦片，有大厅，采用木制结构，墙体为竹篾编织，卧室和大厅之间有走廊相连，只有一座楼梯。

3. 无厅堂式房屋

这种样式的房屋是东北部地区数量最多的一种，房主的社会地位处于中等。它由卧室、走廊、阳台、厨房、水店组成，但是没有大厅。它的建筑特点是：三角墙比较低矮；没有大厅；现在的屋顶铺镀锌铁皮；房屋主要是木结构；走廊紧挨着卧室并与其他部分相连；只有一座楼梯。

（四）南部地区

泰国的南部多为信仰伊斯兰教的穆斯林。由于要进行伊斯兰教的朝拜仪式，所以房屋内部会有较大的空间，其他除非有必要，否则不会用隔板隔开。由于穆斯林的生活习惯中男女生活分得十分清楚，所以房屋前后各有一个楼梯，男性用前面的楼梯，女性则用后面的楼梯。另一个十分重要的特点是，泰国南部的房屋建造时要先把各个部分建造好，然后再进行组装，以便于以后搬家。

泰国南部的房屋屋顶较高，分为三角墙式、四坡顶式、马尼拉三角墙式3种。屋檐伸出较长，能够覆盖住楼梯的整体。房屋仍为高脚屋式，但下层并不十分高。由于南部经常遭遇台风等恶劣天气，所以房屋的结构强度要求较高。支撑柱不直接埋入地下，而是用木头或者砖做成柱子立于混凝土之上做房屋的支撑。房屋没有外露回廊，周围多不建栅栏，但是种植果树，如椰子、芒果等来标示房屋范围。

参考文献

一、中文文献

[1]薄文泽.东南亚大陆地区民族的源流与历史分布变化[J].东南亚研究,2006(6).

[2]常任侠.印度与东南亚美术发展史[M].上海人民美术出版社,1980.

[3]陈晖,熊韬.泰国概论[M].广州:世界图书出版广东有限公司,2012.

[4]陈吕范.泰族起源问题研究[M].北京:国际文化出版公司,1990.

[5]陈鹏.东南亚各国民族与文化[M].北京:民族出版社,1991.

[6]程安琪主编.泰国菜[M].北京:中国青年出版社,2005.

[7]戴维·K 怀亚特.泰国史[M].上海:东方出版中心,2009

[8]段立生.泰国文化艺术史[M].北京:商务印书馆,2005.

[9]段颖.当代世界中的泰国佛教———一个人类学的视野[J].东南亚研究,2012(5).

[10]范军,孙洁萍.千古兴亡九朝事——泰国王室[M].北京:社会科学文献出版社,1998.

[11]范若兰 等.伊斯兰教与东南亚现代化进程[M].北京:中国科学社会出版社,2009.

[12]冯德麦登宗教与东南亚现代化[M].张世红译.北京:今日中国出版社,1995.

[13]郝时远,阮西湖主编.当代世界民族问题与民族政策[M].四川民族出版社,1994。

[14]何芳川.中外文化交流史[M].北京:国际文化出版公司,2008.

[15]何平.傣泰民族起源再探[J].民族研究.2006(5).

[16]何平.泰国东北部地区老族的由来及其历史变迁[J].贵州民族研究,2011(5).

[17]何平. 中南半岛民族的渊源与流变[M]. 民族出版社,2006.

[18]贺圣达.东南亚文化发展史[M].昆明:云南人民出版社,2010.

[19]贺圣达.东南亚伊斯兰教与当代政治[M].北京:中国书籍出版社,2010.

[20]华思文.简述泰国观世音崇拜的兴起[J].思想战线,1997(2).

[21]黄惠焜.从越人到泰人[M].昆明:云南民族出版社,1992.

［22］黄夏年.现代泰国佛教的活动及思潮［J］.东南亚纵横，1992（4）.

［23］金勇.20世纪泰国社会华人姓名的泰化嬗变［J］.当代亚太2006（5）.

［24］金勇.泰国民间文学［M］.银川：宁夏人民教育出版社，2011.

［25］净海.南传佛教史［M］.北京：宗教文化出版社，2002.

［26］孔建勋，余海秋.泰国阿卡人传统知识保护初探［J］.东南亚纵横，2009（8）.

［27］赖伯疆.泰国戏剧古今谈［J］.戏剧艺术，1998（5）.

［28］郎天咏.东南亚艺术［M］.石家庄：河北教育出版社，2003.

［29］李晨阳.佛教在当代泰国政治中的作用［J］.东南亚，1996（1）.

［30］李倩.泰国泰族丧葬习俗的文化内涵［J］.思茅师范高等专科学校学报，2009（2）.

［31］李勤：近现代泰国佛教的世俗化趋向［J］.云南师范大学学报，2001（6）.

［32］李庆荣.泰国北部山地民族的音乐形态［J］.玉溪师范学院学报，2006（7）.

［33］梁英明.东南亚史［M］.北京：人民出版社，2010.

［34］梁源灵.泰国对外关系［M］.南宁：广西人民出版社，1998.

［35］林秀梅.泰国社会与文化［M］.广州：广东经济出版社，2006.

［36］栾文华.泰国文学史［M］.北京：社会科学文献出版社，1998.

［37］木子.黄袍佛国，妙香建筑——品鉴曼谷泰国大皇宫［J］.西部广播电视，
　　2009（09）.

［38］［苏］尼·瓦·烈勃里科娃.泰国近代史纲［M］.王易今，裘辉，康春林译.北
　　京：商务印书馆，1974.

［39］［苏］尼·瓦·烈勃里科娃.泰国现代史纲［M］.中国科学院世界历史研究所翻
　　译小组译.北京：商务印书馆，1973.

［40］［泰］披耶阿努曼拉查东.泰国传统文化与民俗［M］.马宁译.广州：中山大
　　学出版社，1987.

［41］戚盛中.泰国［M］.北京：世界知识出版社，1996.

［42］秦钦峙，赵维扬.中南半岛民族［M］.昆明：云南人民出版社，1990.

［43］邱永辉.印度教概论［M］.北京：社会科学文献出版社，2012.

［44］任一雄.东亚模式中的威权政治：泰国个案研究［M］.北京大学出版社，2002.

［45］施坚雅著.泰国华人社会：历史的分析［M］.许华等译.厦门大学出版社，
　　2010.

［46］世界宗教研究所.各国宗教概况［M］.北京：中国社会科学出版社，1984.

[47]田禾，周方冶.列国志：泰国[M].北京：社会科学出版社，2005.

[48]魏清.泰中音乐全书[M].泰国：永萨瓦出版社，2008.

[49]翁琳.宋干节的由来[J].东南亚，1984（3）.

[50]吴圣杨.地神信仰与泰国的国王崇拜[J].东南亚研究，2006（1）.

[51]吴圣杨.婆罗门教信仰与泰人的礼法文化[J].太平洋学报，2007（8）.

[52]吴虚领.东南亚美术[M].北京：中国人民大学出版社，2004.

[53]闫敏.泰国传统丧葬仪式研究——复杂的通过仪式与文化内涵[D]，北京：
　　北京大学外国语学院东南亚系，2009.

[54]叶同.微笑的国度——泰国风情之旅[M].昆明：云南人民出版社，2005.

[55]易朝晖.泰国国家概况[M].重庆：重庆大学出版社，2013.

[56]于晓晶.泰国传统音乐文化的教学[D].南京：南京师范大学音乐学院，2007.

[57]于在照，钟智翔.东南亚文化概论[M].广州：世界图书出版公司，2014.

[58]余定邦、陈树森.中泰关系史[M].中华书局，2009年。

[59]俞人豪，陈自明.东方音乐文化[M].北京：人民音乐出版社，2002.

[60]张殿英.东方风俗文化词典[M].合肥：黄山书社，1991.

[61]张美惠.明代中国人在暹罗之贸易[J].台湾大学文史哲学报，1951（3）.

[62]张锡镇.当代东南亚政治[M].南宁：广西人民出版社，1994

[63]张英.东南亚佛教与文化[M].北京：中央民族大学出版社，1999.

[64]赵永胜.泰北山地民族文化的变迁与延续[J].东南亚南亚研究，2009（3）.

[65]中国现代国际关系研究所民族与宗教研究中心.全球民族问题大聚焦[M].
　　北京：时事出版社，2001.

[66]中山大学东南亚历史研究所泰国简史编写组.泰国简史[M].北京：商务印书
　　馆，1984.

[67]朱明忠，尚会鹏.印度教，宗教与社会[M].北京：世界知识出版社，2005.

[68]朱振明.当代泰国[M].成都：四川人民出版社，1992.

二、泰文文献

[1]จุลทัศน์ พยาฆรานนท์. วารีวิถีไทย[M].ลงพิมพ์ในวารสารไทยศึกษา. จัดโดยสถาบันไทย
　　ศึกษา จุฬาลงกรณ์มหาวิทยาลัย, 2005.（朱拉塔·帕亚拉暖.泰国"水"生活方式）

[2]เจต ภูติ. เปิดตำนานผีไทย[M].กรุงเทพ: บริษัทพิมพ์ดีการพิมพ์ จำกัด, 2010.（哲普迪.

泰国鬼怪故事）

[3]ผจงจิตต์ อธิคมนันทะ.สังคมและวัฒนธรรมไทย[M].กรุงเทพฯ: สำนักพิมพ์มหาวิทยาลัย
รามคำแหง, 1998.（帕忠吉·阿提空南他. 泰国社会与文化）

[4]ผศ.มาตยา อิงคนารถ, รศ.ทวี ทองส่าง, อ.วัฒนา รอดสำอางค์. ประวัติศาสตร์ไทย[M].
กรุงเทพฯ: สำนักพิมพ์โอเดียนสโตร์, 1986.（玛亚·英卡纳乐，他威·通萨旺，瓦
纳·乐汕昂. 泰国历史）

[5]ภารดี มหาขันธ์. พื้นฐานอารยธรรมไทย[M]. กรุงเทพฯ: สำนักพิมพ์โอเดียนสโตร์, 1989.
（帕拉迪·玛哈堪. 泰国文明基础）

[6]รศ.ดร.จุลชีพ ชินวรรโณ. 30 ปีความสัมพันธ์ทางการทูตไทย-จีน ความร่วมมือระหว่าง
กัลยาณมิตร（2518—2548）[M]. กรุงเทพฯ: กรมเอเชียตะวันออก กระทรวงการต่ประเทศ,
2007.（朱拉琪·钦万诺. 30年泰中建交，良友间合作情谊（1975—2005））

[7]วารี อัมไพรวรรณ. รอบรู้ประเทศไทย[M]. กรุงเทพฯ: บริษัท อักษราพิพัฒน์ จำกัด, 2002.
（瓦立·阿普莱万. 泰国博览）

[8]วิไลเลขา ถาวรธนสาร.พื้นฐานวัฒนธรรมไทย[M]. กรุงเทพฯ: สำนักพิมพ์มหาวิทยาลัย
รามคำแหง, 1993.（威莱勒卡·他汶他那汕. 泰国文化基础）

[9]ศิราพร ณ ถลาง. ชนชาติไทในนิทาน: แลลอดแว่นคติชนและวรรณกรรมพื้นบ้าน[M].
กรุงเทพฯ: มติชน, 2002.（希拉蓬·纳塔朗. 故事中的傣泰民族）

[10]สมเจตน์ มุทิตากุล.วันสำคัญของไทย[M]. กรุงเทพฯ: สำนักพิมพ์โอเดียนสโตร์, 1988.
（颂吉·木提达昆. 泰国节日）

[11]สวัสดิ์ พินิจจันทร์. วัฒนธรรมไทย[M].กรุงเทพฯ: ฝ่ายเผยแผ่พระพุทธศาสนา กองศาสน
ศึกษา กรมการศาสนา, 2537.（萨瓦·披尼占. 泰国文化）

[12]อานนท์ อาภาภิรม.สังคม วัฒนธรรมและประเพณีไทย[M]. กรุงเทพฯ: สำนักพิมพ์โอ
เดียนสโตร์, 1982.（阿诺·阿帕披罗. 泰国社会、文化与习俗）

[13]เอนก นาวิกมูล. ชีวิตไทย.[M] กรุงเทพฯ: บริษัทสถาพรบุ๊คส์ จำกัด, 2010.（阿诺·纳
威戈曼. 泰国生活）

三、英文文献

[1]Christie. *A Modern History of Southeast Asia: Decolonization, Nationalism and
Separatism*[*M*], I.B.Tawris, London, 1996.

[2]Michel Gilquin（tr. Michael Smithies）, *The Muslims of Thailand*[*M*], Silkworm

Books，2005.

[3]Moshe Yegar. *Between Integration and Secession: The Muslim Communities of the Southern Philippines*，*Southern Thailand and Western Burma/Myanmar*[M].
Boston: Lexington Books，U.S. 2002.

[4]Robert Slagter, Harold R. Kerbo, *Modern Thailand*[M]，New York: McGraw-Hill higher education, 2000.

后　记

　　本书是解放军外国语学院亚非语系策划编写的国家出版基金项目"东南亚研究丛书"中的一种。本书坚持实事求是的科学精神，以文化为视角，客观反映泰国文化，体例严谨、资料新颖。内容包括泰国的文化地理环境、文化发展历史、宗教与民间信仰、艺术、传统习俗和物质文化等多个方面，对泰国文化进行了较系统的阐述。

　　本书由陈晖、熊韬、聂雯、杨绍权、王琦共同编写。其中，陈晖负责全书的统稿、审稿和修改工作，并撰写了引言和第二章；熊韬撰写了第三章和第五章；聂雯撰写了第一章和第六章；杨绍权撰写了第七章；王琦撰写了第四章。

　　本书在策划和编纂过程中，得到了解放军外国语学院亚非语系主任、博士生导师钟智翔教授的悉心指导和世界图书出版广东有限公司刘正武编辑的大力帮助，在此谨致以诚挚的谢意！

　　由于资料采集艰辛和成书时间仓促，本书难免疏漏和不足，欢迎读者批评指正。

编　者

2014年10月

于解放军外国语学院